领导行为及其对员工的影响研究

朱 玥 金杨华 著

浙江工商大學出版社
ZHEJIANG GONGSHANG UNIVERSITY PRESS
·杭州·

图书在版编目(CIP)数据

领导行为及其对员工的影响研究 / 朱玥,金杨华著.
—杭州:浙江工商大学出版社,2020.7

ISBN 978-7-5178-3385-7

Ⅰ.①领… Ⅱ.①朱… ②金… Ⅲ.①企业管理—领导行为—研究 Ⅳ.①F272.91

中国版本图书馆 CIP 数据核字(2019)第 154228 号

领导行为及其对员工的影响研究

LINGDAO XINGWEI JI QI DUI YUANGONG DE YINGXIANG YANJIU

朱 玥 金杨华 著

责任编辑	谭娟娟
封面设计	林朦朦
责任印制	包建辉
出版发行	浙江工商大学出版社
	(杭州市教工路 198 号 邮政编码 310012)
	(E-mail:zjgsupress@163.com)
	(网址:http://www.zjgsupress.com)
	电话:0571－88904980,88831806(传真)
排 版	杭州朝曦图文设计有限公司
印 刷	广东虎彩云印刷有限公司绍兴分公司
开 本	710mm×1000mm 1/16
印 张	17.25
字 数	256 千
版 印 次	2020 年 7 月第 1 版 2020 年 7 月第 1 次印刷
书 号	ISBN 978-7-5178-3385-7
定 价	56.00 元

目录
Content

理论篇

实践篇

表目录

图目录

理 论 篇

第一章
领导力的定义及其发展历史

领导力（Leadership）早在中国的春秋战国时期和西方的古希腊时期就是个备受关注和争议的话题（Kellerman，1984），到20世纪70年代末，Burns（1978）在他的著作《领袖论》中仍描述领导力是地球上见得最多却被认识得最少的现象之一。Bennis（1959）称领导力是社会心理学最容易让人混淆的领域，并且讽刺道，涉及领导力的研究成果甚多，但真正把握领导力的却甚少。多年来，鉴于领导力在各种背景和理论的基础上被广泛研究，即使是杰出的领导力学者也无法形成对领导力的统一定义（Huber，2002）。由于每位学者对于领导力的研究背景不尽相同，不同学科鼓励探讨领导力的问题和视角也不相同，故而，缺乏对"领导力"的一致解释。（Kellerman，1984；Bryman，1986）因领导力的定义随着时间的推移而发展，且领导力较为复杂，从而在不同的研究背景下产生了一系列关于领导力的观点、框架和概念。（Raffo et al.，2018）

第一节　中国传统文化与领导力

"领导力"作为专业术语在20世纪80年代才在中国出现。发展至今，随着实践的不断深入，中国背景下的领导力理论研究得到发展，从零散、不同角度地对领导力进行研究到系统地解释领导力，从将领导力作为管理学科中的一部分到解决领导力不同问题的研究，并取得了相当丰硕的研究成果。（Kellerman，1984；邱霈恩，2012）

中国哲学家对领导者特质和品质的思考可以追溯到几个早期文明时代。例如，在公元前 6 世纪，老子就描述了高效领导者的品质。（Hieder，1985）按照老子的说法，智慧的领导者无私、诚实、公平，行动符合时机，能处理冲突，能放权给别人。老子曰："太上，不知有之；其次，亲而誉之；其次，畏之；其次，侮之。"依据他人对领导者的看法，老子将领导者分为 4 个层级：最卓越的领导者无为而治，深居简出，下属似乎感觉不到他的存在，但一切却能有序运作；次一级的领导者以身作则，亲自处理相关事宜，以道德教化下属，以恩典施于下属，下属对其感恩戴德；再次一级的领导者强调按规矩办事，通过行政权力手段约束人们的行为，使人们对其畏惧；最低级的领导者耍弄权术，被人轻蔑。老子"无为而治"的领导思想体现在立身、为人、处世之中，阐释"无为而无不为"的思想主张。

目前，国内关于领导力的研究大致可以概括为 3 种代表性倾向：第一种倾向认为，领导力即领导能力，但也有学者提出反对意见，认为如果领导力等同于领导能力，则没有必要提出新的概念术语；第二种倾向认为，领导力就是领导的影响力和领导水平；第三种倾向认为，领导力是领导能力和领导绩效的综合，领导力不仅包括第一种倾向，更是一个非常丰富、复杂的现实范畴，不仅表示为真实的领导水平，而且还综合反映领导主体的特质、行动影响及由此带来的领导成效，即领导绩效。（邱霈恩，2012）

第二节 西方领导力发展

西方关于领导力的科学研究起始于 20 世纪初的伟人理论（Great man theory）（Bass，1990），这一理论认为，那些异于常人的杰出人士是领导者。 希腊的领导力概念是通过荷马的《伊利亚特》的英雄来举例说明的。 阿贾克斯象征着鼓舞人心的领导力和法律与秩序。 希腊人钦佩的英雄领袖品质包括：①正义与判断；②智慧与忠告；③精明与狡猾；④勇敢和行动主义。（Bass，1990）后来，希腊哲学家，如共和国的柏拉图，研究了对理想国家和理想领袖的要求。 柏拉图的《理想国》强调，在一个理想的国度，卓越的领导者是用推理能力和智慧领导他人的。 他的学生亚里士多德在《政治学》中指出，领导者只有自己高尚才能帮助他人追求品德。

而发展到文艺复兴时代，马基雅维利主义风靡一时。 马基雅维利是实用主义者，他认为领导者需要坚定和关注维护政府的权力和秩序，最好是通过获得民众的尊重来实现这些目标，但如果领导者不能获得人民的尊重而实现目标，则需要采取一定的手段，如欺骗、威胁、背叛和暴力。（Kellerman，1984）马基雅维利在《君主论》里把权力和领导者能力定义为"了解社会局势并在领导实践中掌控他们"，这是领导者最关键的品质。 和亚里士多德的理论相反，马基雅维利认为，领导者在获取权力和社会合法地位的过程中，如果高尚的手段不合时宜就应该少用高尚的手段。

第三节 领导力的概念演变与发展历史

一、领导力的概念演变

领导力是社会科学领域被研究最多的现象，对其的关注贯穿东西方古典文献，因为领导行为是人类和动物普遍存在的行为（Bass，1990），人们普遍认为领导力对组织和社会的有效运转起重要作用。 同时，Antonakis et al.（2011）提出，领导力在具体环境中很容易被识别，但是要准确地定义它却很难。 由于领导力的复杂性，其目前还没有统一的定义。

　　基于与学科相关，与领导力的演变相关及与领导力概念化的方式相关的角度，学者们提出了不少针对领导力的定义。（Huber，2002）例如，Stogdill（1948）认为，领导力可以被视为"对一个有组织的群体的目标设置及目标实现活动产生影响的过程"；Hollander（1978）将领导力定义为"一位领导者与其下属之间相互影响的过程"；Hemphill et al.（1957）指出，领导力是"个体指导一个拥有共同目标的群体的活动的行为"；Rauch et al.（1984）将领导力定义为"针对目标实现的一个有组织的群体的活动的影响过程"。

　　由于目前对领导力研究的学者对领导力没有统一的概念解释，学者们根据自己的研究重点提出对领导力的不同理解。Bass et al.（1990）在其写的《领导力手册》（*Handbook of Leadership*）中回顾了对领导力这一概念的研究，并列举出 12 种代表性的定义，包括领导力是组织工作的核心，领导力是个体特质及其产生的领导效力，领导力是影响力发挥作用的过程，领导力是一种基于权力的关系等。Rost（1991）和 Northouse（2016）总结了从 20 世纪初期至 21 世纪关于领导力定义的重点的演变。20 世纪初期，领导力定义强调控制和权力；随着时间的推移，领导力定义强调的重点发生了变化，20 世纪 30 年代，从注重控制和权力转向注重特质和影响；20 世纪 60 年代转向行为；20 世纪 70 年代后强调领导力的影响社会过程。虽然有关领导力的定义甚多，但是伴随领导力的定义的变化，领导力理论的研究发展慢慢清晰。从 20 世纪初开始强调区分领导者与非领导者的领导特质理论，到 20 世纪 40 年代转向强调具体领导行为的领导风格理论，再到 20 世纪 60 年代关注情境因素的领导权变理论，以及之后的领导关系理论等，对领导力的理论研究认知逐渐从固有的领导特质到个体行为的研究，再发展到领导与组织之间的情境交互作用的影响研究。（Kellerman，1984）

　　Antonakis et al.（2011）对以往定义进行了总结，认为领导力原则上可以被定义为：领导者和下属相互影响的过程，因双方互相影响而产生结果，以及领导者的特质和行为、下属的认知和领导者信用及环境等对这一过程的影响。他们认为，有效的领导力，其必要条件是能够培养出追求一致目标实现的下属，并且能够通过合乎道德的手段取得合乎道德的结果。

二、领导力的研究历史

领导力的研究历史可以粗略地划分为 4 个阶段，图 1-1 对这 4 个阶段做了标识，颜色相对较深的区域表示在每个阶段中研究活跃的时期。 第一阶段：从 20 世纪初到第二次世界大战，即 20 世纪 50 年代，研究聚焦于领导特质理论，探究领导者与非领导者的天生区别。 第二阶段：行为理论时期，从 20 世纪 40 年代末至 60 年代末，研究焦点转向领导者的行为风格，认为领导者不是天生的而是表现出某种有效领导行为，这些行为可以通过后天进行培养。 第三阶段：权变理论时期，从 20 世纪 60 年代末到现在，研究热点主要是环境与情境的潜在影响。 第四阶段，即 20 世纪 70 年代后，对新领导力的研究开始涌现，研究关注点从单一的领导个体层转变到领导者与下属相互作用的二元层（Dyadic），研究内容方面开始重视鼓舞（Inspiration）及道德等方面的影响（Kellerman，1984）。

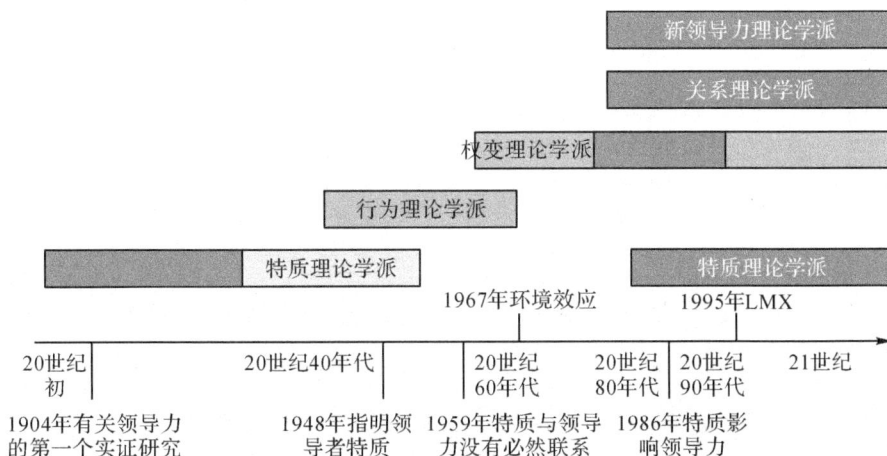

图 1-1　领导力发展简史

1. 领导力特质学派

如前所述，对领导力的科学研究起始于 20 世纪初的伟人理论，这一理论认为那些异于常人的杰出人士作为时代"伟人"影响着人类社会。（Bass，1990）伟人理论认为，某些特质（Traits），即那些稳定的性格，能把领导者和非领导者区分开来。因而，早期关于领导力产生和领导有效性的研究建立在这样一个前提假设上，即那些成为领导者的人与那些一直做跟随者的人的本质是不同的。（Kellerman，1984）同时，20 世纪早期的心理测量运动也激发了领导力研究者的灵感，他们在研究中运用最新编制的"人格测试"来帮助分析领导者的特质，识别与领导力相关的具体个体特征。Terman（1904）进行了第一个有关领导力的实践研究，他通过研究学龄期儿童来比较领导者与非领导者之间的品质差异，研究结果表明，相较于非领导者，领导者拥有表达流畅、聪明、低情绪化、果敢等特质。而在 Terman 以后出现了一些类似的关于领导力特质的实证研究，这些研究奠定了有关特质理论的早期研究的实践基础。（Stogdill，1948）其中，大量研究比较了领导者和非领导者在假定的与领导地位或领导有效性相关的各方面的测量结果，涉及支配性、社会敏感性、情绪稳定性等方面。早期特质研究者十分重视对与领导力有关的个体差异的研究，并明确了智力（Intelligence）、支配力（Dominance）等显著的领导力特质。（Mann，1959；Stogdill，1948）早期特质研究证明，不同于非领导者，领导者具有特殊的品质，这些特殊的品质不仅可以被识别，还可以被评估。（Hieder，1985）

Stogdill（1948）在其经典的领导力论著中回顾了 120 多个关于领导特质的研究，试图得出一个可靠且统一的领导者特质模型；然而，研究结果发现，这样的模型根本不存在，特质研究得出了大量不一致和相悖的结果。鉴于此，Stogdill（1948）总结，特质本身并不能决定领导力，当把一个领导者置于不同的领导情境中时，要求就会变得不同，例如，军队的指挥官与研究团队中的高级科学家所需要的特质和能力理应存在差异。Mann（1959）在探索各种特质与领导者地位之间的联系时发现，特质与领导者地位之间并没有足够的联系。 此外，在特质论早期研究期间，数据观察与采集的方法有限，导致研究结果可能带有错误和偏见、偏差，数据可能受到诸如光环效应、社会期望等的影响。 并且，不同的研究者采用了不同的识别方法或名称去描述所观察到的特质，这也导致各研究结果间存在较大的偏差。（Gibb，1954）在取样方面，领导力研究的取样范围极广，从幼儿园的孩子到企业主管，再到广为人知的历史人物。 领导力的界定范围也极广，包括评估受欢迎程度及获得领导力职位等。 同时，广泛的研究背景，加上把领导力和领导力情境结合起来的理论，导致越来越难发现领导者与非领导者之间的稳定差异。（Kellerman，1984）

20世纪60年代至80年代期间，由于许多领导研究学者认为特质与产生领导力和领导者有效性之间没有必然联系，特质研究一度中断。 直至Lord et al.（1986）重新分析研究发现，智能与领导力是紧密相关的。 此后，基于特质视角的领导研究才又重新受到研究者关注。 Kenny et al.（1983）及Zaccaro et al.（1991）研究发现，领导者稳定性格与领导力产生之间存在联系。 McClelland（1976）探究领导者的潜在动机（即潜意识下的动力与欲望）和领导者有效性之间的联系。 对此，Robbins et al.（2008）认为，特质可以更好地预测领导者和领导能力的出现，但不能用于区分领导者与非领导者，或者区分有效领导者与无效领导者；表现出领导特质的、他人眼中的领导者，并不一定就可以成功领导其所在群体达成自身的目标。

领导力特质学派从一开始关注领导者与非领导者存在特质上的区别，到了解特质是领导力出现的预测因素而非区别因素；从一开始认为领导特质是领导特有的，到了解领导特质是领导力的影响因素而非决定因素。

2. 领导行为学派

20世纪40年代末至60年代，心理学领域的行为主义思想开始盛行，这直接推动了领导力学者将注意力转向领导者的行为，试图探讨有效领导者是否在行为上具有独特之处。 特质理论学派研究假设领导是天生的，不是后天可以培养的，而行为理论学派认为如果存在可以识别出的领导者

的具体行为，就可以通过向个体灌输行为模式来培养其成为一名领导者。（Saal et al.，1988）

Lewin et al.（1939）在研究领导者行为的过程中，训练研究生助手在行为上表现出 3 种领导风格：专制型、民主型及放任型领导风格。其中，专制型领导风格的特征为领导者紧密控制群体活动并制定决策，民主型领导强调群体参与和服从大多数原则，而放任型的领导模式指领导者参与各种活动的水平很低。Lewin et al. 通过对不同样本组分别施加不同的领导风格来观察领导力效果。该研究结果发现，民主型的领导风格相对于其他两种风格对群体发展更有益。（Kellerman，1984）在 20 世纪 50 年代至 60 年代，由于特质理论学派的沉寂，学者们对领导力的研究更加专注于领导行为方向上。研究者使用等级评定量表、访谈和观察的形式，尝试识别领导者的特定具体行为，研究焦点从领导者的内部状态，即领导的价值观或者个性等稳定的个人特质转向领导实际上做什么。

在此背景下，俄亥俄州立大学的研究以结构维度（Consideration structure）和关怀维度（Initiating structure）来描述领导行为，其中结构维度是指领导者为了实现组织目标而对自己与下属的角色进行界定和建构的程度，包括在规划工作、工作关系和目标方面做出的努力；关怀维度指的是领导者尊重和关心下属的看法与情感、建立相互信任的工作关系的程度，高关怀特点的领导者对下属的生活、幸福、地位、满意度等问题十分关心，他们友善而平易近人，他们公平对待每一个下属。

与俄亥俄州立大学的研究同期，密歇根大学的研究将领导行为分为员工导向（Employee-oriented）和生产导向（Production-oriented）两类。员工导向的领导者被描述为重视人际关系，会考虑到下属的个人兴趣，并承认人与人之间存在差异，与俄亥俄州立大学研究中的关怀维度类似；而生产导向的领导者更倾向于强调工作的技术或者任务事项，他们主要关心的是群体的任务完成情况，并把群体成员视为达到目标的手段，类似于结构维度领导力行为。（Robbins et al.，2008）

在领导特质理论和行为理论阶段，学者一直试图识别最佳的领导风格，但是研究缺乏对情景环境的认识，没有一种领导风格在所有情景和环境中都适用并且是最好的，因此，当学者发现他们识别的行为模式并不总是与重要的组织结果（例如群体生产力）相一致时，他们就非常失望。 因而有学者认为，领导风格需要依据环境进行权变，才会达到理想效果。 20世纪 60 年代，领导力理论转向权变研究。 领导力行为运动产生的研究成果被其他领导力理论所吸收，例如权变理论、领导变革理论。

3. 领导力情境权变学派

经历领导特质理论和行为理论阶段后，领导力研究学者将注意力转向领导者所在的情境。 权变理论运动的兴起源于 Fiedler（1967）的研究，他认为，有效的群体绩效取决于领导者的风格与领导者对情境控制的程度的合理匹配；影响领导有效性的一个关键因素是个体的基本领导风格，分为任务导向和关系导向两种。 其中，任务导向的领导者更关注领导情景中与任务工作相关的方面，更关心工作成功与否，在大多数情况下，更倾向于表现出命令式的专制领导风格；而关系导向的领导者对人际互动更加关心和敏感，更愿意表现出参与、关心、体贴的领导风格。 Fiedler 使用其编制的"最难共事者量表"（LPC 量表）进行领导风格测验。 该问卷要求填写者对自己觉得与之合作完成指定认务有困难的领导进行评价，根据填写结果区分被填写者的领导风格情况。

此外，在 Fiedler 的一系列研究中，他认为领导行为不足以解释领导有效性，情境参数也有一定的影响。 结合他认为的情境的 3 个重要特征：确定程度、可预测度、领导拥有的控制度，他编制了情境控制（Situational control）量表，包含领导者—成员关系，即下属给予领导支持和信任的程度；任务结构，即完成群体任务的目标及方法被明确的程度；职位权力，即领导者拥有奖励或惩罚下属的正式权力。 Fiedler（1967）的研究结果表明，没有一种风格对所有情境都是有效的，并且认为情境中的压力是限制领导者智力（特质的一种）对绩效结果的影响因素。

最后，Fiedler（1967）认为，一个人的领导风格是固定不变的，如果面对情境要求的是一个任务导向的领导者，而在此领导岗位上的领导者是关系导向的领导风格，那么想要达到最佳效果的办法有两个，要么改变情境使得情境与关系导向的领导者匹配，要么替换领导者以适应情境。

在 Fiedler 后，越来越多的研究者开始注重情境及权变的影响，例如 House（1971）的路径目标理论（Path-goal theory），Hersey et al.（1974）的情境理论（Situational theory）等。 House（1971）的路径目标理论的核心在于为下属提供信息、支持和其他必要的资源，帮助下属达到自己的目标。 有效的领导者通过指明道路来帮助下属实现工作目标，并为下属提供实现目标过程的支持，从而使下属的工作任务完成得更为顺利。 House 还确定了 4 种领导行为：指示型领导者为下属明确完成工作的时间安排，并对如何完成任务给予具体指示，以及让下属知道他们的期望；支持型领导者十分友善，对下属的个人需求表现出关怀；参与型领导者与下属共同探讨工作任务，并在做决策前充分考虑下属的意见；成就取向型领导者设置有挑战的目标，并期望下属达到自己的最佳水平。 除此之外，House 认为，领导者是灵活的，同一领导者可以根据不同的情境表现出任何一种领导风格。 而 Hersey et al.（1974）的情境理论是一个重视下属的权变理论。 Hersey et al.（1974）认为，领导者的成功来自选择正确的领导风格，而下属的成熟度（Readiness）水平是需要领导者考虑的重要权变变量。 成熟度被定义为个体完成某项具体任务所具备的能力和意愿的程度。 该理论认为，下属可以接纳也可以拒绝领导者，关键取决于下属的成熟度水平。

4. 领导关系作用学派

领导力特质学派、领导行为学派和领导力情境权变学派都是从领导者角度出发的，将注意力集中在领导者的行为和态度上。 但是 20 世纪 90 年代以后，研究领导力的学者们指出，领导者与下属间的交互作用是影响领导有效性的一个重要指标，他们认为领导者和下属之间的关系是一个动态的、在时间上纵向延伸的过程。 领导关系作用学派的研究重点关注差异化的领导—成员交换关系如何预测组织绩效及其他结果。 领导关系作用学派根据"垂直组合理论"（Vertical dyad linkage theory）（Dansereau et al.，1975），演化至今发展成为"领导—成员交换"（Leader-Member

Exchange，LMX）理论（Graen et al.，1995），成为最突出的基于关系的领导力理论。 领导—成员交换理论认为，领导者以不同的方式对待工作群体中的每个下属，与每个下属间建立不同的人际关系，并进而影响下属的工作行为和态度。 具体而言，由于时间压力及资源限制，领导者与下属中的少部分人建立了高质量的关系（圈内人）。 对于圈内人而言，他们受领导者的信任，得到更多的关照，也更可能享有特权。 而其他下属与领导者只能建立较低质量的关系，成为圈外人。 低质量的领导者与下属之间的关系是建立在履行合同义务的基础上的，他们占用领导者的时间较少，获得令人满意的奖励的机会也较少。 领导—成员交换理论预测，处于高质量关系中的员工将会拥有更加积极的工作态度和更高的工作绩效。 相对于其他领导力理论中采用平均领导风格（Average leadership style），即领导者通常以相同的方式对待所有下属，领导—成员交换理论认为，领导者与下属之间的关系存在不同的质量水平。

Gerstner et al.（1997）在关于领导—成员交换的元分析中，总结出领导—成员交换与工作相关变量间的关系，包括工作绩效、满意度、组织承诺和角色认知等。 鉴于领导—成员交换水平与各种工作结果之间始终存在正相关关系，Gerstner et al.（1997）提出，"将下属与一位主管（即直接领导者）的关系作为一种视角，通过这种视角观察整个工作经历"，强调将领导—成员交换理论作为一种重要的领导力理论。

第四节　新领导力理论

一、变革型领导

先前有关领导力的研究认为，领导者的影响力都是通过交易关系实现的。 例如，俄亥俄州立大学的研究、费德勒模型、目标路径理论都强调领导者与下属双方对交易义务的履行，领导者通过澄清工作角色和解释任务要求，指导并激励下属向着既定目标的方向前进。渐渐地，学者们开始关注下属是如何接受目标和理想化使命的感召并实现组织目标的。（Bass，1985；House，1977）这一类领导力理论被统称为新领导力理论，强调领导者对下属的目标、价值观等方面的鼓励和激励。

魅力型领导（Charismatic leadership）就是一种典型的新领导力理论。House（1977）首先对魅力型领导进行了系统思考。他认为，当下属观察到领导某些特定的行为时，会把这些行为归因于英雄主义或者不同寻常的领导能力。House提出魅力型领导的4个特征，包括：有清晰的愿景规划并且可以使用其他人易于理解的方式阐释愿景的重要性，愿意为了实现这个愿景进行个人冒险；对环境敏感且对下属的需要敏感；对环境、资源的限制进行评估；对下属的需要和情感敏感，并能做出相应回应。魅力型领导者的行为通常被认为是新奇的和不合规范的反传统行为。（Robbins et al.，2008）

另一个具有重大影响的新领导力理论是变革型领导（Transformational leadership）。Bass（1985）在House（1977）、Burns（1978）及其他人研究的基础上提出变革型领导。变革型领导者可以被定义为鼓励下属为了组织利益而超越自身利益，并对下属产生超乎寻常的深远影响的领导者。这类领导者关注每一个下属的兴趣所在及发展需要，帮助下属用新视角来看待工作问题，从而改变下属对问题的看法；能够激励、调动和鼓舞下属为实现群体目标付出更大的努力。其他变革型领导力理论的研究人员为变革型领导发展了不同但又互补的定义。Bennis et al.（1985）指出，当领导者和下属相互提升到更高水平的激励时，就会产生变革型领导。Rouche et al.（1989）根据领导者通过"与他人合作来影响他人的价值观、态度、信仰和行为的能力，以实现组织的使命和目的"来定义变革型领导。Bass et al.（1987）认为，变革型领导者会激励下属为超越目标和追求更高层次的自我实现需求而不是通过简单的交换关系而工作。其中，一些定义也表明，变革型领导者与以侧重于为下属提供物质奖励以换取他们的承诺为特点的另一种形式的领导者——交易型领导者，形成鲜明对比。（Bass，1985）变革型领导者的领导力是一个变革个体与群体的动

态过程，包括评估下属的需求和动机，并在领导过程中的每个关键阶段寻求下属的意见。（Rubenstein，2005）

以变革型和魅力型领导力为主题的研究是过去 30 年来领导力研究的主流。（Lord et al.，2017；Zhu et al.，2018）变革型领导力研究时期是领导理论演变发展的最新和最有希望的阶段，它对以前的相关研究的显著改进在于该时期的研究是基于内在而非外在动机进行的。此外，与交易型领导力时代相比，该时期中研究的领导者必须积极主动而不是对他们的思考做出反应，应该激进而不是保守，必须更具创新性和创造性，有愿景规划而不是单纯地进行交易行为，并且更能接受新想法。（Bass，1985）

二、道德型领导

另一个重要的、新的领导力研究主题是道德规范。近年来，媒体对不道德的领导行为的报道有所增加，人们已经意识到安然公司倒闭、雷曼兄弟公司倒闭及房地产市场崩盘，很大程度上是领导者的不道德行为所引起的。Green et al.（2003）指出，安然公司缺乏道德型领导者，从而对其数千名员工造成了伤害，引发了更多的政府监管，并削弱了消费者对金融业的信心。（Thompson，2010）那些有不道德行为的组织的例子使企业重新审视其战略方向，并且让企业知晓了道德型领导是产生盈利的一种方式。（Moss，2002）然而，正如 Thornton（2009）所指出的，现在的全球市场，由于市场和资源的激烈竞争，领导者的伦理问题呈指数级增长。由于当今组织越来越关注领导伦理行为，有学者认为公司重要的且较为强烈的需求之一是拥有具有魅力的道德型领导者（Mackie et al.，2006），而且越来越多的实证研究指出，道德规范可能在某些情况下有助于提高领导者的有效性。种种因素使得领导力学者对与领导道德方面相关的领导概念的兴趣增强。（Ciulla，1995；Feng，2011）

为了理解道德型领导现象及其前因和结果，我们必须先了解道德型领导是什么。哲学家从规范的角度回答了"什么是道德型领导"这一问题，具体说明了道德型领导者"应该"如何行事。（Ciulla，2004）相比之下，社会科学领域更侧重于描述道德型领导及识别其前因和后果。 根据 Brown et al.（2005）的观点，道德型领导可以被定义为通过个人行为和人际关系阐释和规范适当的行为，并通过双向沟通、强化和决策促进这些行为。 Trevino et al.（2003）发现，道德型领导不仅与领导者的特质（例如，诚实、正直和可信赖）和道德行为（例如，开放、关注、公平和道德决策）有关，还与基于价值的管理（例如，通过沟通和奖励制定道德标准）有关。 换句话说，道德型领导者被其下属视为真正有道德的人及有效影响员工的管理者。（Den et al.，1999；Kirkpatrick et al.，1991；Trevino et al.，2003；Trevino et al.，2000）因此，道德型领导者是在个人生活中表现出道德特征和行为的道德人物。 除了这些个人特征，道德型领导者还实行道德管理，积极影响员工使其尽职尽责，并鼓励他们做事有道德。 道德型领导者通过沟通、纪律和角色塑造的影响来做到这一点。（Brown et al.，2006；Trevino et al.，2000）

大多数试图解释道德领导如何影响下属行为的研究都借鉴了两种理论：社会学习理论（Bandura，1977，1986）和社会交换理论（Blau，1964；Homans，1974）。 社会学习理论被领导力研究者用来描述道德型领导者如何充当榜样，吸引下属关注他们的道德行为和决策规范，从而在下属模仿他们的道德领导过程中传播道德行为。 例如，Brown et al.（2005）认为，道德型领导者首先通过扮演榜样来影响他们的下属的行为，随后，下属通过观察道德型领导者所分配的奖励和惩罚来了解道德行为的性质。 社会学习理论揭示了为什么领导者的某些个人特征和情境影响与下属对领导者作为道德型领导者的看法有关。 根据社会学习理论，领导者被他们的下属视为道德领袖，其中领导者必须是有吸引力和可靠的榜样。 此外，社会学习理论有助于解释道德型领导者为何及如何影响他们的下属，因为社会学习理论认为个体通过关注和模仿有吸引力和可信榜样的态度、价值观和行为来学习。 关于道德型领导者如何影响他们的下属的第二个解释来自社会交换理论。 根据社会交换的观点，道德型领导者表现出对下属的公平和关心。 同时，下属感到有义务根据道德型领导

者的期望做出回应和行动。（Brown et al.，2005；Brown et al.，2006）

此外，Burns（1978）提出，变革型领导也是一种道德型领导，因为变革型领导者会激励他们的下属超越自身利益，为集体目的而共同努力。然而，这一开创性的论点引发了关于变革型领导和魅力型领导伦理的辩论，学者们对这个问题的两个方面都进行了权衡。Kanungo et al.（1996）认为，变革型领导涉及道德影响过程，而交易型领导没有涉及道德概念。但是，Bass（1985）认为，变革型领导者的动机可能是有道德的，也可能是不道德的。Bass et al.（1999）通过区分真实变革型领导者和伪变革型领导者来论证，并认为真正的变革型领导者是道德领导者，因为领导者的道德价值观（例如，诚实、公平），领导者的社会动机及避免强制和操纵影响的合法性。另外，他们指出，伪变革型领导者更加自私。值得注意的是，道德型领导者依赖于道德标准和道德管理的设定，而变革型领导者更多地关注愿景、价值观和智力刺激。（Brown et al.，2006）

三、小　结

20世纪以来，社会学家千方百计地对存在的事物进行解释，对针对领导力经常出现的误解现象进行剖析和抨击。但社会科学却并不能完全解决已出现的各种问题。在谈论领导力研究者面临的困难时，Bennis（1959）指出，领导力概念的难以把握，是因其复杂而多变，并以多种方式出现且被研究。共同语言的缺乏是领导力一直未得到充分揭示的重要原因。主要术语未得到界定，以至于那些从事相关研究的学者对领导力没有清晰的概念。（Kellerman，1984）如今，领导力这一概念依然复杂，但已不像以前那样难以理解和难以把握了。从实质来看，领导力是一种以群体或组织为依托、以各种资源为基础、以领导人才为主体、以领导素质为先决条件、以领导决策和谋略为主要内容，集中表现为领导能力和领导水平的决胜实力，是领导主体主导、推动一个群体、组织或社会去克服困难、制胜挑战、赢得竞争而达成共同目的、实现共同目标的核心力量。（邱霈恩，2012）

第二章
领导力的特质和行为理论

第一节　领导特质理论

一、领导特质观的历史及其演变

正如我们在第一章中所讨论的，领导力特质学派是领导力研究中的第一个科学流派。 然而，20 世纪 50 年代，领导特质理论开始逐渐陷入低潮。 Stogdill（1948）在其经典的领导力著作中指出，特质理论不足以解释领导力和领导的有效性，这一论断直接导致了领导力特质学派不再是主流的研究学派，并在相当长的一段时间内陷入了低谷。 在之后的 30 多年里，多数组织和社会心理学的教科书对领导特质理论都持消极态度。

领导特质理论的总体复兴是在 20 世纪 80 年代，这主要归功于以下几个方面。 首先是相对于早期领导特质研究，学者们对两者关系的统计分析的能力大大提升（Kenny et al.，1983；Lord et al.，1986）；其次，魅力型和变革型领导理论的兴起，代表了领导特质理论的另一个新的研究方向（House，1977，1988）；最后，一些研究把人格和其他稳定的个人特征（Attributes）与领导的有效性（Effectiveness）联系起来，为用特质预测领导有效性提供了一个重要的实证研究基础（Judge et al.，2002；Peterson et al.，2003；Zaccaro et al.，2004）。

当前的领导特质理论已与 60 多年前的研究有了较大差异。 Zaccaro（2007）指出，在采用新的特质理论视角去研究领导力时，应注意 3 个关键点。

首先是领导者特质的组合。 早期的研究人员往往忽略了领导者的特质是以组合的形式去影响领导者的行为而非单独影响的。（Yukl，2006；Zaccaro，2001；Zaccaro et al.，2004）类似地，领导者特质可能与结果呈曲线关系而非传统认知上的线性关系。 例如，Moss（1931）发现，缺乏社交评估能力不会对领导绩效产生很大影响。 Stogdill（1948）认为，领导者的智力对领导力的影响受群体中其他成员的平均智力水平的影响。Ghiselli（1963）发现，智力和绩效之间存在曲线关系，并认为高智商或低智商的领导者的效率都较低。 Fleishman et al.（1962）论证了结构维度和关怀维度对于员工不满和离职的曲线影响。 除了上述研究之外，早期的多数理论模型只假设了领导特质对领导有效性的线性影响，忽略了它们之间可能存在的曲线关系，因此，今后在对领导者特质的理论化研究的过程中需要反映这种复杂性。

其次，领导特质理论必须考虑情境为领导有效性差异的一个重要来源。 有关情境领导的研究中最著名的应该是费德勒的权变模型。（Fiedler et al.，1987）一些实证研究和文献报告（Ferentinos，1996；Kenny et al.，1983；Zaccaro et al.，1991）指出，只有拥有不同的领导手段，领导者才能在不同的情境下进行有效的领导。 虽然情境对于解释领导行为间差异至关重要，但在解释领导者和非领导者之间的差异时，常被认为是无关紧要的因素。 因此，对于最新的领导特质视角而言，需要将情境因素纳入考虑。

最后，领导者个体差异在相对稳定性或可塑性方面会有所不同。 研究人员已经注意到特质类型（Traitlike）的个体差异（例如，认知能力、个性）和状态类型（Statelike）的个体差异（例如，自我效能、任务技能）之间的区别。（Ackerman et al.，1990；Chen et al.，2000；Hough et al.，1996；Kanfer，1990，1992）一些领导特质能够在不同的情景下表现出稳定的行为模式并且其相应的影响力也较为稳定，而另一些领导特质的表现形式和影响力则会受情境影响。更重要的是，特质类型的个体差异能够影响一些状态型的个体差异。根据这种关系逻辑，研究者指出，个体特征有可能通过影响个体状态进而影响领导绩效。（Chen et al.，2000；Kanfer，1990，1992；Zaccaro et al.，2004）因此，领导特质视角需要对这两种领导个体差异进行区分。

二、领导特质的定义

早期的领导特质理论将特质视为一种天生的、内在的个体特征。然而，这种观点在 20 世纪 50 年代发生了变化，研究者开始认为领导者的特质应该包括所有相对稳定的且能够将领导者与非领导者区分开来的个体特征。（Kirkpatrick et al.，1991）在对以往研究回顾的基础上，Zaccaro et al.（2004）将领导特质定义为，一系列清晰的和整合的个人特征，这些特征能够使领导者在不同的团队和组织情景下表现出一致的领导效能。这个定义包含了 3 个关键内容。

首先，强调不能孤立地考虑领导者的特质，而是把它们作为影响领导绩效的一个综合整体。之前，多数对领导特质的研究主要采用单变量方法（即单一特质）来揭示领导者和非领导者之间的差异。然而，作为一种复杂的行为模式，领导绩效显然不是几个单一的个体因素所能决定的。因此，领导力研究不仅需要关注多种个体特质，还需要关注这些特质间如何相互作用，共同影响领导绩效。（Yukl et al.，1992；Zaccaro et al.，2004）

其次，强调"领导特质"一词包含多种类型的个体特征。在传统意上，特质指的是人格属性（Personality），但大多数现代领导特质观认为，区分领导者和非领导者的特征范围很广，不仅包括个性特质，还包括动机、价值观、认知能力、社交和解决问题的技能及专业知识等。例如，Yukl（2006）对领导特质的描述中就包括了人格、动机、需求和价值。将"特质"一词的内涵进行扩展具有重要的现实意义。例如，对比性格和技能，后者被认为能够通过经验和培训而获得和提高。通过对这类特质的辨别，可以帮助我们将领导者与非领导者区分开来，并使之成为领导者评估、选择、培训和发展的基础。

值得注意的是，领导特质是参照领导者有效性来定义的。根据这一逻辑，Mumford et al.（2000）识别了许多能够提高领导有效性的个体差异。然而，这一逻辑和方法在一定程度上混淆了领导力产生（Leadership emergence）与领导有效性（Leadership effectiveness）之间的差异。这意味着，那些能够提高领导有效性的个体特质也同样能够导致领导力产生。事实上，一些研究者发现，许多个体特征对领导有效性和领导力产生具有类似的影响，例如，智力（Keeney et al.，1998；Lord et al.，1986）。但是，Judge et al.（2002）的研究指出，尽管外倾性和开放性对领导有效性和领导力出现存在相似的影响，但是大五人格中的其他 3 个个性特征（神经质、宜人性和责任心）并没有表现出类似的效用。此外，Luthans（1988）将成功的管理者与高效的管理者进行了对比，发现前者表现为快速晋升，后者表现为较高的工作绩效和下属激励。这在一定程度上表明，领导有效性和领导力产生并不完全一致。

最后，强调领导者的特质能对领导绩效产生相对持久的、稳定的跨情境作用。跨情境稳定性（James et al.，2002）被认为是大多数个性的核心特点（Funder，2001）。然而，当前不少人格理论家还有领导力研究人员都认为，不同情境下，特质表现出的行为倾向存在较大差异。这种差异是人格理论中纯情境或人—情境模型的关键，也是导致领导力研究中情境和权变模型学派出现的主要动力。

三、情境的作用

虽然领导特质理论强调特质是影响领导有效性差异的重要因素，而当前大部分研究者都认同领导情境的重要性不可忽略。在过去的 50 年里，领导力相关研究对情境的作用进行了大量的研究，大致提出以下 3 个论点。（Sternberg et al., 2002）

第一个论点是在对绩效的影响上，有些个体差异表现出强烈的跨情境稳定效应，而另一些则更具情境相关性。例如，领导技能和专业知识可能更易受到情境约束的影响，拥有某种特定技能和专业知识的个体在一种情况下可以成为领导者，但在需要不同知识和技术的情境下则不能成为领导者。值得注意的是，跨情境特质，如大五人格中的责任心，很有可能是促使个体达到某种特定技能和专业水平的前因，因而这类个体特质对领导有效性而言是远端影响因素等。

第二个论点是关于领导者是谁（Who the leader is）和领导者如何实现有效性（What the leader does to be effective）之间的重要区别（Sternberg et al., 2002）的。在不同的情境下，领导者需要表现出不同的行为从而实现领导有效性。而同样的人能够在不同的绩效要求下表现出同样的领导有效性。（Kenny et al., 1983; Zaccaro et al., 1991）为此，领导者需要展示出一系列不同的领导方式和风格，一个核心问题是领导者能否表现出显著的差异行为，否则只能在特定情境下成为领导者。然而，一些著名的领导理论和模型，包括一些权变领导理论的观点，都把领导者恒常性和行为可变性同时作为它们基本前提的一部分。（Dansereau et al., 1975; Hersey et al., 1969; Vroom et al., 1973）这些学者普遍认为，领导情境能够决定领导者的行为，但是在决定某个人是否能够成为领导者方面作用较小。

第三个论点与情境动态性相关的领导者特质有关。领导特质理论假设行为具有恒定性，也就是说，在不同的情况下特质表现出稳定的行为模式。 然而，研究者认为，领导特质能够提高个体随着情境变化而改变自己行为的能力，这些特质包括认知复杂性、认知灵活性、认知技能、社会智力、情绪智力、适应性、开放性和对模糊性的容忍度等（Boal et al.，1992；Kozlowski et al.，1996；McCrae，1987，1990；Ployhart et al.，2006；Streufert et al.，1986；Zaccaro，2001，2002），上述特质是领导者的稳定个体特征。 这种观点既可以解释为什么情境能够影响领导者的行为变化（即领导者做什么），也可以解释为什么特质能够说明谁可以成为领导者。

四、领导特质与领导力：整合模型

Zaccaro et al.（2004）提出了领导特质如何影响领导者绩效的模型，见图 2-1。 这个模型是建立在几个前提下的。 第一个前提认为，领导力来自多种特质的综合影响。 虽然最新研究已经采用多元的方法来阐释领导力的差异（Connelly et al.，2000；Hammerschmidt et al.，1992；Judge et al.，2002），但有关多种特质如何以组合形式影响领导力的研究仍较少。 Zaccaro（2001）认为，有效的领导来自综合的认知能力、社交能力和

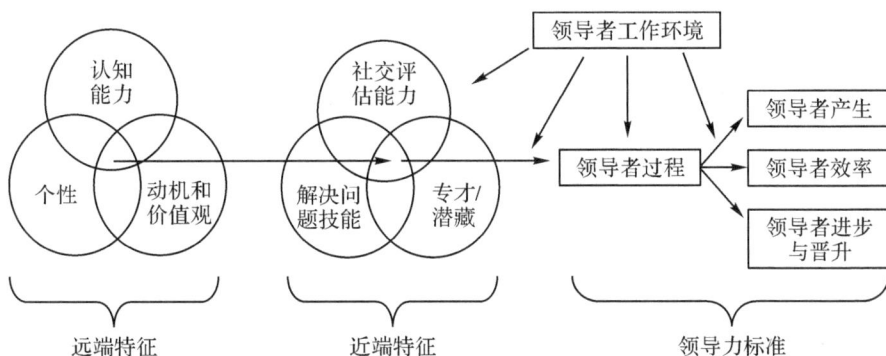

图 2-1 领导特质整合模型

资料来源：ZACCARO S J，KEMP C，BADER P. *Leader Traits and Attributes*. Thousand Oaks，CA：Sage，2004.

性格倾向，每一种特质都会对另一种产生影响。 例如，尽管领导者通过认知能力来获得对环境的复杂心理表征，但对模糊性的低容忍度或对成就的低需求可能会降低领导者利用这种能力解决组织问题的能力。 同样，如果领导者没有能力去实施解决方案，那么在问题构建和解决方案中有用的高智力对于领导的有效性将是无用的。

在一些研究中，研究者提供了一些证据来证明这种综合的特质模式对领导有效性的影响。（Bader et al.，2004；Kemp et al.，2004；Smith et al.，1998）例如，Kemp et al.（2004）评估了元认知、歧义的容忍度和军官的社会智力对其绩效的影响。 经过 3 天的决策模拟研究发现，3 个特质都较高的军官，其绩效评价就越高；而一两个特质得分较低的军官的表现则不如 3 个特质的得分都较低的军官。 Bader et al.（2004）和 Smith et al.（1998）使用不同的领导特质进行研究后也发现了类似的特质模式。

这个模式定义了领导特质的几个集合，包括认知能力、个性或性格品质、动机和价值观、解决问题的技能、社会能力和隐形知识。（Mumford et al.，2000）相关的一些文献回顾（Bass，1990；Zaccaro，2001；Zaccaro et al.，2004；Yukl，2006）识别了这些集合中每一个特定的特征。 例如，认知能力包括一般智力、认知复杂性和创造力；个性或性格品质包括适应性、外向性、风险倾向和开放性；动机和价值观包括社会权力的需要、成就的需要和领导的动力；社会能力包括社交和情感智力及说服和谈判技巧；解决问题的技能包括元认知、问题构建和解决方案生成及自我调节技能。 如前所述，某些特质更受情境约束。 例如，隐性知识与情境绩效要求的联系更加紧密。 认知、社会和性格等几个变量相对独立于情境性影响，将对领导力产生持续、稳定和显著的影响。（Bass，1990；Zaccaro，2001；Zaccaro et al.，2004；Judge et al.，2000；Judge et al.，2002；Lord et al.，1986）

图 2-1 模型成立的另一个前提是，领导特质对领导力的近端影响存在差异。 作为一个多阶段模型，其中某些远端特征可以更好地预测领导力的一些近端特征。（Ackerman et al.，1990；Barrick et al.，2003；Chen et al.，2000；Hough et al.，1996；Kanfer，1990，1992；Mumford et al.，

2000）这些特质作为基本素质，在大多数领导情境下可以促进核心效能的发挥。近端特征包括解决问题的技能、社会评估能力和互动技能及知识等。领导特质模型指出近端特征能预测领导过程，而领导过程可以预测领导绩效。情境性影响帮助确定这些特定技能对领导力的影响程度。（Yukl，2006）例如，跨组织层面的绩效要求的变化将改变特质和特征模式的重要性或贡献。（Hunt，1991；Zaccaro，2001）某些群体参数（如凝聚力和集体的专业知识）和某些组织变量（如形式化程度、结构类型和对创新的支持）在不考虑特定的领导特征下可以抑制或约束领导者的实践。（Kerr et al.，1978）情境调节了特定近端特征（专业知识）对领导过程的影响及过程对领导成果的影响（Zaccaro et al.，2004），而这些近端特征的质量和水平从根本上由远端特征所预测。

五、小 结

事实上，先前否定特质理论的一些论断并未建立在充分的实证研究基础上。越来越多的实证研究表明，特质确实可以预测领导有效性。当前，学者们在关于领导特质的研究上得到了一些共识：首先，相对于单一个体特质，以有意义的方式整合的个体特征能够更好地预测领导力；其次，主要的领导特质模型可能反映了个体在不同的组织领域以不同方式进行领导的稳定趋势；最后，一些领导特征是领导过程和绩效的远端预测变量，而另一些则有着更直接的影响，这些影响与情境相结合并受到情境的影响。尽管特质理论由来已久，后来又重新兴起，但对于领导特质的作用、其影响的程度和机制，以及领导情境的决定性作用，学术界仍难以达成共识。今后研究在领导特质的概念性和复杂性上仍需进一步加强，同时应结合方法和统计上的创新，进一步推动领导特质研究的复兴。

第二节　领导力的行为理论

一、早期的领导行为理论研究

和领导特质研究一样，早期行为理论试图证明领导行为是普遍有效的。在这些早期的研究中，行为研究中最广泛使用的两个维度是俄亥俄州立大学研究中确定的两个维度：关怀维度和结构维度，分别代表了以任务为中心和以人为中心的领导行为。结构维度中的领导行为主要是通过设定明确的方向和程序，以促进目标的实现。（Kerr et al., 1974）因此，领导行为描述问卷（用于衡量结构维度的工具）中的相关题项包括"（我的领导者）保持明确的绩效标准""（我的领导者）鼓励使用统一程序"及"（我的领导）安排要完成的工作"。结构维度的侧重点在于绩效评估，而关怀维度是以互惠信任、尊重和关注下属福利为中心的（Kerr et al., 1974），例如领导行为描述问卷中的相关题项包括"（我的领导者）帮助团队成员解决他们的个人问题"及"（我的领导）支持下属所做的事情"。

最初，学者们假设，理想的领导风格应该同时拥有高水平的结构维度和关怀维度，能够积极地影响下属的态度和绩效。（Kerr et al., 1974）这样的领导者能够引导下属实现组织目标，并为他们实现高水平绩效提供必要的情感支持。同时，研究者指出，结构维度与下属绩效呈正相关关系，而关怀维度与下属的态度密切相关，例如满意度和士气等（Judge et al., 2004）。然而元分析结果表明，结构维度和关怀维度之间的相关性为0.17，甚至，两者有时候呈负相关关系。（Judge et al., 2004）因此，从理论视角出发，虽然高结构维度和高关怀维度可能是对上述行为的最佳表达方式，但是二者的组合并不能准确表现组织中领导行为的模式。

结构维度和关怀维度之间不确定的关系不是俄亥俄州立大学研究领导

框架时的唯一挑战。 在 20 世纪五六十年代，该理论还因无法在多个样本中产生一致、可靠的结果而受到批评。 研究者发现，结构维度和下属满意度及关怀维度和绩效之间在某些情况下呈负相关关系。（Kerr et al.，1974）不过，后来的一项研究使用稳定的统计方法总结了大约 100 项实证研究，表明了不一致的研究结果主要是方法的前后矛盾所导致的。（Judge et al.，2004）从 20 世纪五六十年代开始，研究者转向采用情境的调节作用来解释各研究之间的差异，并确定了结构维度和关怀维度最有效的作用情境。 这种研究方向始于对组织情境的关注，如时间压力和身体需求及下属的特征（如内在动机和角色模糊性）。 至此，领导力研究从寻求普遍成功的领导行为转变为有效的领导行为可能边界条件，并检查领导行为、情境偶发事件和领导效果之间的交互作用。

　　虽然结构维度和关怀维度在 20 世纪 70 年代基本上被放弃并被认为在概念和方法论上是无效的，但是现在，研究人员对俄亥俄州立大学研究的领导行为维度重新产生了兴趣。 Judge et al.（2004）认为，放弃这两个领导行为维度还为时过早。 在 Judge 等人的元分析评论中，结构维度（与各结果变量间的平均 $r=0.29$）和关怀维度（与各结果变量间的平均 $r=0.48$）之间呈现显著的关系，其中涉及工作满意度（结构维度 $r=0.22$，关怀维度 $r=0.46$）、领导满意度（结构维度 $r=0.33$，关怀维度 $r=0.78$）、下属激励（结构维度 $r=.40$，关怀维度 $r=0.50$）、领导工作绩效（结构维度 $r=0.24$，关怀维度 $r=0.25$）、团体组织绩效（结构维度 $r=0.30$，关怀维度 $r=0.52$）等变量。 此外，他们认为，在满意度结果上（例如，对领导者的满意度、工作满意度），关怀维度比结构维度的相关性更强；但在组织绩效上，结构维度比关怀维度的相关度更高。

二、领导行为元类别研究

　　在以往研究成果的基础上，Yukl（2012）提出 4 个新的领导行为元类别，用以描述那些能够影响团队或组织绩效的领导行为。 4 个元类别及其具体行为如表 2-1 所示。 每个元类别都有不同的主要目标:任务导向行为的主要目标是以有效和可靠的方式完成工作;关系导向行为的主要目标是提高人力资源和关系(有时候被称为"人力资本")的质量;变革导向行为的主要目标是增强创新,促进集体学习和适应外部环境;外部领导行为的主要目标是获取必要的信息和资源,以及促进和捍卫团队或组织的利益。 除了主要目标的这些差异之外,每个元类别还包括用于实现目标的特定行为。 每个行为的相关性取决于情境的各个方面,但其效果对于主要目标或其他结果并不总是积极的。

表 2-1　领导行为分类

元类别	任务导向	关系导向	变革导向	外部领导
具体行为	规划	支持	倡导变革	联网
	澄清	发展	预想变化	外部监控
	监控	认可	鼓励创新	代表
	问题解决	赋权	促进集体学习	

资料来源:GARY Y. "Effective leadership behavior:what we know and what questions need more attention ". *Academy of Management Perspectives*,2012,26(4),pp.66-85.

三、领导行为的有效性研究

1. 任务导向行为

(1)规划:这种行为包括对目标和优先事项做出决策、组织工作、分配职责、安排活动和在不同活动之间分配资源。 具体来说,活动规划涉及安排活动、分配任务来实现任务目标,以及避免延迟、重复劳动和浪费资源。 项目规划包括确定基本行动步骤,确定适当顺序和时间表,决定谁应该做下一个步骤,并确定需要什么设备和其他资源。 规划还需要其他人提供信息,如下属、同行、老板和外人。 这种行为的消极形式包括制订表面或不切实际的计划。 众多学者通过问卷调查研究(Kim et al.,1995;

Shipper, 1991; Shipper et al., 2000; Shipper et al., 1992, Yukl et al., 1990）、事件或日记研究（Ancona et al., 1992; Morse et al., 1978; Yukl et al., 1982）和多案例研究（Kotter, 1982; Van Fleet et al., 1982）发现，领导者的规划行为可以提高领导有效性。

（2）澄清：澄清包括解释工作责任、分配任务，对目标、优先事项和期限进行沟通，设定绩效标准并解释相关的规则政策和标准程序，设置明确、具体和富于挑战又现实的目标。澄清通常会提高一个团队的绩效（Locke et al., 1990）。澄清的消极形式包括未能提供明确的任务，设定模糊或容易的目标，提供不一致的指令造成角色模糊，以及给出过于详细的方向（微观管理）。众多学者通过问卷调查研究（Kim et al., 1995; Shipper, 1991; Shipper et al., 2000; Shipper et al., 1992; Yukl et al., 1979; Yukl et al., 1990）、事件或日记研究（Amabile et al., 2004; Yukl et al., 1982）、比较案例研究（Van et al., 1986）、团队模拟研究（Zalatan, 2005）、实验室实验（Kirkpatrick et al., 1996）和实地实验（Latham et al., 1975; Latham et al., 1976）发现，领导者的澄清行为可以增强领导有效性。

（3）监控：领导者通过监控来评估人们是否正在执行其分配的任务，以及工作是否按计划进行。监控中收集的信息用于识别问题和机会、确定计划和程序是否需要更改，还可以用于指导面向导向关系的行为，如赞美或辅导。监控有许多不同的方式，包括直接观察活动，检查记录的活动或通信，使用信息系统，检查报告并举行绩效审查会议。监控的消极形式包括侵入性的、过度的、表面的或不相关的监控。众多学者通过问卷调查研究（Kim et al., 1995; Wang et al., 2011; Yukl et al., 1990）、直接观察或日记的研究（Amabile et al., 2004; Brewe et al., 1994; Komaki, 1986）、比较案例研究（Peters et al., 1975; Van et al., 1986）和实验室实验（Larson et al., 1990）证明了其可以增强领导有效性。

（4）问题解决：领导者利用问题解决来处理造成正常工作中断的行为，以及员工的非法、破坏性或不安全行为等。有效的领导者试图快速找出问题产生的原因，并在他们处理问题的同时，为他们的团队或工作单位提供坚定的方向。 其中的问题还包括对工作单位成员的破坏性、危险或非法（例如，盗窃，破坏，违反安全规定，篡改记录）的纪律行动。 问题解决可以是主动的，也可以是被动的。 有效的领导者主动寻找可能出现的问题，并确定如何避免或使其不利影响最小化。 通过准备工作能有效应对可预见工作类型的中断，如事故、设备故障、自然灾害、健康紧急情况、供应短缺、计算机黑客入侵和恐怖袭击等。 解决问题的消极形式包括忽视严重问题表现出的迹象，在确定问题的原因之前做出仓促反应，劝阻下属的有用投入，以及以产生更严重问题的方式做出反应。 众多学者通过问卷调查研究（Kim et al.，1995；Morgeson，2005；Yukl et al.，1982；Yukl et al.，1990）、关键事件或日记研究（Amabile et al.，2004；Boyatzis，1982；Yukl et al.，1982）和比较案例研究（Van Eleet et al.，1986）发现，解决问题提高了领导有效性。

2. 关系导向行为

领导者使用以关系为导向的行为来提高成员技能，使其与成员的关系更紧密，有利于成员识别组织及对任务做出承诺。 具体的行为包括支持、发展、认可和赋权。

（1）支持：领导者使用支持来展示积极的态度，建立合作关系，并帮助成员应对压力。 例如，关注团队成员的需求和感觉，仔细聆听成员的担心或不安，在有困难或紧张的任务时提供支持和鼓励，并且相信成员可以执行困难的任务。 支持还包括鼓励合作和相互信任，调解成员之间的冲突。 支持的消极形式包括敌意、虐待行为。 对上级辱虐管理的研究发现，它会减少信任，引发怨恨并招致报复。（Mitchell et al.，2007；Tepper，2000）众多学者通过调查研究（Dorfman et al.，1992；Kim et al.，1995；McDonough et al.，1991；Yukl et al.，1982；Yukl et al.，1990）、事件或日记研究（Amabile et al.，2004；Druskat et al.，2003；Yukl et al.，1982）和实验室实验，发现了领导者的支持行为和领导有效性之间的重要关系。

（2）发展：领导者利用发展来提高成员的技能和信心，并促进他们的职业发展，包括提供有用的职业建议，告知成员相关的培训机会，完成从经验中学习的任务，在需要时要求团体成员向新成员提供发展指导，安排练习来帮助成员提高他们的技能，并提供工作机会来应用新的技能。 众多学者在问卷调查研究（Kim et al.，1995；Yukl et al.，1990）、关键事件与访谈的研究（Morse et al.，1978）和比较案例研究（Bradford et al.，1984；Edmondson，2003；Peters et al.，1985）及实验研究（Tannenbaum et al.，1998）中发现了发展下属技能和领导有效性之间存在正相关关系。

（3）认可：领导者使用赞美和其他形式来表彰他人较高的绩效、重大的成就及对团队或组织的重要贡献。 认可的形式包括颁发奖状等无形奖励，还包括加薪或颁发奖金等有形奖励。 有效的领导者应该主动寻找值得认可的事，并给予真诚、具体和及时的承认。 认可的消极形式包括过分认可微不足道的成就及未能认识到重要的贡献。 众多学者通过问卷调查研究（Kim et al.，1995；Shipper，1991；Shipper et al.，1992；Yukl et al.，1979）、事件或日记研究（Amabileet al.，2004；Atwateret al.，1996）和描述性案例研究（Kouzes et al.，1987；Peters et al.，1982）及现场实验（Wikoff et al.，1983）发现，对下属的认可可以提高员工的绩效。

（4）赋权：领导者可以赋予下属更多的自主权。 一种称为咨询的授权决策程序包括询问其他人的想法和建议，并在做出决定时将这些想法和建议纳入考虑；另一种授权决策程序称为授权，即赋予个人或团体决策的权力。 当以适当的方式使用赋权时，可以提高决策质量、决策接受度、工作满意度和技能发展水平。（Vroom et al.，1973）赋权行为的无效形式包括以不允许真正有影响的方式使用所谓的授权决策程序，不能或不愿做出正确决策的人拥有过多的自主权或影响等。

参与型领导有时用于描述授权决策程序，许多研究评估了其对下属态度和绩效的影响。 这些研究的元分析发现，其与领导有效性呈现微弱正相关关系。（Miller et al.，1986；Spector，1986；Wagner et al.，1987）众多学者通过比较案例研究（Bradford et al.，1984；Edmondson，2003；Kanter，1983；Leana，1986）、关键事件或日记研究（Amabile，2004）及现场实验（Bragg et al.，1973；Coch et al.，1948；Korsgaard et al.，1995）发现，具体的赋权决策程序与领导有效性存在相关性。

3. 变革导向行为

领导者使用变革导向行为来增加创新、促进集体学习和适应外部变化。 具体的行为包括倡导变革、阐述鼓舞人心的愿景、鼓励创新和鼓励集体学习。

（1）倡导变革：为什么变革是变革管理理论中的一个关键领导行为（Kotter，1996；Nadler et al.，1995）？ 当环境的变化是渐进的且没有发生明显的危机时，人们可能不会意识到新出现的威胁或机会。 领导者可以提供信息来表明竞争对手具有更好的绩效，还可以向员工说明，如果忽视新出现的问题或者竞争对手利用新的机会，可能会出现严重后果。 让人们接受变革需要提高他们对问题的认识程度而不造成过度的痛苦，这种痛苦会导致人们拒绝问题或接受简单但无效的解决方案。（Heifetz，1994）在组织中抵抗变革很常见，当领导者的职业生涯面临风险时，他们也需要勇气来坚持不懈地推动变革。 当领导者将不利事件作为机会而不是威胁时，更容易获得对创新变革的支持。 领导者可以提出应对威胁或机遇的策略，并让具有相关专业知识的人参与其中，这会带来更好的策略和更多的实施承诺。 倡导变革的消极形式包括在只需要进行调整时却提倡花费巨大的变革措施（McClelland et al.，2009）或倡导一个代价高昂的新举措而不考虑风险和障碍（Finkelstein，2003）。 众多学者通过比较案例研究（Beer，1988；Edmondson，2003；Heifetz，1994；Kotter et al.，2002；Tichy et al.，1986）和使用模拟实验团队任务（Marks et al.，2000）提供的证据，证明了倡导相关变革与领导有效性有关。

（2）预想变化：对于领导者来说，清晰且有吸引力地向下属阐述组织可实现的目标，是实现新计划承诺的一个有效方法。 如果目标与下属的价值观、理想和需要相关，并且领导者能用丰富多彩的情感语言（例如，生动的意象、隐喻、故事、符号和口号）表达，那么愿景将更具鼓舞和激励性。 一个雄心勃勃的创新愿景通常是有风险的，如果领导者可以有必胜的自信，团队或组织的成员更有可能接受它。（Nadler，1988）然而，基于错误假设和痴心妄想的诱人愿景，可能会转移人们对创新方案的注意力（Mumford et al.，2002），持续追求风险和不现实的愿景是组织绩效下降的主要原因（Finkelstein，2003）。众多学者通过调查研究（Baum et al.，1998；Elenkov et al.，2005；Keller，2006；Kim et al.，1995）、比较案例研究（Bennis et al.，1985；Emrich et al.，2001；Kotter et al.，2002；Roberts et al.，1986）和实验室实验（Awamleh et al.，1999；Kirkpatrick et al.，1996）发现，一个有吸引力和鼓舞人心的愿景与领导有效性相关。

（3）鼓励创新：领导者有很多方法可以鼓励、培养和促进组织中的创意和创新。描述这种行为的术语包括"智力激发"和"鼓励创新思考"。领导者可以鼓励人们从不同的角度看待问题，在解决问题时发散思考，在实践新想法时思考，或者在其他领域找到可以应用于当前问题的想法。通过营造心理安全和相互信任的气氛，领导者可以鼓励团队成员提出新的想法，还可以帮助形成一种重视创造力和创业活动的组织文化，为开发新产品或服务提供机会和资源，他们可以作为接受创新建议的倡导者或赞助者。众多学者通过问卷调查研究（Bass et al.，1991；Elenkov et al.，2005；Howell et al.，1993；Keller，2006；Waldman et al.，2006）、比较案例研究（Edmondson，2003；Eisenhardt，1989；Kanter，1983；Peters et al.，1985）、实验室实验（Redmond et al.，1993）和现场实验（Barling et al.，1996）提供了鼓励创新与领导有效性相关的证据。

（4）促进集体学习：领导者可以通过多种方式鼓励集体学习及增加与团队绩效相关的新知识。（Berson et al.，2006；Popper et al.，1998）集体学习涉及改进当前的策略和工作方法（开发）或发现新的策略和工作方法（探索）。领导者可以支持发现新知识的内部活动（例如，研究项目、小规模实验）或从外部获取新知识的活动。通过营造心理安全氛围，领导者可以从错误和失败中学习，帮助他们的团队更好地识别失败，并分析失败的原因，并确定补救措施以避免相同事件再次发生。（Cannon et al.，2005）领导者可以通过解释新知识或新技术的重要性，指导成员如何使用它们及鼓励采用知识共享计划来影响它们的传播和应用，还可以帮助人们更好地理解组织绩效的决定因素。 众多学者通过比较案例研究（Baumard et al.，2005；Beer，1988；Edmondson，1999；Edmondson，2002，2003a）和团队实验（Ellis et al.，2006；Tannenhaum et al.，1998）发现，集体学习与领导有效性相关。

4. 外部领导行为

除了内部行为，大多数领导者可以通过提供外部的信息获得必要的资源和援助，以及通过提高工作单位的声誉和利益的行为来提高绩效。 外部行为包括"联网"、外部监控和代表。

（1）"联网"：对于大多数领导者来说，重要的是与同事、上级和外部人员建立良好的关系，这些人可以提供信息、资源和政治支持。（Iharra et al.，2007；Kaplan，1984；Kotter，1982）"联网"行为包括参加会议、专业会议和典礼，加入相关协会、俱乐部与社交网络，进行非正式社交或与网络成员交流，以及使用建立关系的策略（例如，找到共同的兴趣、帮忙和赞成）。 除了发展自己的关系网络，领导者可以鼓励下属发展相关网络。"联网"是促进其他领导行为的信息源，但如果过度（例如，时间需求和角色冲突），则存在潜在成本。 众多学者通过问卷调查研究（Kim et al.，1995；Yukl et al.，1990）和比较案例研究（Katz et al.，1983；Tushman et al.，1980）提供了"联网"可以促进领导有效性的证据（Amabile et al.，2004；Ancona et al.，1992；Druskat et al.，2003；Luthans et al.，1985）。

（2）外部监控：这种外部行为包括分析外部环境中的相关事件和变化的信息，并识别团体所面临的威胁和机会。 外部监控的其他术语有"环境扫描"或"侦察"。 领导者能够准确觉察组织外部环境与财务绩效相关度，当环境充满活力和竞争力时，这一点尤为重要。 对于团队来说，外部监控的重要性取决于其绩效可能受外部影响的程度。 众多学者通过问卷调查研究（Dollinger，1984）、关键事件或日志研究（Druskat et al.，2003；Katz et al.，1981；Luthans et al.，1985）及团队模拟研究（Zalatan，2005）发现，外部监控与领导有效性相关。

（3）代表：领导者通常代表他们的团队或组织与上级、同行和外部人（例如，客户、供应商、投资者和合资伙伴）交易。 代表包括为资源和援助游说，捍卫团队或组织的声誉，谈判协议和协调相关活动。 用于描述这种领导责任的其他术语包括"促进者""大使"和"外部协调员"。 当领导者有足够的影响力获得更高级别的必要的资源和支持时，项目团队的领导者就会有更多成功的项目。（Katz et al.，1985）对于与其他子单位或外部人员（例如，供应商、客户和分销商）高度相互依赖的工作单位来说，领导者协调活动、解决分歧和降低团队成员的干预程度非常重要。（Ancona et al.，1992）领导者需要影响外部利益相关者，因为他们的信心和支持对组织的成功和生存至关重要。 代表还包括一些政治策略，可以用来影响与组织相关的决策，但是关于这方面的研究还很少。 众多学者通过问卷调查研究（Ancona et al.，1992；Dorfman et al.，1992；Yukl et al.，1990）、日期和访谈研究（Amabile et al.，2004；Ancona et al.，1992；Campbell et al.，1973；Druskat et al.，2003）及比较案例研究（Ancona et al.，2003；Kanter，1983；Van Fleet et al.，1986），证明了代表与领导有效性的相关性。

第三章

领导关系理论

第一节　领导—成员交换理论

一、领导—成员交换理论概述

领导—成员交换理论的理论基础主要源自 Graen et al.（1975，1976）提出的垂直组合理论（Vertical dyad linkage theory, VDL 理论）。 Graen et al.（1995）提出，领导者通过不同的监管方式来区分下属，领导者对一部分下属的监管方式比较严格，而对另一部分下属比较宽松，以"圈内人"和"圈外人"进行区分。 Graen et al.（1976）和 Dansereau et al.（1975）指出，领导者与一些下属（"圈内人"）发展更加密切的关系，并给予他们比其他下属（"圈外人"）更多的"谈判空间"和特权，如更多的信任和关怀、更多的升职机会和宽松的管理等；而与"圈外人"之间除了正式工作关系之外，并没有其他更多的个体感情维系。

Blau（1993）认为，只有社会交换才能营造出人际间的义务感、互惠感和信任，单纯的经济交换无法做到这一点。 在考察组织中上下级的互动关系时，Graen et al.（1972）认为，由于交往时间、交往双方在交往过程中所投入资源的数量和质量不等，领导者与各下属在交往过程中所形成的交换关系的质量也各不相同。 领导者只能与部分下属建立亲密的关系，而在与其他下属交往时，领导者主要依靠正式的权威、规章制度和政策来确保下属完成他们的任务。 由此，领导者与不同下属之间的关系就会存在远近亲疏程度上的差异，即存在不同的交换水平。 所以，领导—成员交换理论认为，在较低水平的交换关系中（即经济交换关系中），领导者会以正式的工作说明书等规定内容要求并考核下属，下属也以完成规定的任务作为回报；而在较高水平的交换关系中（即社会交换关系中），双方的交往会超越正式的工作职责范围，领导者与下属之间的交换关系将向更高层次发展，双方的关系由于存在相互信任、尊敬和义务感而逐步巩固，此时下属往往自发付出额外努力从而表现出更高的任务绩效，以此作为对领导者信任的回报。 通常领导者倾向于给予这类下属更多的特权，比如让他们接触到更多的关键信息，使其在工作中拥有更高的自主权和更大的决策空间等等。

由此可见，从理论上讲，领导—成员交换对组织中众多的工作结果都会有显著的影响；鉴于这些工作结果对组织取得生存发展、保持竞争优势非常重要，所以发展领导者和员工间高质量的交换关系尤为重要。

二、领导—成员交换的前因变量

1. 下属特征

在领导—成员交换相关研究中，最初的观点认为，领导者和下属的交换关系主要是基于个体特征建立的（Fiske，1993）。 随着时间的推移和研究的深入，更多学者开始关注行为影响关系的演变。 早期的领导—成员交换理论假设，领导者为了建立高质量的关系会基于员工的能力及责任感选择下属（Liden et al.，1980），领导者评估下属能力以确定要分配给其的任务。 被认为能够履行其角色职责的下属更可能与领导者建立高质量的关系，而被认为不能胜任其角色的下属往往与领导者形成低质量关系，并且只能被分派执行层次较低的任务。

影响领导—成员交换的下属特征还包括个性因素。 在现有文献中，研究者对大五人格因素、控制点、积极情感和消极情感等进行了研究。 大五人格包括责任心、外倾性、随和性、经验开放性和情绪稳定性。 在几个维度中，责任心始终被证明是工作绩效最可靠的预测因子（Barrick et al.，1991）。 研究人员认为，领导—成员交换不仅依赖于上级对成员能力的认知，而且依赖于成员的成就和可靠性（Graen et al.，1987），而这两个特征是责任心的两个重要维度。

Phillips et al.（1994）认为，外向的人会主动寻求与他人互动和建立人际关系。 外倾性强的下属会尽可能主动地追求与领导者的高水平互动，这有助于提高领导—成员交换关系质量。 Graziano et al.（2007）研究发现，随和性与合作行为、帮助行为及社会适应性行为显著正相关；Perugini et al.（2003）研究发现，随和性与互惠行为显著正相关，而互惠行为是社会交换关系和领导—成员交换的核心。 因此，随和性高的下属更容易与领导者建立高质量的关系。 具有较强经验开放性的员工具有丰富的想象力和创造性，兼具聪明和心胸开阔的特征。（Barrick et al.，1991）与思想保守的员工相反，开放性较强的下属更有可能接受和扩展基于社会交换的工作外角色。 Bernerth et al.（2007）指出，超出角色职责的担当超越了仅限于经济交换的合同关系，更容易与领导者建立高质量的关系。情绪稳定性是指人的情绪状态随外界（或内部）条件变化而产生波动的情况。 Bernerth et al.（2007）研究发现，情绪过于稳定的个体在社交能力方面受到限制，并且不容易建立情感承诺、信任等长期稳定的社会关系。

除了大五人格之外，还有一些其他维度能够反映下属的个性特征。内控者相信个体行为或对结果的控制主要在于自己的信念，而外控者认为个体的行为方式和行为结果都是由外部环境决定的。 Martin et al.（2005）发现，内控导向的个体认为他们可以控制自己的工作设置，并且比那些外控导向的人更能主导自己与其他人的互动。 这种内部控制感鼓励下属积极参与环境互动，所以内控者更愿意尝试用其主动性行为来控制环境，而不是被动地遵守规则。（Blau，1993；Phillips et al.，1994）内控者的主动性行为包括寻求反馈、谈判和增加沟通等，由于内控者更愿意采取主动性行为，他们更有可能积极地在组织中明确自己的角色定位，与领导者建立更高质量的关系。

Watson et al.（1988）指出，积极情感是指个体感觉热情和乐观的程度。 高积极情感通常与反映高能量水平的词语联系在一起，如乐观、热情、兴趣和决心等。 高积极情感通常被认为是有利的，因为领导者可能将高积极情感等同于高参与动机（Kinicki et al.，1994），因而他们更倾向于将高质量的任务委派给高积极情感的参与者，并在此后与这些下属形成更高质量的领导—成员交换关系（Phillips et al.，1994）。 反之，具有高消极情感的个体往往对人和事物持有负面的看法。 因此，在工作情景中，具有高消极情感的下属很可能对他们的上级和与上级的关系产生负面的看法。 所以 Bernerth et al.（2007）认为，具有高消极情感的个体很难与其同事建立有效的合作关系，具有较低质量的领导—成员交换关系。

2. 领导者特征

已有的研究将领导者的行为、感知和个性因素作为领导—成员交换关系的前因变量。 首先在领导行为方面，由于领导者与下属存在权力差异，领导者在交换关系中比他们的下属有更多的控制权。 Lord et al.（1991）提出，领导行为会影响下属对领导者的看法和反应。 在已有研究中，最受关注的两个领导行为是权变奖励行为（Contingent reward behavior）和变革型领导。

领导者对下属的奖励行为包括提供反馈、物质奖励和对下属成就的认可等。 Bass et al.（1993）认为，领导者的奖励行为帮助其下属明确什么是领导者所期望的，因为若下属满足领导者的期望，他们将得到相应的奖励，这样的信息反馈有助于他们明确领导者的要求。 此外，如果领导者明确阐述行为和相应的奖励之间的联系，那么下属会形成对任务要求清晰的认识，这反过来有助于下属明确自己努力—绩效期望。（Waldman et al.，1990）高质量的领导—成员交换关系建立在相互信任、尊重和义务之上。Wayne et al.（2002）指出，下属接受对工作的清晰说明，得到工作中的反馈、认可和赞扬（即奖励行为），会使他们对领导者产生一种义务感，会以更积极的工作表现回报领导并且能够与领导者形成更高质量的关系。

变革型领导是指领导者通过领导魅力、领导感召力、智力激发和个性化关怀等行为，让员工意识到所承担的责任及任务的重要性，激发其更高层次的需要，从而使其最大限度地发掘自身的潜力来取得最高水平的绩效表现。变革型领导具体包括阐述有吸引力的愿景、以与该愿景一致的方式行动、鼓励下属接受集体目标等一系列领导行为。（Kuhnert et al.，1987）这样的领导方式有助于创造氛围融洽的社会交换环境。Judge et al.（2004）指出，下属倾向于对鼓舞和激励他们的领导者做出积极回应，这种积极的回应促使下属努力与他们的领导者建立高质量的关系。（Maslyn et al.，2001）

在感知因素方面，领导者对下属的成功期望对领导—成员交换关系有尤为显著的影响。如果领导者评估认为某位下属更有潜力，他们往往会与其有更多的交往和互动，从而建立良好的关系。这种关系可能导致更多的领导者参与行为，如将重要任务分配给下属，并为其提供更多的支持。对于为组织做出杰出贡献甚至超出期望的忠实下属，领导者对其的评价会随着关系的发展而逐步提高。这种对下属的领导者期望被视为自我实现的预言。McNatt（2002）经过实验证明，这种自我实现的预言与领导—成员交换关系质量、员工的工作绩效显著正相关。

在个性因素方面，已有研究中最成熟的两个维度是外倾性和随和性。外倾性强的领导者往往善于表达，在社交表现中更为自信，并往往在群体中有更高的地位。Judge et al.（2002）在他们对大五人格和领导力的元分析中提出，领导者的外倾性与社交能力和个体关怀正相关，外倾性强的领导者更有可能给下属留下深刻印象。相比之下，内倾性强的领导者更加倾向于自我关注，更为保守、独立和冷漠。此外，随和性强的领导者的特点是热情友好、善于社交、亲切、富有同情心。 这样的领导者在下属的眼中平易近人，更容易与之建立良好的关系。 Hogan et al.（2003）指出，随和性也与合作、利他行为和与他人进行积极互动的倾向正相关。 如果领导者主动表现出热情，那么他们的下属会认为这些领导者是容易亲近的，与这样的领导者建立关系有利于自身发展。 相比于冷漠的领导者，下属们更愿意与热情的领导者打交道和共事。

3. 人际关系变量

人际关系变量是与领导者、下属之间关系相关的变量，包括感知到的相似性、情感或喜好、向上影响行为和信任等。 这些变量促进领导者和下属对彼此个体特质和双方关系的感知，从而影响领导—成员交换关系的质量。

Byrne（1971）的一个重要的社会心理学发现是，人与人之间的相似性促进人们相互吸引和相互喜爱。 人们在与具有相似兴趣、价值观和态度的合作伙伴互动时，往往感到更加舒适。 在组织情景下，Fairhurst（2001）强调解决问题上的感知相似性，如双方能够在高效完成任务的方式上达成一致，或者在其他非工作主题的沟通中相处融洽，相似性的感知能够促进双方建立稳固的关系。 反之，如果领导者和下属的性格和处事风格存在很大的差异，可能会造成隔阂、冷漠、疏远甚至人际冲突，形成比较差的人际关系。（Uhl-Bien，2006）虽然领导者和下属"实际"的相似性与两者的吸引力和关系质量正相关，但是 Liden et al.（1993）提出，感知到的相似性对领导—成员交换关系和相互吸引力的影响更为显著。

因为人们往往倾向于与他们喜欢的人交往，所以喜好或情感自然地在领导者、下属之间的人际关系质量中起重要作用。 Zajonc（1980）认为，事实上个体的情感判断会影响其对他人的评价，人们通常希望与他们喜欢的人建立良好的关系，在领导—成员交换关系中也不例外。 可想而知，如果领导者和员工之间相互厌恶，他们建立良好关系的可能性将会变得很小。 Wayne et al.（1990）经过实验研究发现，领导者的喜好对领导—成员交换关系质量产生显著的正向影响，这种效应随后也在 Liden et al.

（1993）的纵向现场研究中被证实。 Liden et al.（2006）的研究指出，在领导—成员交换关系已经形成的入职前期或早期社会化阶段，喜好是影响领导—成员交换的一个重要因素。

向上影响行为被认为是影响领导—成员交换关系质量的另一个重要人际关系变量。（Dienesch et al.，1986）下属为了实现个体或组织目标，通过一些积极行为改变领导者对自己的看法，增进双方关系，以此提升领导—成员交换关系的质量。 其中，3 种关键的影响策略是奉承、自我提升和表现自信。 Lord（1985）指出，在领导—成员交换关系质量和情感反应方面，下属使用向上影响策略会提高领导者对其能力和关系的评估。 领导者会有意识或无意识地记住下属的主动行为，并利用这些信息来解释下属的行为结果。 例如，领导者会认为下属的主动性成就了其高任务绩效。（Lam et al.，2007）成功运用影响力策略会使领导者对下属产生积极的评价，这种积极的评价为工作和生活中积极的人际关系形成奠定了坚实的基础。 但是另外，Kipnis（1980）提出，领导者往往会对下属过度使用侵略性影响策略形成负面认知。 例如，表现过分自信或太过急功近利的下属往往难以得到领导者的信任。 这是因为领导者将下属的这些带有侵略性的行为解释为别有用心，在此类情况下，两者之间往往会形成低质量的领导—成员交换关系。（Krishnan，2004）

信任在领导者与下属建立高质量关系的过程中同样起重要作用。 最早的领导—成员交换理论假设领导者根据下属的能力、可信任的程度、责任感来选择组内成员。（Liden et al.，1980）在领导—下属关系的早期形成阶段，领导者将部分任务授权给下属，并将此作为评估下属能力和可靠性的一种手段。 许多研究者发现，领导者对下属的信任与领导—成员交换关系之间存在积极关联。 在 Liden et al.（1998）的研究报告中，信任被用作衡量领导—成员交换关系的一个维度。 McAllister（1995）在信任理论假设中提出，在关系初始阶段，人们采用理性思考的方法来判断某人是否值得信任，这时候的信任基于对对方能力和可靠性的评估。 之后随着关系的发展，信任开始更多地基于对情感、关怀和彼此关系的关注，这表明领导者对下属的信任和领导—成员交换关系存在反向因果关系。 在发展高质量的关系之前，下属要使领导者相信自己有能力完成工作，才能得到领导的信任。

三、领导—成员交换的结果变量

理论研究表明，领导—成员交换可以作为一种通过其前因变量影响结果变量的机制（Erdogan et al.，2002）。关系领导理论认为，领导者和下属之间的关系对于建立员工的工作经验至关重要。当领导者和下属都努力建立良好关系时，双方对彼此关系都有正面的感知，由此工作配合度更高，进而也能提升整体绩效。（Uhl-Bien，2006）因此，领导—成员交换关系质量决定关键工作结果。Gerstner et al.（1997）关于领导—成员交换的元分析发现，领导—成员交换与实际离职率、工作绩效和组织公民行为（Organizational Citizenship Behaviors，OCBs）等行为结果显著相关；在态度方面，领导—成员交换与态度工作满意度和组织承诺显著正相关；在角色状态方面，领导—成员交换与角色冲突负相关，与角色清晰正相关。

1. 情感承诺和规范承诺

情感承诺是对组织的情感依恋，其表现特征在于个体喜欢参与组织的活动和任务（Mowday et al.，1982）；而规范承诺是一种个体对组织责任的信念（Allen et al.，1990），是成员对组织的义务感，一旦成员接受这种义务感，他们就会以符合组织目标的方式行事并认为这是正确的事情。

领导—成员交换与承诺正相关的原因主要包括以下两个方面：

第一，Graen（1976）提出，在角色塑造的过程中领导者和员工逐渐建立起高质量的关系，领导者鼓励并且说服员工对组织做出承诺。此外，高质量关系中的下属希望为组织做出贡献，他们依赖他们的领导者，对领导者有很高的忠诚度，因为他们将领导者视为组织事务的重要代理人。（Eisenberger，1986）这种忠诚对于增强下属对组织的依恋感（即情感承诺）和组织责任感（即规范承诺）十分重要。

第二，组织承诺受工作挑战、社会互动和反馈的影响。一般来说，领导者负责给下属分配任务和提供反馈。Liden et al.（1997）指出，处于高质量关系中的下属通常愿意接受超出他们职责范围的工作任务，并为此付出更多努力。这样甘于奉献的下属通常与领导者的关系更为紧密，从而得到领导者更多、更具体的工作反馈。此外，这些下属与他们的领导者通常有更多的交流和互动。如 Cogliser et al.（2000）发现，高质量关系产生的亲密性提高了领导者和下属之间的交往频率，有助于建立更成熟的领导—成员交换关系。Liden et al.（1980）的研究证实，处于高质量领导—成员交换关系中的下属会获得领导者更有力的支持、更多的自主空间和信任；而这些下属会对领导者更加尊敬和信赖，并且表现出更高水平的工作绩效、组织承诺和组织公民行为。

2. 薪酬满意度

Miceli et al.（1991）将薪酬满意度定义为个体对他们薪酬的整体积极或消极情感的总和。差异理论认为，薪酬满意度的主要影响因素是个体感觉自己应该收到的薪酬与他们实际收到的薪酬之间的差异。员工实际收到的薪酬与自己的预期越一致，他们的薪酬满意度就越高。而公平理论（Equity theory）认为，个体与他人比较的投入产出比才是影响薪酬满意度的关键。与领导者建立高质量交换关系的下属往往享有比其他人更多的利益和特权（Roch et al.，2006），包括领导者更多的支持、互动、反馈和奖励等。Cropanzano et al.（2005）的研究发现，这样的特权往往使下属对工作和组织具有更积极的态度和更深的依恋感。高质量关系中的下属对期望工资和实际工资间的差异的感知较弱，相对于与领导交换关系较差的下属，他们会有更高的薪酬满意度。

3. 程序公平和分配公平

领导—成员交换关系质量差异所导致的公平感知差异受到 Adams（1963）的公平理论和 Folger（1986）的参照认知理论（Referent cognitions theory）的支持。Adams 认为，个体评估公平性时使用的一种公平规则为：将自己的投入产出比与某一参照者或可比较的其他人进行比较。当个体的投入产出比与参照对象相同时，个体感觉到公平；当个体的投入产出比与参照对象不同时，个体会产生不平等的感受。并且 Adams 强调，个体对于公平性的评价是由自己的观察和感知决定的，因此他们对投入和结果的看法也是主观的。

依据参照认知理论，人们会参照一定的条件形成对结果的认知，如他们会将评估自己工作结果的程序与一个参照的公平程序进行对比（Folger，1986），如果目前的评估程序与参照的公平程序的评估结果相同，那么他们会感觉到公平。当下属认为上级当前使用的评估程序不公平，即他们认为如果领导者使用更为公平的程序，他们将获得较好的结果，那么此时他们对程序和分配不公平的感受会最大化。公平的程序是以决策者遵守程序公平规则为特征的程序，理想的公平程序应避免偏见，并且兼具代表性、准确性和可纠正性。

Erdogan et al.（2010）发现，领导者会差异对待高质量的领导—成员交换关系和低质量的领导—成员交换关系中的下属，这会导致下属对程序和分配公平不同的感知。相比之下，低质量的领导—成员交换关系可能会加剧下属对程序和结果不公平的感知。这些下属认为领导者在过程和结果分配中持有偏见，领导者更倾向于"圈内人"而非自己。这种现象虽然不公平但也存在一定的合理性，因为与领导者有高质量关系的下属比有低质量关系的下属更可能接受有利的对待，如在结果分配过程中得到更完整的解释和过程控制，并且由于其"圈内人"的地位而得到更有利的结果。

4. 授　权

Spreitzer（1995）将心理授权定义为个体对他们的工作角色认知和增强动机，包括自身能力、影响力、工作意义和工作自主性。一般说来，领导者为与自己有高质量关系的下属分配具有挑战性的任务，为他们提供支持，提供更多的信息，增强他们的责任，给予他们更多的自我决策空间等。Andrews et al.（2001）认为，所有这些行为都增强了下属对工作意义、自身能力、工作自主性和影响力的认知。

此外，Aryee et al.（2006）认为，下属从其领导者那里获得的支持能够增加他们的自我成就感知和自我效能感知，从而提高对自己能力的认可度；而与领导者的频繁互动、决策投入和自我认可会增强他们对自我决定和影响力的感知，认为自己是有能力并且有威信和影响力的。高质量的领导—成员交换关系中的下属自称有更强的工作责任感，感觉自己应对工作集体做出更多贡献，这提高了下属对自我决定的感知。（Gomez et al.，2001）因此，与其领导者有高质量领导—成员交换关系的下属会感受到更高水平的心理授权。

5. 组织政治知觉

由于组织中的资源是有限的，员工会针对稀缺资源产生竞争，因而会做出利己而损害组织或者损害其他利益相关同事的行为。（Davis et al.，2004）学者们将这种自利行为称为组织政治行为。相同组织中的不同员工对组织政治行为会产生不同的知觉。组织政治知觉会产生一些负面的效用。例如，组织政治知觉较高的员工会表现出较低的任务绩效和较少的组织公民行为，较高的离职意愿和工作压力，并且他们的组织承诺与组织公平感较弱。（Ferris et al.，2002）

领导—成员交换可能影响组织政治知觉的原因主要有两个：第一，和领导者具有低质量交换关系的下属认为那些与领导者关系较好的人更受领导者青睐，并将他们的高绩效、高回报、与领导者的高互动归因于一些政治因素而非客观因素。（Davis et al.，2004）因此，与领导者具有低质量交换关系的下属有更强烈的组织政治知觉。第二，和领导者具有高质量交换关系的下属对他们自己的角色和工作有更多的控制感，领导者给他们提供了更多的自主决定权和支持。（Andrews et al.，2001）Ferris（2002）在研究中提出，这类员工所享有的控制感将显著降低他们的组织政治知觉水平。

第二节　领导—成员交换理论的发展

一、领导—成员交换一致性研究

领导—成员交换理论的一个重要特点是它强调领导和下属的对偶关系。值得注意的是，领导者和下属双方对这种关系的看法往往不同。影响领导—成员交换一致性的因素主要有以下 3 个。

1. 角色理论与领导—成员交换一致性

根据角色理论，Graen et al.（1987）认为，领导—成员关系的质量在一系列双方对彼此的"测试"中得以发展。在角色获得（Role taking）阶段，领导者向下属传达明确的角色期望，并依据下属的回应和表现来评估他们的动机和潜能。当下属承担了相应的角色并与领导者产生社会交换关系时，角色扮演（Role making）阶段随之开始。（Graen et al.，1975）社会交换理论认为，个体会向组织中他们认为有意义的活动和人提供支持，并作为一种强化过程，使领导者和员工间的关系得以维持。（Homans，1961）在这个阶段，领导者会给下属提供一些松散的工作任务机会。这些工作机会往往暗示着与领导者之间的某种关系连接，下属接受这种机会意味着其和领导者之间的关系很有可能进阶为高质量的交换关系。Graen et al.（1987）提出，无论领导者和下属之间是否发生高质量交换，当两者间的行为相互依赖并逐步发展出一个规范的模式时，角色惯例化（Role routinization）发生，这也是两者关系发展的结束阶段，从这时起，领导者和下属间的关系会保持相对稳定。

因此，通过多次互动，领导—成员双方能够更好地确定彼此之间是否相互信任、尊重和存在义务，双方对彼此交换关系评价的一致程度将随着工作任务中的彼此试探和磨合逐渐提高。具体而言，通过工作中不断地交流和配合，双方将有更多的共同经历作为他们彼此判断领导—成员交换关系质量的依据。由此，领导者和下属对他们的关系质量的评估更为接近，有更高程度的领导—成员交换一致性。而他们彼此间测试事件的数量取决于关系持续时间及他们互动的频率和强度，沟通的频率和强度能更明确地影响领导—成员交换关系质量。

2. 评价夸大与领导—成员交换一致性

造成低领导—成员交换一致性的一个可能原因是领导者的应对和评估夸大化。一般来说，对领导—成员交换关系质量的衡量很大程度上集中在领导者一方。例如，领导—成员交换 7 项量表中有 6 个条目（Graen et al.，1995）直接涉及领导者的态度（如对成员的满意度）、认知（如了解成员的工作问题和需求及能识别成员的潜能等）和行动（如帮助成员解决与工作有关的问题）。鉴于此，领导者可能将对领导—成员交换的评价视为对自己的个体评价，而不是对与成员关系的评价，这样的评估更接近于一种自我评价形式。有关绩效评价的研究表明，人们的自我评价标准往往比对他人的评价更宽松，自我评价的准确性往往低于对他人评价的准确性。（Harris et al.，1988）因此，领导者的自评很可能提高了评价得分，降低了领导者评估的有效性，使领导—成员交换一致性降低。

3. 领导—成员交换维度与领导—成员交换一致性

虽然领导 成员交换通常被作为关系质量的整体构念进行测量和研究，但是 Dienesch et al.（1986）提出，领导—成员交换关系的发展是多种角度的。具体而言，领导—成员交换关系可以划分为 3 个维度：贡献（Contribution）、忠诚（Loyalty）和情感（Affect）。

情感指领导与下属双方对彼此的喜爱。在早期领导—成员交换发展阶段和形成后的稳定阶段，情感起着关键作用。Deluga（1991）认为，在角色扮演期，人际吸引（尤其是情感上的）增强了领导者和下属的适宜性（Compatibility），高适宜性有助于下属明晰领导者的绩效期望。彼此的情感也是影响信任、忠诚和责任的基本因素。贡献是指领导者和下属为实现共同目标而做出与工作任务相关的行为。 忠诚是指领导者和下属公开支持对方的角色行为、目标和个体品质等。 忠诚涵盖了对一个既定目标的信念，只有一方对另一方表达出忠诚，才会建立起高水平的信任。Liden et al.（1998）的实证研究表明，领导者往往会指派忠诚的下属去做需要自主判断和独立承担责任的工作。

　　Liden et al.（1998）通过开发多维领导—成员交换工具（MDM-LMX），进一步推动了领导—成员交换维度的研究发展。 除了情感、忠诚和贡献，他们提出并验证了专业尊敬（Professional respect）作为领导—成员交换关系的第四个维度。 专业尊敬是指领导者与下属对彼此专业能力的尊敬，对彼此在组织内外享有的专业声誉的知觉程度。 Liden et al.（1998）指出，尽管不是必需的，但人们在与他人合作或者与他人见面之前就有对其专业尊敬的看法，这是专业尊敬与前 3 个维度的不同之处。 情感、忠诚和贡献 3 个维度依赖于领导者和下属之间的相互交换关系，但专业尊敬维度并非如此。 专业尊敬维度更多与个体声誉相关，它可能产生于领导者和下属彼此接触之前，而不在双方的共同交换事件中产生。 由于领导者的专业声誉可能比他们下属的声誉更好地被建立和为人所知，在这个维度上，领导者和下属对交换关系的评估往往倾向于不一致。

二、社会网络视角下的领导—成员交换理论

1. 领导—成员交换及其影响力

　　早期的领导—成员交换研究主要集中于二元层面，关注的焦点在于下属如何运用向上影响策略以实现与领导者之间高质量的交换关系。（Deluga et al.，1994）但是领导—成员交换不仅会影响双方关系，而且会影响他们所在的直接工作团队甚至更大范围的组织。

　　在高质量的交换关系中，领导者与下属双方交换战略性建议、社会支持、反馈及高工作机会。 作为对领导者的回报，下属会自发做出高水平的

贡献，包括对领导者做出承诺和在工作任务中的高水平合作等，从而提高领导效率。（Liden et al.，1997）Molm（1990）从权力依赖的角度指出，在高质量的领导—成员交换关系中，领导者和下属是紧密结合的，他们通过交换有价值的资源提高相互依赖程度，从而加速权力建立。 领导—成员交换理论还认为，相对于下属，领导者在组织中处于更高职位，拥有更多的资源进行交换。 这意味着，领导—成员交换在工作过程中存在差异，领导者和下属在组织中所处的层次结构不同，相对权力水平也不同。

因此，与领导者有高质量交换关系的下属在工作团队中享有更大的影响力，因为他们确实能从领导者那里获得比具有低质量领导—成员交换关系的同事更多的且有价值的资源，同时也能够提高他们自身的声誉和影响力。 因为具有高质量领导—成员交换关系的下属有着实际资源和声誉双重优势，因而相对于其他成员拥有更多的影响力。 此外，他们所得到的实际资源和声誉优势也会在团队之外的更大范围树立影响力，帮助他们在与其他团队成员的交换中占据有利地位。 这类下属更有可能被安排在一些跨边界、跨职位的联络角色上（Graen et al.，1975），在工作团队中享有更多的优势和机会，获得更高的曝光度并对直接工作团队以外的人产生影响。

2. 社会关系支持

社会关系支持（Sponsorship）的概念融合了声誉优势，它反映了下属共享其领导者人脉圈子的程度。 领导者人脉圈中的人是领导—成员交换的第三方，对于他们来说，领导者对下属的认可是最重要的。 这意味着，随着社会关系支持程度的增强，下属作为可靠的交换伙伴，地位接近其领导者。 Sparrowe et al.（1997）将领导—成员交换的差异描述为一个动态的过程，这是通过领导—成员交换过程和嵌入新的非正式网络结构相互作用发生的。 他们提出，一个员工"融入"组织的程度取决于其领导者的社会关系支持，即领导者在多大程度上愿意将员工纳入自己可信任的关系网络中。 而领导者对员工的社会关系支持程度取决于领导—成员交换关系的质量。

尽管领导者实际上有意将员工纳入他们的信任网络，但社会关系支持不需要领导者有意地提议。平衡理论（Balance theory）指出，与领导者有高质量交换关系的成员将被领导者周围的人认为是可信的，从而扩大了共享信任关系的范围。（Heider，1958；Newcomb，1961）这种信任的"转移"即使在领导者的身边人和该员工没有见过面的情况下也可能会发生。（Ferrin et al.，2006）

第三节　关系型领导

Brower et al.（2000）对领导—成员交换和信任研究进行了整合，提出了关系型领导模型（A model of relational leadership）。关系型领导模型认为，领导—成员交换关系是通过人际交流和互动建立的，在这一过程中，领导者和下属评估彼此的能力、仁慈和正直等特质，对这些个体特质的感知会影响他们对双方交换关系的评价，并且评价结果会影响个体今后在这段关系中的行动。具体而言，如果人们经过评估，认为对方有能力，为人正直可信，那么他们可能在这段关系中表现出积极主动的行为，由此建立良好的交往关系。关系型领导强调发展组织成员间的人际关系，在组织内部建立和谐的人际关系及工作氛围，呈现出关心人、以人为根本的组织环境，并重视每个成员的个性与需求。该关系型领导模型突出了信任的重要性，为理解领导者与下属间的关系提供了一个动态视角。

如果领导者信任下属，下属会更忠诚，并追随、效忠领导者吗？下属如何看待其领导者对他们的信任，这种看法将如何影响下属行为？如果下属感到被信任和被重视，他们会更加努力工作并更忠于公司吗？事实上，信任和领导—成员交换在人际关系方面是紧密结合的。关于信任的研究逐渐从广义上对他人的广泛信任转向对信任的二元关系特征进行。（Hosmer，1995）学者们越来越关注领导者和下属之间的二元关系及组织情景下人际关系的信任倾向，这促进了对信任与领导力研究的整合。而领导—成员交换理论假设，领导者在建立关系时会以不同的监管方式区分下属，从而影响下属的角色塑造过程，以及彼此的关系发展过程，同时关注交换关系对个体和组织的影响。

一、互惠与信任

互惠是领导—成员交换和信任的核心，尽管互惠在这两个研究领域的意义并不完全相同。领导—成员交换理论认为，交换双方都给彼此带来了一些有价值的东西，由此建立起相互关联的关系。（Graen et al.，1987）随着双方交流和互动的深入，这种关系逐步被巩固。互惠连续体（Reciprocal continuum）的观点认为，交换是一个从负性互惠到综合互惠的连续过程，其间的状态为平衡的互惠。Emerson（1962）指出，关系中的双方对于交换质量是相互感知的，由于平衡的互惠性（Balanced reciprocity），随着时间的推移，交换双方的关系会达到平衡。

互惠有 3 个主要的衡量维度：回报的即时性（Immediacy of returns）、回报的等值性（Equivalence of returns）和兴趣（Interest）。回报的即时性指的是在接收到交换对方给出的物质利益或非物质利益之后回报对方所花费的时间。这个时间可以是受益的当下到未来的无限延长。受益当下立即给予回报则具有高即时性，在较远未来的某个时间才予以回报则即时性较低。回报的等值性指的是回报对方的和对方给予的价值相等。如果从对方处得到的和自己所回报的价值相差较多（包括更多和更少两种情况），则互惠的等值性较低。而兴趣指的是在交换关系中每一方的意图和动机，两个极端是极度自私的自我利益关注及完全的无我奉献。在这两个端点之间的范围更接近于正常的商业洽谈关系，交换双方都尽力争取自己想得到的利益。如果领导者和下属之间的交换是负性的互惠形式，双方的利益都会受损，可想而知，双方对于维持这段关系的意愿都较低，容易形成低质量的关系；如果领导者和下属之间的交换是综合的互惠形式，双方都能从这段关系中受益，也更愿意进一步加深交流和巩固交情，那么就很可能建立起高质量的关系。

Zand（1972）将信任的发展描述为一个螺旋强化过程。 Butler（1991）认为，信任是一个周期性的、相互加强的过程。 随着对信任研究的发展和深化，信任越来越被认为是一个社会交换的过程。（Kramer，1996；Whitener et al.，1998）在信任关系中，每一方以一种迭代的方式对关系中的其他各方造成影响，从这个意义上来说，信任是互惠的。 Mayer et al.（1995）提出，虽然在信任关系中各方经常相互影响，但是这种影响对信任本身并不重要；他们认为，信任不必是相互的——领导者可能在下属并不信任自己的情况下信任下属。 事实上，领导者对下属的信任不一定等于下属对领导者的信任。

理论上，在二元结构分析中，领导者和下属对二者之间交换质量的衡量没有区别。 领导—成员交换关系被定义为对交换质量的一种衡量，该理论假设交换的质量本身是一种被确立为现实同时可被衡量的东西，并且观察这种关系的所有各方对领导—成员交换关系的质量都有相同的看法。根据这一理论，实证研究要求第三方（同事）来评估领导者和下属之间的交换质量（Duchon et al.，1986），并在领导者和下属采取的衡量措施之间寻求对领导—成员交换关系度量的一致意见（Liden et al.，1993）。 由此可见，信任不同于领导—成员交换关系，信任关系在双方之间并不一定是相互平衡的，因为领导者和下属对彼此关系的评估不一定是相等的。

二、信任的不同视角

有关信任的大量研究发现，在组织环境中，信任可以成为个体、团体和组织生产力的重要决定因素。 尽管在社会交往中存在动机和未来行为的不确定性，但信任可以被定义为使自己容易受到另一个个体伤害的意愿。（Mayer et al.，1995）虽然大部分学者对信任的定义不一，但是有关信任概念一个核心共识是：信任是信任者所持有的一种主观看法，而不是一种客观现实。 Mayer et al.（1995）指出，对信任的度量是对存在于个体内部的一种主观结构的测量，没有客观标准，每个个体对信任的衡量标准不同。我们可以通过一些行为表现来观测一个个体的信任水平，比如说愿意为之冒风险，但这是一个信任的行为结果，而不是信任本身。因此，授权是可以反映信任水平的一个有效表现。

在领导—成员交换的二元关系中，只有领导者才能评估自己信任某个下属的程度（LTS_L），下属只能评估他自认为的领导者对自己的信任程度（LTS_S），但他的看法可能与领导者对他的信任看法不同，因为信任评估是基于个体的主观感知而不是现实的。虽然下属可能不知道领导者对他们的信任程度，但是基于领导者的行为表现，下属会形成领导者对他们信任程度的看法，这些看法会影响下属的态度和行为。导致领导—成员交换关系测量不明确的一个关键问题是未分清测量视角。在早期领导—成员交换关系的研究中，运作方式一直是关注领导者针对下属的行为和意图（Bauer et al.，1996；Gerstner et al.，1997），并且从下属的视角测量其对交换关系的看法。但是信任研究指出，领导者对下属的信任与下属对领导者的信任是不同的结构，不同视角对信任水平的感知不同，这取决于领导和下属哪一方对此问题做出了回应。在领导关系情境中，信任有两个结构：领导者对下属的信任（LTS）和下属对领导者的信任（STL）。每个结构是从领导者的角度或下属的角度来衡量的（见表 3-1）。

表 3-1　关系中的关键视角结构

关键结构	定义	信任方	被信任方
LTS_L	领导者对下属的信任程度	领导	下属
LTS_S	下属认为领导者对自己的信任程度	领导	下属
STL_L	领导者认为下属对自己的信任程度	下属	领导
STL_S	下属对领导者的信任程度	下属	领导

领导者对下属的信任（LTS_L）会影响领导者对待下属的方式，这反过来也可能影响下属的行为。比起其他普通员工，领导者会更加信任他们认为值得信任的下属，这是对下属的一种内在激励。（Seibert et al.，2004）此外，有研究表明，领导者更愿意为他们所信任的下属承担风险

（Mayer et al.，1995），更有可能将一些重要的工作任务委托给受信任的下属，而不是其他不受信任的下属。 因为领导者对于自己信任的下属有更大的信心，相信该任务将被信任的下属认真和充分地完成。 实际上，Mayer 等人早在其 1999 年的研究中证明，领导者对下属成功执行任务能力的信念是信任的前提。 反之亦然，对于不那么信任的下属，领导者对他们抱有较低的期望，会担心他们无能力完成工作或者躲避工作任务而密切监控这部分下属的工作，并且只给他们极为有限的决策权。 因此，感受到领导信任（LTS_S）的下属受到领导者更多的授权，有更多的机会丰富他们的工作经验并会被激发更高的工作焦虑和更多的亲社会行为。 研究发现，被授权的员工更加依赖于自己的组织（Spreitzer et al.，2002），并且对组织的忠诚度较高。

领导者对下属的信任（LTS_L）也可能通过皮格马利翁效应（Pygmalion effect）影响下属的行为和意图。（Eden，1990）皮格马利翁效应类似于一种自我实现的预言，在该效应的影响下，下属按照领导者的期望行事。（Kierein et al.，2000）这种影响已经通过潜意识的领导行为得到了解释。当领导者对某些下属抱有较高的期望时，他们往往会给这些下属提供更多的鼓励、指导和支持来更好地领导他们（Eden et al.，1982；Kierein et al.，2000），在这些帮助下，下属通常会有更高的工作表现。 根据信任的定义和表现，对于自己信任的下属，领导者对他们的工作能力和个体品格有更高的评价，对他们的未来表现也有更积极的期望。

下属对领导者的信任（STL_S）也会显著影响下属在组织中的工作绩效表现。 Colquitt（2007）的元分析发现，下属对领导者的信任与任务绩效、公民行为和反生产行为 3 个方面都存在中等强关系。 信任领导者的下属往往有更高的任务绩效，更多的公民行为，以及更少的反生产行为。 社会交换理论能够很好地解释这些关系：当下属信任领导者时，他们之间往往能够进行有效的沟通和交流。（Blau，1964）这些沟通和交流使下属产生了回报义务感及对回报的高期望。（Cropanzano et al.，2005）具体而言，由于下属在过去的一些交流中从领导处获得一些利益，他们觉得自己有义务做出一些回报来维持这对关系的平衡。 并且由于受到对未来利益期望的激励，下属更有动力付出更多努力以增进关系——无论是角色内行为还是角色外行为，由此领导者也直接或间接地受益。与之相反，不信任领导者的下属对领导者和工作缺乏义务感，对未来成就的期望也比较消极，因此也不愿意对组织工作付出额外的努力，对与领导者关系的留恋微乎其微。同时，他们的角色表现可能会受到影响——他们不信任自己的领导者并担心自己会被领导者利用，因而可能会有较差的工作表现。（Mayer et al.，2005）

三、信任的前因变量

Dienesch et al.（1986）认为，在领导者与员工交换的早期过程中，个体特质会影响领导者和成员之间最初的吸引力，领导者和成员双方的个人特质和吸引力是信任形成的一个重要前因。Graen et al.（1987）认为，领导—成员交换关系是通过双方的角色获得、角色扮演和角色惯例化形成的，这个过程中个人所表现出的性格、能力等个人特质影响信任的建立。相关学者将工作情境下的信任划分为两种类别：基于认知的信任与基于情感的信任。基于认知的信任是指对对方的信任源于对其以往所表现出的能力及责任心的评估，被认为拥有较强工作能力和可靠性较高的个体往往能赢得较高水平的信任。取得较高工作绩效的员工通常具备极强的工作能力、责任感和更高的可靠性等特质，会对团队做出更多贡献，因而能得到领导者的更多信任和青睐。另外，与领导者在情感上更为亲密的下属能够得到领导者更多的交流互动和反馈，并在此过程中建立和巩固信任。除此之外，领导者和下属之间的相似性是双方相互吸引的重要条件，相似性能够使双方产生对彼此的好感及吸引力，同时产生领导者对下属情感上的信任。Brower et al.（2000）发现，领导者与下属是否对对方抱有高水平的信任是两者间建立高质量人际关系的关键因素。

根据信任理论，Mayer et al.（1995）认为，个体的信任倾向决定了双方关系建立和发展的基本速率，信任倾向也是影响信任的一个前因。

Mayer et al.（1995）指出，信任倾向是信任者的个体特质，这与 Dienesch et al.（1986）提出的在领导者和下属最初接触时期可观察到的个体特质非常相似。 他们认为，信任倾向是个体的一种人格特质，但是它也受到文化环境、个人经验等因素的影响。 信任者可以通过共享信息或授权对自己没有风险的工作任务来测试与被信任者之间的关系。 如果受托的一方在初步接触交流中被证明是值得信任的，由于这一经历，授权一方可能产生较强的信任倾向，愿意与其分享一些更敏感的信息，并将更重要的任务分配给受托的一方。 在关系型领导中，与信任倾向相似的一个概念是关联倾向（Propensity to relate），指的是一部分领导者比起其他领导者更愿意与下属进行更多的交换，因为他们倾向于建立更多的人际联系和交换关系。 关联倾向在很大程度上反映了在等级关系中的信任倾向。 对于一个领导者来说，信任一个新下属的倾向概率可能不同于对一般人的信任倾向。 这很可能是因为与其他下属的相关经历对新下属的信任倾向比对一般人产生了更大的影响。

还有一个影响信任关系的重要前因是授权。 Baue et al.（1996）的研究证明，授权是领导、成员在工作接触中角色塑造过程的重要组成部分，授权有助于领导和下属之间关系的良好发展，有助于他们建立和巩固信任。 Thomas et al.（1990）指出，授权其实是员工内在工作动机在认知上的反映，即心理授权，是员工"努力—绩效"期望或自我效能感改善的过程；Spreitzer（1995）将心理授权感知的 4 个维度确定为工作意义、胜任力、自主权和影响力。 授权在一定程度上来说是领导者的一种冒险行为，被广泛认为是影响信任的重要因素。 当下属体会到工作角色的要求与自己的内在信念、价值观和行为准则越一致时，其工作能力和自主性越高、影响力越大，则下属的内在工作动机越强。 下属会将领导者的授权行为理解为对自己的信任，在得到一定授权后，下属对领导者更为亲切，双方的距离也会拉近；而下属成功完成授权任务会提高领导者对下属能力的认知，由此对下属更加信任。

四、信任的近端结果

当领导者信任一个下属时，这个领导者很可能会做出一些冒险的行为，如会对下属适当授权（Bauer et al.，1996）。 Schriesheim et al.（1998）发现，领导者愿意承担的风险量与对下属的信任程度相关，领导者更倾向于对与自己有高质量交换关系的员工授权。 例如，如果一名工厂的产品经理聘用了一名应届毕业生作为经理助理，在最初的几个月里，他可能愿意让助理协助处理一些生产计划和招聘方面的事宜，但他一定不愿意让助手在他出差时接替他管理工厂一周。 领导者对下属的信任可能会让他愿意授权略带风险的工作任务给下属，但是当涉及的风险超过了他的预期，他很可能不会对下属授权。

除了评估下属的可信任度，领导者还必须评估分配给下属的工作任务所涉及的潜在风险程度。 如果领导者信任下属的工作能力和个体品质足够承担工作涉及的风险，那么领导者将会把工作分配给下属，从而展现出身为领导者的风险承担能力。 例如，领导者也许愿意将组织会议等一些常规事务分配给还未足够了解组织的新员工，因为常规的日常事务中出现纰漏的可能性很小，风险也小。 然而，如果即将召开的会议是十分重要的公司董事会年度会议，领导者会感受到要承担更大的责任风险，因此会将任务委托给自己更为信任的有经验的员工。 值得注意的是，领导者在关系中承担风险的相关行为是基于与该行为相关的"感知"风险，对风险的错误感知将可能导致风险承担失败。

领导者的风险承担行为向下属暗示了领导者对其的信任程度。 因此，下属会对领导者是否将需要承担风险的任务分配给自己进行归因，根据领导者的风险行为来评估领导者对自己的信任水平。 在工作情境中，信任的结果行为包括赋权、授权、奖励、晋升及放松监管等。（Whitener et al.，1998）领导者的这些风险行为会影响下属的态度和行为，包括更高的工作满意度和工作绩效、更低的缺勤率和离职率等。 当领导者事先对感知风险的计算与对下属的信任判断准确时，下属往往能够成功完成分配到的任务。 反之，如果领导者低估了实际所涉及的风险，所指派的下属能力不够，则工作任务往往不能被成功完成，领导者将遭受损失。 如上文的例子，如果工厂经理误判了重要客户在紧急期限内生产计划所涉及的风险，允许新助理去负责相关事宜，那么一旦新助理未能履行好职责，后果会很严重。

领导者对与下属关系质量的看法（LTS_L）导致领导者对下属做出一些特定的行为，这些行为会引发下属积极的回应。 就过程而言，这类似于Eden（1988）提出的自我实现预言。 具体来说，Eden认为，领导者对下属的更高期望会促使下属做出更高的绩效，而绩效和绩效期望是信任建立的一部分基础。 当领导者将权力和责任授权给下属时，下属会感知到领导者对自己的信任，重视领导者对自己的赋权，从而工作满意度会提高，工作更加投入，并且更愿意承担工作角色外的组织公民行为。 回到上面的例子，当工厂经理将制订生产计划和招聘人员的重要任务委托给新助理时，助理将评估他认为的领导者对自己的信任水平（LTS_S）。 此时助理认为领导者对自己非常信任，那么他的工作态度会更加积极，对领导者的责任感也会增强，并且会承担更多的组织公民行为。

第四章
变革型领导框架

第一节　变革型领导的概念发展

事实上，进入 20 世纪 80 年代，领导力研究停滞不前，缺乏创新理论和有力的实证成果。此时，在 Burns（1979）、House（1977）等研究的基础上，Bass（1985）提出了变革型领导，重新激起研究者对领导力研究的兴趣。Bass 指出，早期领导力研究的重点在于双方对交易义务的履行。他认为，需要探讨一种新的领导力模式，从而说明领导者如何改变下属的兴趣，促使他们追求更高的目标，并将这类领导力模式称为变革型领导力。在将领导力与管理概念进行区分时，Bass 指出，领导力的目的是引发下属在价值观、理想、愿景及情感等方面发生改变或者转型变革；而管理的目的则是以行政手段、合同等方式来实现组织管理目标。虽然领导力和管理是相辅相成的两个概念，但 Bass 认为领导力的重要性要高于管理，因为领导力是获得超越预期结果的必要条件。从 20 世纪 80 年代到21 世纪最初 10 年，变革型领导理论一直在领导力研究中占据主导地位。（Barling et al.，2010）

Bass（1985）在其《领导力与超越预期的绩效》（*Leadership and Performance Beyond Expectations*）一书中提出的全面领导力理论（Full-range leadership）既包含了变革型领导也包含了旧领导力（即交易型领导）。该理论在 Bass 提出之后获得了学者们长时间的关注及大量的实践研究。研究者利用多因素领导问卷（Multifactors Leadership Questionnaire, MLQ）对全面领导力理论进行了系统检验，其中变革型领导对个体及组织的积极效用已经在世界各地获得了广泛的验证和支持。（Judge et al., 2004）全面领导力理论共包含 9 个维度，其中前 5 个（理想化影响力、特质和行为、鼓励型激励、智力激发、个性化关怀）为变革型领导力，后 3 个（权变奖励、主动例外管理、被动例外管理）为交易型领导力，最后一个维度为放任式领导力。下面重点对变革型维度进行介绍，值得注意的是，前 5 个维度最终实现的效用都体现在下属表现出超越最初预期的绩效。

Bass 将理想化影响力、特质和行为（Idealized influence, trait and behavior），或称为魅力，视为领导者的"情感"构成部分，用于描述那些由于其自身魅力而对下属产生深刻影响的领导者。这些领导者往往表现出较高的自信和力量，能够为下属指明方向和目标，在传递未来愿景时极富感染力和说服力；下属则会将领导者理想化，视他们为自己的榜样。通过这种理想化方式，领导者与下属之间能够建立起一种紧密的情感联系。从理论上来说，领导者的理想化影响能够激发下属对个人成就的追求，提高下属的组织认同感，从而促使他们关注组织目标和利益。鼓励型激励（Inspirational motivation）指领导者激励并推动下属去实现较为困难的任务目标。通过鼓励型激励，领导者能够提高下属对自身的预期，使下属相信通过努力和积极的行动能够实现这些目标。Bass 将这种激励过程描述为对皮格马利翁效应的应用：领导者预期下属有能力完成某个目标，并表现出绝对的信心；受到鼓励的下属将会采取积极的行动去超水平地完成这一目标，从而实现自我实现的预言。

不同于前面 3 个维度，智力激发（Intellectual stimulation）是变革型领导力的一种"理性""非情感"维度。采用智力激发的领导者能够促使下属从不同角度探究问题，以客观的立场解决问题，使下属在面对问题时能持续地提升解决问题的能力。 在解决问题的过程中，下属会受到鼓励并努力实现目标。 变革型领导力的最后一个维度是个性化关怀（Individualized consideration）。 领导者通过与下属的日常接触，不仅体恤与满足下属的当前需求，还关心每一位下属的发展需求，帮助他们挖掘出最大潜能，完成自我实现。 值得注意的是，虽然在大部分实证研究中，变革型领导力的上述 5 个维度常常作为一个整体构念进行检验，但不少研究显示，当样本量足够大时，不同维度可以表现出不同的领导力效用（Deinert et al.，2015）。

交易型领导是全面领导力理论中的另一领导风格，是一种以奖赏方式和履约义务为基础的相互交易过程。 其中，权变奖励是指建立在经济利益与情感沟通基础上的领导力；例外管理（积极、消极）是指领导者对错误、偏差做出反应。 Bass 最初认为，相对于交易型领导力，变革型领导力具有更加主动、创新等积极特征，代表了一种更加高效的领导力风格。然而，后续的实证研究显示，权变奖励也有助于领导有效性的提高，交易型领导并不意味着较低层次的交互关系。 鉴于此，Bass 在其后续研究中对两种领导力间关系的阐述进行了完善，认为好的领导者应该同时具备变革型和交易型两种领导行为特征，两者是互补的关系，如果领导与下属间缺乏交易型的关系，变革型领导也可能会变得无效。

事实上，除了 Bass 提出的变革型领导理论之外，其他学者也提出了各自对变革型领导的理解和定义，总结如表 4-1 所示。

表 4-1　变革型领导的定义

学者	定义
Burns（1978）	变革型领导注重激发员工的内在动机，满足员工的高层次需求，并且调动员工对于实现组织目标的积极性
Yukl（1989）	变革型领导是指领导者赋予员工自主性来完成预期的目标，并且能够影响员工的组织承诺和使命感
Sergiovanni（1990）	变革型领导强调道德行为及领导者和员工之间的信任氛围，这种领导风格能够激发员工的聪明才智，满足员工的需求，使员工实现超越预期的目标
Leithwood（1992）	变革型领导对员工进行愿景激励，不断地激发员工的创新思维，使员工对组织产生信任，对未来充满希望

学者	定义
Ackoff (1998)	变革型领导向员工描述组织愿景,并关注员工的需求、行为和情绪状态,帮助员工实现自我,激发员工的工作热情,鼓励员工为组织目标的实现努力奋斗
Pillai(1999)	变革型领导通过建立领导者与下属之间相互信任的氛围,激发员工高层次的需要,使员工将集体的利益置于个人利益之上,从而更好地完成目标
Robbins (2001)	变革型领导展现出独特的领导魅力,领导者对下属表现出个性化关怀,对员工进行智力激发,以完成组织的目标

资料来源:陈文晶、时勘:《变革型领导和交易型领导的回顾与展望》,《管理评论》2007 年第 19 卷第 9 期,第 22—29 页。

第二节　变革型领导与其他新型领导形式的比较

自 20 世纪 70 年代末始,领导力研究经历了一个范式的转变,除了变革型领导之外,还发展出了其他新型的领导力形式,包括魅力型领导、真实型领导、道德型领导和服务型领导等。 本节将变革型领导与这些新型领导做一个比较。

一、魅力型领导

魅力最初是由社会学家 Weber (1947)提出的, 其特征是下属认为领导者具有不寻常和非凡的品质。 House (1977, 1997)将魅力定义为领导者通过自己的行为、信念和个性对下属的信念、价值观、行为及绩效产生影响的能力,并且将魅力型领导定义为领导者能够通过自身的魅力和才能来影响下属,从而实现组织目标。 同时, Bass (1985)也认为魅力是一种归因现象,它的产生取决于领导者的个性和行为特征,同时也和下属的个性特征有关。 魅力型领导能够使下属对领导者产生崇拜和认同,并使下属渴望模仿领导者。 魅力型领导具有以下 4 个关键的特点：①拥有愿景并且清晰表述愿景。 魅力型领导能够将愿景勾勒为比现状更美好的未来，且他们能使用易于理解的语言来清晰地向他人表达该愿景的重要性；②冒险。 魅力型领导敢于冒风险，为了实现愿景可以做出牺牲；③对下属需求敏感。 魅力型领导对他人的能力有深刻的了解，并能对下属的需求和情感做出积极的回应；④打破常规的行为。 魅力型领导做出的行为常被认为是新奇的和不符合常规的。

变革型领导与魅力型领导之间的关系尤其紧密。 House（1997）就曾指出，变革型领导、魅力型领导其实是属于同一概念的。 事实上，这两种领导方式之间存在着一定的重叠，如两种领导方式都强调愿景的作用，强调运用愿景来激励下属为组织的共同目标服务；两种领导方式都强调对现状的改变，都可以激发员工高水平的组织承诺，让员工愿意承担风险来完成组织的目标等。 所以，Bass（1985）把魅力特征作为一个维度纳入了变革型领导中。

然而，变革型领导和魅力型领导又存在区别。 魅力型领导更能激发团队成员的组织公民行为，更强调领导者对外部环境的敏感度，领导者会积极地去寻求对组织有意义的变革；而变革型领导更多时候只是变革的推动者，当团队上下达成共识，需要进行变革时，他们就会积极地促进变革。 魅力型领导者往往能够展现出很强的个人能力和奉献精神，他们对目标有坚定的信念，能够全身心地投入工作；而变革型领导者更多强调的是授权，领导者给下属一定的自主权，让他们发挥自己的能力来完成目标。

此外，变革型领导的维度中还包括个性化关怀和智力激发，它们强调培养下属的能力，激发下属的创新能力，用新方式和新思维来解决问题，变革型领导的目的是授权给下属，并使下属更加独立，但也会提供一定的帮助；而魅力型领导则是以领导者个人的魅力来吸引下属，使下属对领导者产生尊敬和信任。 不过魅力型领导有可能会产生一些消极影响，如下属对领导者的绝对服从、员工缺乏创造性和领导者的权力过大等。

二、真实型领导

Walumbwa et al.（2008）将真实型领导（Authentic leadership）描述为具有自我意识，能够清晰地知道自己是谁，并始终根据个体的个人价值观、信仰、动机和情感来行事。 Walumbwa et al.（2008）将真实型领导分为 4 个维度，包括自我意识（Self-awareness）、关系透明（Relational transparency）、平衡处理（Balanced processing）和内化的道德视角（Internalized moral perspective）。 自我意识来自对自我反省的理解，包括个人的价值观、情感、目标、知识、才能（Gardner et al.，2005）及优缺点（Ilies et al.，2005），还包括对自我的多面性及自己在社会中存在的意义的一种认知（Walumbwa et al.，2008）。 关系透明指的是向他人恰当地展示真实的自我，分享有关自己的真实想法和情感的信息。 平衡处理包括在决策中考虑他人的意见和所有可用的相关信息，同时保持一个相对客观的态度。 内化的道德视角是建立在自我调节的基础上的，而自我调节的基础是一个人的使命、根深蒂固的价值观或想要有所作为的愿望（Shamir et al.，2005；Walumbwa et al.，2008）。 因此，真实型领导者乐于在和他人的相处中表露真实的自我。（Gardner et al.，2005）

在比较真实型领导者和变革型领导者时，Avolio et al.（2004）将真实型领导者描述为在积极的领导形式中加入道德品质的领导者。 因此，领导者可能是真实的，但并不一定是变革型的。 但是，对于真正的变革型领导者（Authentic transformational leadership）而言，其必须是真实的。Bass et al.（1999）对变革型领导的原始定义进行回顾，指出与虚假的变革型领导（Pesudo transformational leadership）不同，真正的变革型领导在其行为过程中必须是真实的。（Avolio et al.，2005）因此，真实型领导最有可能与真正的变革型领导密切相关。（Avolio et al.，2005）此外，Avolio et al.（2005）指出，两种领导理论所描述的潜在领导过程都强调了领导者的自我意识、下属的自我决定、领导者和下属之间积极的社会交流及道德性的组织环境的重要性；同时，两种领导理论都认为领导者能够对下属、群体和组织绩效产生积极的影响。 虽然变革型领导理论没有明确讨论积极心理资本或下属和领导者关系透明度的作用，但 Avolio et al. (2005) 指出，真实型领导的这些要素在变革型领导的学术讨论中是隐含的。 因此，尽管真实型领导与变革型领导的结构维度存在明显差异，但概念上也存在相当多的重叠。

但变革型领导和真实型领导亦存在概念上的差异。 变革型领导更注重培养下属以扮演领导角色（Avolio，1999），而真实型领导更加关注培养下属的自我意识（Avolio et al.，2005）。 此外，真实型领导不一定是有魅力的或鼓舞人心的，但变革型领导描绘了组织内强大的愿景，并激发了下属的创造力，具有领导魅力。 真实型领导理论与变革型领导理论的差异还表现在以下 5 个方面：积极的心理资本与真实型领导者/下属之间的相互关系；与他人建立公开透明的关系；领导者价值观和道德行为之间的一致性；一个积极的、以权力为基础的观点；下属的真实性和发展性。（Avolio et al.，2005）这些差异反映了一个核心前提，即领导者的价值观和行为之间的一致性，会以提高心理健康水平的形式为领导者带来实实在在的好处。 真实型领导力有助于提高下属的参与度、对领导者的信任程度、幸福感及绩效。 因此，对领导者和下属的心理健康和幸福的明确关注来自对真实性的获得，这是真实型领导理论的一个特点，但变革型领导理论并不是这样。

三、服务型领导

随着时代的变化，对领导行为的研究也在不断发展。 鉴于目前组织对有道德、以人为本的管理的需求，Greenleaf（1977）提出了服务型领导的概念，强调领导者将下属和利益相关者的需求放在首位。 Spears（1995）在 Greenleaf 著作的基础上，确定了服务型领导的 10 个特征，包括倾听（Listening）、同理心（Empathy）、疗愈（Healing）、意识

（Awareness）、说服（Persuasion）、概念化（Conceptualization）、远见（Foresight）、管理（Stewardship）、对他人成长的承诺（Commitment）及建立社群（Building community）。 服务型领导认为，要先促进下属的发展和提高下属的福利，组织的长期目标才有可能会实现。 Sendjaya et al.（2008）将服务型领导归纳为 6 个不同维度：自愿服从（Voluntary subordination）、真实自我（Authentic self）、契约关系（Covenantal relationship）、负责任的道德（Responsible morality）、超越的精神（Transcendental spirituality）和转变性影响（Transforming influence）。服务型领导具有特殊意义，因为它在领导风格中加入了社会责任的成分（Graham，1991）。 此外，与其他任何领导理论相比，服务型领导理论更明确地强调了下属的需求（Patterson，2003）。 服务型领导和变革型领导在概念上同样存在着一定的相似性和差异性。

Bass（2000）认为，服务型领导与变革型领导有许多相似之处，包括两者都需要远见、影响力、信誉、信任和服务等，但服务型领导将他人的需求作为其最优先事项，这一点并不被变革型领导所强调。 此外，Bass 指出，这两种领导形式在愿景激励和个性化考虑方面最为相似。 在差异方面，Stone et al.（2003）指出，变革型领导与服务型领导关注的焦点不同。 虽然变革型领导者和服务型领导者都关心他们的下属，但服务型领导者的首要任务是为他们的下属服务，而变革型领导者更关心让下属参与并实现组织目标。 总而言之，领导者能够在多大程度上将其主要关注点从组织转移到下属，是决定领导者是变革型领导者还是服务型领导者的关键。

四、道德型领导

越来越多的学者认为，有效领导力的本质是表现出道德行为（Brown et al.，2006；Burns，1978）。 道德行为是许多领导理论的关键组成部分。 Trevino et al.（2000，2003）将道德型领导作为一种独立的风格来关注，他们从两个相关的维度描述了道德型领导：做一个有道德的人和做一个有道德的管理者。 第一种是指道德型领导作为一个在职场内、外的人的品质，如诚实、值得信赖、公平和关心他人。 一个有道德的人会考虑个体的行为所带来的后果。 而有道德的管理者主要围绕领导者如何利用管理角色和领导职位来促进工作场所的道德规范，例如，通过角色示范道德行为、设定和沟通道德标准，以及使用奖励、惩罚来确保遵守道德标准。

Brown et al.（2006）注意到变革型领导和道德型领导存在相似之处。 如前文提及，变革型领导以沟通、激励和实现未来的愿景为中心，使得下属能够从中找到认同感。 因此，无论是道德型领导者还是变革型领导者，他们都关心他人，并始终遵循自己的原则（即道德）行事，考虑自己决策的道德后果，并为他人树立道德榜样。 另外，理论和研究表明，道德型领导和变革型领导也存在明显差异。（Brown et al.，2005；Trevino et al.，2003）虽然道德领导与变革型领导的理想化影响维度（具有明确道德内容的维度）显著相关（Brown et al.，2005），但是，道德型领导还预测了一些超出理想化影响的结果（Brown et al.，2005）。 这可能是因为道德型领导的道德管理方面更符合我们通常认为的交易型领导风格，而不是变革型领导风格。 例如，道德型领导试图通过明确设定道德标准来影响下属的道德行为，并通过奖励和惩罚来让下属对这些标准负责。 因此，道德型领导包括一个交易影响过程，有别于变革型领导。 此外，道德型领导并不围绕着阐明愿景或激发员工的能力来展开，而这些恰恰是变革型领导的核心结构。 此外，变革型领导可以表现出更利他（真实的）或更以自我为中心（虚假的）的形式。

第三节　变革型领导的前因变量

已有研究表明，性别、早期家庭影响、个性特征对变革型领导的产生具有影响。 以 Helgesen（1990）提出的女性领导风格学说为契机，变革型领导的性别差异研究正式兴起。 相关的一系列研究指出，女性与男性在变革型领导风格方面存在显著差异，女性领导者比男性领导者表现出更多的变革型领导风格。（Eagly et al. , 1995；Carless，1998）男性领导者的智力激发会比女性领导者表现得更加强烈，而女性领导者在个人化关怀方面比男性领导者得分更高。 女性乐于与他人合作、为他人提供服务，在工作中，她们鼓励下属多参与，创建促进合作与信任的工作环境。 女性的这些特性与变革型领导的某些特征有着较大的相似性，使得女性领导者在工作中更倾向于表现出变革型领导风格。

早期家庭影响对变革型领导者的发展和成长似乎同样具有重要影响。Elder（1974）指出，在大萧条时期，父亲失业的孩子在很小的时候就不得不应对外部的挑战。 然而，在之后的生活中，这些孩子在学校表现得更好，更有可能追求更高的教育水平，对自己的生活会更满意，更有可能在今后的工作中成为领导者。 Bass（1985）认为，父母给孩子提供激励性环境，给他们自行决定的机会，对其行为进行积极鼓励，这些因素都能促使孩子成为领导者。 Pamella et al.（2011）探讨了个体在早期家庭生活中的各种因素与之后表现出的变革型领导行为之间的关系，发现积极的家庭环境因素与变革型领导显著相关。 这些积极的家庭环境因素包括支持性的家庭氛围、提供机会和经验的家庭环境、开放的家庭管理方式和良好的家庭知识文化氛围。 这表明，良好的早期家庭环境能够有效地培养孩子的责任感，让他们形成积极的自我评价，能够妥善地处理生活中的事情，并做出有益的决定。

大量关于变革型领导的研究也试图探讨个性特征与变革型领导行为之间的联系。 研究发现，大五人格（情绪稳定性、外倾性、开放性、随和性和责任心）能够影响变革型领导行为。（Keller，1999；Judge et al. ，2002）性格外向乐观的个体往往能够表现出更多理想化影响行为和激励行为。 与安静、保守、害羞的内向者相比，健谈、精力充沛、自信的外向者更有可能成为领导者。 早期研究的一个重要发现反映出，在小组中花更多时间说话的人往往是后来成为小组组长的那个人。（Bass，2008）Judge et al.（2002）的元分析研究结果显示，外倾性实际上是与领导联系最为紧密的人格特质；相反，那些痛苦、焦虑和容易产生不安全感的人（即高情

绪稳定性），他们不太可能有信心承担起变革型领导的角色。 类似地，
Lim et al.（2004）的研究发现，外倾性、开放性、随和性与变革型领导行
为呈正相关关系，而情绪稳定性则与变革型领导行为呈负相关关系。 值
得注意的是，大五人格并不是与变革型领导行为唯一相关的个体特征。
其他一些研究也显示，主动型人格（Crant et al.，2000）、表演型人格
（Khoo et al.，2008）、安全依恋风格（Popper et al.，2000）和积极情感
（Rubin et al.，2005）也能影响变革型领导成长。

值得注意的是，领导者的情绪智力（Emotional intelligence）被认为是
影响变革型领导行为的一个重要因素。 情绪智力包括自我意识、情绪管
理、个人动机、同理心和关系管理等（Goleman，1995），情绪智力与识别
特定情绪相关，是在识别情绪的基础上进行推理和解决问题的能力（Mayer
et al.，1999）。 Mayer et al.（1997）提出，情绪智力为四维度结构：
①自我情绪评价（Self-emotional appraisal，SEA），即理解自己深层情绪
的能力，以及自然地表达这些情绪的能力；②他人情绪评价（Others'
emotional appraisal，OEA），即感知和理解周围人的情绪的能力；③情绪
调节（Regulation of emotion，ROE），即调节情绪的能力，这种能力能使
人更快地从心理压力中恢复过来；④情绪运用（Use of emotion，UOE），
即将一个人的情绪运用到有建设性的活动中去的能力。

Goleman（1995）认为，情绪智力对身心健康及职业成就都有影响，情
绪智力还可以提高工作表现，是领导效能的重要因素。 Ashkanasy et al.
（2002）认为，情绪智力的组成部分与领导行为高度一致。 显然，准确地
识别他人的情绪对激发领导者的能力和与他人建立关系至关重要（Carney
et al.，2003）。 当变革型领导者能够理解他人的感受时，他们能够关注
下属的情感需求，并对下属表现出同理心。（Bass，1990）此外，变革型
领导者相信他们可以影响周围的环境，并进行自我激励。（Sosik et al.，
1999）因此，情绪智力是领导者的一项重要能力，可以增强领导者与下属
间的关系和提高自身对组织任务的投入程度。（Wenzlaff et al.，2000）

第四节　变革型领导的结果变量

在过去的近 40 年间，大量实证研究探讨了变革型领导对个体、团队结果的影响。本节将对这些研究成果进行总结和讨论。

一、个体层面

1. 组织承诺

组织承诺被定义为个体对特定组织的认同感及参与的程度。（Mowday et al.，1982）先前的研究表明，决定组织承诺的关键因素包含领导力（Mowday et al.，1982），且目前已有大量研究表明，变革型领导与组织承诺呈正相关关系。Shamir et al.（1993）认为，变革型领导能够通过更高水平的内在价值及与目标相关的成就来影响下属的组织承诺，即变革型领导通过与目标实现有关的更高层次的内在价值，并清晰地表述组织共同的愿景、使命和目标，促使下属对组织形成更高的承诺（Shamir et al.，1998）。Avolio et al.（2004）发现，变革型领导通过让下属参与决策过程，激发其忠诚，挖掘其个人潜能，从而使下属形成更高层次的组织承诺。类似地，Walumbwa et al.（2003）认为，变革型领导认识到下属对成就和成长的需求，并鼓励下属更多地参与到他们的工作中，从而有利于实现更高层次的组织承诺。

2. 工作满意度

大量研究表明，变革型领导对员工工作满意度具有显著影响。变革型领导者强调培养员工的自主性，鼓励下属接受具有挑战性的工作。（Bass，1999）在这一过程中，员工能够获得更高的成就感，并提高工作满意度。 此外，理想化影响力能使下属对领导者产生忠诚和欣赏；鼓励型激励能让员工感受到自己参与了组织的任务，并理解组织的愿景；个性化关怀使下属更能体会到领导者的关注及关怀。 上述变革型领导力都能有效提高员工的工作满意度。 此外，变革型领导者在决策过程中强调下属参与，这将有效提高下属的工作投入度，进而提升下属的工作满意度。 在实证研究方面，Braun et al.（2013）通过多层次分析发现，变革型领导与下属的工作满意度间呈正相关关系。 Choi et al.（2016）通过对马来西亚的护理人员的研究发现，变革型领导对马来西亚医疗助理和护士的工作满意度有正向影响。

3. 任务绩效

当下属从变革型领导者身上感受到了其积极的价值观和个人品质时，会对领导者产生较高的个人认同，并且将领导者的价值观和信仰内化，使自己与领导者保持一致，包括将集体利益放在个人利益之上。 通过上述过程，下属既可以得到领导者的认可和赞扬，又能激发自我价值感，从而主动做出有利于组织的行为（如较高的任务绩效）。（Bass，1985；Yukl，2002）实证研究方面，Gang et al.（2011）的元分析结果表明，变革型领导与下属的任务绩效显著正相关，且比交易型领导的效应更强。陈春花等（2016）在中国情境下对变革型领导和员工任务绩效进行了分析，结果表明，相对于西方情境，变革型领导在中国情境下能够带来更高的任务绩效，包括员工绩效、团队绩效。

4. 组织公民行为

尽管研究人员认为，变革型领导行为对实现高员工角色内绩效非常重要，但他们还认为这种领导行为对实现高水平角色外绩效更为重要，如组织公民行为。 组织公民行为是一种自愿的个体行为，做出这些行为并不会得到组织中正式的报酬系统直接或间接的回报，但从整体上看，其有助于提高组织效能。（Podsakoff et al.，1996）基于社会交换理论（Blau，1964），Konovsky et al.（1994）指出，当下属感受到领导者的魅力和关怀时，就会自愿表现出积极态度和积极行为来回报领导者，包括做出组织公民行为。此外，当下属受到变革型领导的激励后，会表现出较高的工作热忱与工作动机，具体表现在一些下属不但会尽力去完成工作角色内的任务，同时也愿意为组织付出额外的努力，来提高组织的效能。实证研究方面，Nohe et al.（2017）的元分析表明，变革型领导行为与组织公民行为之间存在正向关系。同时，中国背景下的一些研究也支持了变革型领导与下属组织公民行为间的正向关系。（李超平等，2006；Zhu et al.，2014）

5. 员工创造力

变革型领导的 4 个维度对创造力都能起到增强的作用。具体来说，智力激发可以通过鼓励下属打破既定思维，以新的方式和探索性的思维看待问题，从而对员工创造力具有积极影响。（Jung，2001；Sosik et al.，1998）此外，当变革型领导提供个性化关怀时，他们会对个人关注的问题表现出同理心和支持，能够接受个体员工新的建议和想法。（Shin et al.，2003）在这样的领导环境中，下属可以自由地以新的方式来思考问题，从而进行创新。（Frese et al.，1999；Shin et al.，2007）变革型领导还可以通过理想化影响力和鼓励型激励，鼓励下属超越预期，努力提供创造性的方案来解决问题。（Shamir et al.，1993）大量实证研究的结果表明，变革型领导与员工创造力之间存在正向的关系。Shin et al.（2003）调查了韩国 290 名员工和他们的 46 名主管，发现变革型领导与员工创造力呈正相关关系。黄秋风等（2017）基于自我决定理论和社会认知理论探讨了变革型领导和员工创造力的关系，发现变革型领导通过增强员工创新的内在动机及员工的创新自我效能感来促进员工的创新行为。

二、团队层面

尽管更多的实证工作集中在检验变革型领导者与个体员工行为和态度间的关系上（Lim et al.，2004），但一些研究也指出，变革型领导对团队和组织层变量也会产生积极影响。例如，在团队层面上，变革型领导者为团队传达愿景，并激励团队成员朝着集体愿景努力；同时，变革型领导还通过提升团队成员整体的社会认同感来提高激励水平。（Bass，1985）变革型领导者能够强烈地表达他们对实现团队目标的信心，从而增强团队成员的团队效能感知。（Bass et al.，2003；Schaubroeck et al.，2007）此外，变革型领导者鼓励更高层次的团队凝聚力（Bass et al.，2003），这将有助于团队成员之间的协调与合作。因此，从理论方面能够推出变革型领导与团队绩效间的正向关系。

在实证研究方面，Lim et al.（2004）在对新加坡军事作战团队的研究中发现，团队成员对变革型领导者（指挥官）的评价与团队绩效呈正相关关系。Bass et al.（2003）发现，通过对美国陆军排长和中士的变革型领导能力的评分，可以预测战斗模拟中部队的表现。Jung et al.（2002）对47家韩国企业的研究发现，变革型领导者通过激励具有更高目标的团队成员，可以增强团队的凝聚力及心理授权，从而提升团队成员的自我效能，进而提高团队绩效。Braun et al.（2013）分析发现，管理者变革型领导的团队感知与团队绩效呈正相关关系。

此外，变革型领导也是影响团队创新的重要因素。变革型领导可以激发员工的创造性思维，鼓励员工独立思考问题，在团队内培养一种创新氛围，从而有利于团队整体进行创新。一些实证研究表明，变革型领导对组织创新具有积极而显著的影响。例如，Huttermann et al.（2011）以跨职能部门团队作为样本进行研究，发现变革型领导对团队创造力具有积极影响。

第五节　变革型领导的中介作用机制

本节将对变革型领导的作用机制进行回顾。总体而言，这些机制大致可以分为3类，即下属对领导者的感知、下属对自己的感知及下属对工作的感知。

　　第一类中介变量为下属对领导者的积极感知。 由于这些积极感知，下属对领导者产生了更大的承诺感，因而表现出愿意为了组织利益而更加努力。 Wang et al.（2005）进一步认为，作为一种社会交换机制，下属更有可能回报领导者的变革行为。 他们共对 162 名领导者和下属之间的二元关系进行了研究，发现下属对高质量领导—成员交换关系的感知（如相互尊重和为对方考虑）在变革型领导和下属绩效之间起到了中介作用。

　　此外，下属对领导者的积极感知还包括对领导者的信任感知（Dirks，2000；Jung et al.，1999；Pillai et al.，1999）、领导公平性感知（Knippenberg et al.，2007）和对领导的认同（Kark et al.，2003）等。 例如，变革型领导者授权下属，邀请下属为决策做贡献；变革型领导者还会尊重下属，并愿意为了团队的利益放弃自己的利益等。 因此，当面对变革型领导者时，下属更有可能相信他们的领导者会真诚行事，并公平对待他们。 Pillai et al.（1999）的研究表明，变革型领导者的下属能够感知到更高的程序公平，这意味着下属对领导者产生了更深的信任，并表现出更多的组织公民行为。 相反，不信任领导者的下属不太可能接受领导者的愿景，也不可能对领导行为做出承诺。（Jung et al.，2000）Farmer et al.（2005）的研究验证了上述理论推论，将下属对领导者的积极感知与各种下属积极结果相联系。

　　然而，当下属认为领导者的价值观与自己的价值观不一致时，他们也有可能抵制领导者的愿景。 Jung et al.（2000）认为，变革型领导者通过与下属沟通和激励下属，将其价值观传递给下属，因此，变革型领导者的下属更有可能将领导者的使命愿景内化，将自己的价值观与领导者的价值观结合起来。 研究表明，变革型领导与领导者—下属间的价值观一致性呈正相关关系，价值观一致性在变革型领导与下属绩效之间起中介作用。类似地，Kark et al.（2003）发现，变革型领导能够促进下属对领导者的认同及对团队的认同。 对领导者的个人认同调节了变革型领导和下属对领导者的依赖间的关系，而团队认同则调节了变革型领导和下属授权间的关系。

　　第二种中介变量考察了领导者是如何改变下属或团队的内部状态的，如通过个体层面和团队层面的心理授权。 为了证明这一点，变革型领导通过创造一个心理安全的环境，对下属进行智力激发，鼓励下属表达他们的担忧，并"畅所欲言"。（Detert et al.，2007）通过这种方式，变革型领导者能够激发下属的兴趣，并让他们参与实现组织愿景。因此，心理授权在变革型领导和组织承诺（Avolio et al.，2004）、领导—成员关系和下属绩效（Chen et al.，2007）之间起到中介作用。在团队层面也有类似的发现，团队授权对领导氛围对团队绩效的影响起中介作用。（Chen et al.，2007）

第三种中介机制是激发下属的内在动机。内在动机可以调节变革型领导与运动员的运动绩效之间的关系。（Charbonneau et al.，2001）此外，Srivastava et al.（2006）研究发现，领导的授权行为能够增强下属的内在动机并进而增加下属的知识共享行为。除了内在动机之外，Srivastava et al.（2006）认为，在他们的研究中存在第二种中介机制：团队效能。事实上，效能和授权是紧密交织在一起的。（Chen et al.，2007；Spreitzer，1995）当下属有机会分享自己的想法和表达自己的意见时，通过这一过程，下属能够对自己的能力产生积极的感知。变革型领导者对下属实施个性化指导，邀请下属参与任务和组织目标的制订，对下属实现团队目标表达出信心。通过这一系列领导行为，变革型领导能够提高团队效能进而提高团队整体绩效。（Bass et al.，2003；Schaubroeck et al.，2007）

最后一种中介机制与下属对自己工作方式的感知有关。变革型领导可以影响下属对自己所做工作的意义的理解。（Arnold et al.，2007）Piccolo et al.（2007）将这种现象称为"意义管理"，并指出在变革型领导的影响下，下属通过核心工作特征（如任务重要性、任务自主性、任务多样性、任务同一性和反馈）来评价他们所做工作的意义。有意义的工作能够激发下属的内在动机和对目标的承诺，进而增加下属的组织公民行为和提高下属的任务绩效。类似地，实证研究表明，下属的自我协调（Self-regulation），或通过与工作有关的任务、目标等活动来表达个人的真实兴趣或价值观，在一定程度上可以调节变革型领导与下属工作态度间的关系。（Bono et al.，2003）

第六节　变革型领导的研究趋势和展望

变革型领导理论对整个领导学领域研究的发展具有深刻影响。 在过去的 30 年间，学者们将大量的研究热情和精力投入变革型领导的相关研究中，这在一定程度上阻碍了其他领导理论的发展。 虽然变革型领导理论学派在当今领导学领域仍占据主流地位，但是越来越多的学者开始对其理论的完善性、方法论的严谨性等方面进行深入思考，并指出其中的不足。 在本节中，我们将对变革型领导力的最新研究发展趋势进行说明。

首先，越来越多的学者指出，为了完整地了解领导力现象，需要一个更加系统、完善的领导力过程模型，即必须将领导力特质学派、领导行为学派、权变理论学派的成果进行整合，以期从领导力"输入—过程—产出"的角度来理解领导力现象。（Lord et al.， 2017）变革型领导理论学派作为一种主流领导力学派，显然无法脱离其他领导理论独立发展。 近年来，一些研究者尝试从理论和实证角度对此进行研究。 例如，同样在大五人格框架下，研究者发现，变革型领导力可以作为外倾性、情绪稳定性及经验开放性与领导有效性之间的中介变量。 具有外倾性的领导者容易表现出果断、健谈、有活力等特征，进而提升领导魅力；情绪稳定的个体表现出平静、安全感；开放性的个体具有创新性和好奇心。 这些特质都与变革型领导力有效性具有紧密联系。（Oreg et al.， 2015）

其次，虽然 Bass（1985）将变革—交易领导力称为全面领导力理论，但不少学者指出，所谓的全面领导力理论并不像最初所提出的那样"全面"，该理论并未包括工具型领导力，如主动结构型。 大量的实证研究已经证实，领导者的主动结构型行为在组织战略及工作绩效促进方面具有显著的指导作用。 工具型领导力模块的缺失，使 Bass 的全面领导力理论在某些领域的运用受到限制。

最后，Din et al.（2014）对所有变革型领导理论研究者提出一个要求

（或称之为挑战）：开展更多的纵向研究。 正如 Bass（1985）的那本经典
著作的书名，变革型领导理论之所以在过去几十年间一直吸引研究者的注
意，在于其能够对个人和组织进行变革，产生超越预期的绩效。 这一概念
和假设存在于所有变革型领导理论的研究者的理论和假设之中。 虽然现
有研究显示，变革型领导者的行为确实能够提高下属的工作满意度、激发
下属的工作动机和改善组织效能，但是这些证据不足以支持变革型领导者
能够促进组织和下属的变革这一论断，这种因果关系需要更多的纵向实证
证据来支持。

第五章

道德型领导

第一节　道德型领导概述

在学术领域，道德型领导的发展经历了领导道德、符合道德的领导者、道德型领导 3 个阶段（孙健敏等，2017）。 道德型领导的概念已经成为实证领导研究中一个突出的主题。 自 21 世纪初以来，相关研究急剧增加。 Brown et al.（2005）将道德型领导定义为一种通过个人行为和人际互动表现出来的规范得体行为，并通过双向沟通和决策制定向下属推广这种行为的领导方式。

Trevino et al.（2003）指出，道德型领导与许多个人特征有关。 道德型领导者普遍被认为是正直可信的。 除此之外，道德型领导者也被视为公平和有原则的决策者，他们关心他人和社会的利益，在个人和职业生活中的行为合乎道德。 但是，这项研究也揭示了道德型领导的另一个重要方面，Trevino 和他的同事将其称为道德管理。 道德型领导者会主动影响下属的道德行为和不道德行为。 道德管理者通过传递道德的价值观信息，有意地对道德行为进行角色示范，以及通过使用奖惩制度（奖励和惩罚）强化下属的道德行为。 这种明确的道德行为有助于道德型领导者在道德中立的组织中突出自己的社会地位，使道德成为一种能够吸引下属关注的领导信息。 换句话说，道德型领导者被他或她的下属视为一个真正有道德的人和一个能有效影响员工的道德的管理者。（Trevino et al.，2000；Trevino et al.，2003）

当前，道德型领导的主要理论基础包括社会学习理论和社会交换理论。 在下面章节中，我们将对此进行具体阐述。

一、社会学习理论与社会交换理论

大多数试图解释道德型领导如何影响下属行为的研究都借鉴了两个理论：社会学习理论（Bandura et al.，1977）和社会交换理论（Blau，1964；Homans，1974）。 社会学习理论用来描述道德型领导者如何作为榜样，吸引下属关注他们的道德行为和决策制定规范，从而在下属模仿领导者的过程中，在整个组织中推广道德行为。（Bandura，1986；Bandura et al.，1977）社会学习理论有助于解释道德型领导者影响其下属的原因和方式。根据社会学习理论（Bandura，1977，1986），个体能够通过关注和模仿有吸引力、可信的榜样个体的态度、价值观和行为来进行学习。 大多数人从外部寻求他人的道德指导（Kohlberg，1969；Trevino，1986），道德型领导者是指导的重要来源，这是因为他们的吸引力和可信度会吸引人们注意他们的模范行为。 对于吸引力而言，权力和地位是增强榜样吸引力的两个特征（Bandura，1986），具备这两大特征的道德型领导者更有可能使下属关注他们的模范行为。 大多数领导者之所以拥有吸引力，是因为其具有较高的权力和地位。 但是吸引力不仅仅受权力和地位的影响，关心、关怀和公平对待他人的榜样者同样会吸引下属的注意。 此外，可信度也可以提高榜样学习的有效性。 有道德的领导者之所以可信，是因为他们言行一致，正如 Bandura（1986）所指出的，如果榜样自己都不遵守他们所宣扬的行为，为什么其他人要这样做？

在企业环境中，道德信条可能会在某些情况下被丢弃，当然，道德型领导者会通过频繁地传达道德观念和突出道德信条来表达其对道德的关注。道德型领导者为他人设定清晰的道德标准的同时，他们自己也会遵循这些标准。此外，奖惩制度也是影响下属道德行为的重要措施。研究表明，强化在榜样学习有效性中起着重要作用，观察者密切关注那些控制着重要资源的人及他们做出的奖励和惩罚行为。（Brown et al.，2006）社会学习理论假设许多学习行为是间接发生的。间接学习对于了解组织环境中的道德和不道德行为而言尤其重要。员工可以通过关注其他组织成员获得奖励或得到惩罚的情况来了解什么是可以接受的、什么是不可接受的，并以此来规范自己的行为。

关于道德型领导者如何影响其下属的另一种解释来自社会交换理论。（Blau，1964；Gouldner，1960）Blau（1964）将交易型交换与社会交换关系区分开来。社会交换关系相对模糊，时间跨度较长，并且以信任和互惠规范为基础。（Blau，1964；Gouldner，1960）根据社会交换的观点，道德型领导者对下属公平对待，并表现出人性化的关怀，下属会因此产生回报义务感，并表现出相应的积极的工作态度、行为和绩效来回报领导者的积极行为。（Brown et al.，2006；Brown et al.，2005）

二、与相关领导理论的区别

道德型领导与其他领导理论在概念上存在着一定的重叠——变革型领导理论、精神型领导理论、真实型领导理论和服务型领导理论都以某种方式探讨了领导的道德含义。与此同时，一些研究者也指出，道德型领导无论是在概念层面还是在实证层面都与其他类型领导间存在着较大差别。（Brown et al.，2006；Brown et al.，2005；Mayer et al.，2009；Ofori，2009）在此，我们对这些领导构念与道德型领导构念之间的联系和区别进行阐述。

1.变革型领导

Burns（1978）提出，变革型领导是一种道德型领导。 变革型领导激励下属超越自身利益，为一个共同的目标而奋斗。 Kanungo et al.（1996）也指出，变革型领导包含了道德影响过程，相对的交易型领导则不涉及道德内涵。 值得注意的是，Bass（1985）认为，变革型领导者可以是道德的，也可以是不道德的，这取决于领导者自身的动机。 Bass et al.（1999）通过区分真正的变革型领导者和虚假的变革型领导者，进一步阐述了上述观点。 有研究者指出，真正的变革型领导者之所以被认为是道德型领导者，是因为领导者的道德价值观（如正直、公平）的合法性和领导者社会动机的道德性。 另外，虚假的变革型领导者更自私，更有政治动机。

变革型领导和道德型领导在个人特征方面有相似之处。 道德型领导者和变革型领导者都关心他人，一直按照自己的道德原则（即正直）行事，关心自己决策的道德后果，是他人的道德榜样。 另外，理论和相关研究表明，道德型领导和变革型领导之间也有很大的不同。（Brown et al.，2005；Trevino et al.，2003）道德型领导者关注道德标准和道德管理的设定，而变革型领导者更注重愿景、价值观和智力激励。（Brown et al.，2006）同时，有研究发现，道德型领导与变革型领导的理想化影响维度（具有明确道德内容的维度）显著相关（Brown et al.，2005）。 然而，就理想化影响力维度来讲，道德型领导的道德管理方面更符合交易型领导风格，而不是变革型领导风格。 例如，道德型领导者试图通过设定明确的道德标准以奖惩制度来使下属遵从这些标准，进而影响下属的道德行为。

2.真实型领导

自我意识、开放、透明和一致性是真实型领导的核心。 此外，真实型领导者关注积极的最终价值并且会表现出对他人（而不是自我利益）的关心，这对于真实型领导来说是至关重要的。 真实型领导者注重塑造积极的品质，如希望、乐观；真实型领导者能够从多个角度看待模糊的道德问题，并根据自己的道德价值观做出决策。

和变革型领导一样，真实型领导似乎也与道德型领导有一定的相似之处，尤其是在个人特征方面。真实型领导者和道德型领导者有共同的社会动机和关怀型领导风格。他们都是有道德原则的领导者，会关心自己决策的道德后果。然而，真实型领导也包含与道德型领导构念不同的内容。例如，真实性和自我意识不是道德型领导构念的一部分。（Trevino et al., 2000）此外，道德型领导者更多地关注对下属的道德管理，因此强调"他人"意识，而不是真实型领导方面的自我意识。对道德型领导者来说，对他人的关心和关注是最重要的。

3. 精神型领导

精神型领导（Inspirational leadership）包括内在激励自己和他人，通过号召和与下属之间的互动使下属产生精神生存感（Sense of spiritual survival）及必需的价值观、态度和行为，包括宗教、道德和基于价值观的领导方法。（Fry, 2003）精神型领导者也被描述为"一个人在领导岗位上体现了诸如正直、诚实和谦逊等精神价值观，把自己塑造成一个值得信任、依赖和钦佩的榜样"。（Reave, 2005）

Fry et al.（2005）制作了精神型领导测量问卷，包括 3 个维度：①愿景（Vision），描述了组织愿景和组织认同；②希望/信念（Hope/Faith），反映了对愿景被实现的信心；③来自充满关怀的工作环境的无私的爱（Altruistic love which results from the caring work environment）。精神型领导强调正直、利他主义和关怀，这与道德型领导的概念存在一致性，与变革型领导和真实型领导也存在相似之处。然而，精神型领导构念和测量工具与道德型领导同样存在差异。例如，精神型领导者被认为具有远见，这一特征并不包含在道德型领导者的概念中。此外，精神型领导者被认为所服务的对象是上帝或者人类，他们把自己的领导工作视为一种"召唤"。而道德型领导者则会被更实际的动机所驱使。

4. 服务型领导

近年来，研究人员开始从服务型领导的角度来探讨领导者的道德维度。 服务型领导是一种超越自身利益，将注意力集中在帮助下属成长和发展上的领导方式。 服务型领导者不会使用权力来达成自己的目的，而是强调说服的过程，表现为倾听、移情、说服、有管家精神和责任感、积极挖掘下属的潜力。 由于服务型领导专注于满足他人的需求，对其的研究主要关注的是下属的福祉。（Van，2011）

道德型领导关注在组织中什么样的行为是合适的，在关心他人、正直、守信及服务大众方面，它类似于服务型领导。 在道德型领导的过程中，更强调指导性和规范性行为；服务型领导则更注重下属的发展。 后者与其说关注的是在组织设立的准则下应该如何做事情，不如说是关注人们希望如何自己做事情，以及他们是否有能力这样做。 具体而言，道德型领导者注重做出公平的决定，表现出道德行为，倾听员工的观点和致力于维护下属的最大利益，这些同样适用于服务型领导者。 授权和促进成员的发展、谦逊、管理、真实性、人际接受、提供方向为服务型领导的 6 个关键特征。 以此为主要比较点，道德型领导和服务型领导的主要相似点为授权和促进成员的发展、谦逊及管理。

总体而言，所有这些领导理论（包括道德型领导理论）都包含利他主义动机维度，领导者表现出对他人的真诚关怀。 同时，这些类型的领导者被认为是正直的个体，会做出道德的决策，成为下属的学习榜样。 下属会因为钦佩这样的领导者而认同他们的愿景和价值观，并希望成为他们那样的人。 然而，除了道德型领导理论，其他领导理论都没有强调领导者在工作中对下属的道德/不道德行为的主动影响。 道德型领导者通过沟通和问责过程，明确设定道德标准。 道德型领导的这种更具交易性的领导风格是道德型领导构念与其他相关领导构念之间的关键区别。 道德型领导构念与其他相关领导概念的区分情况见表 5-1。

表 5-1　道德型领导与相关领导的区别

相关的领导类型	相似之处	差异之处
真实型领导	关心他人（利他的） 决策制定合乎道德 正直 角色示范	道德型领导者强调道德管理（更具交易性）和其他意识 真实型领导者强调真实性和自我意识

相关的领导类型	相似之处	差异之处
服务型领导	关心他人(利他的) 正直 授权和促进成员的发展 谦逊 管理	道德型领导更强调指导性和规范性行为 服务型领导则更注重下属的发展
精神型领导	关心他人(利他的) 正直 角色示范	道德型领导者强调道德管理 精神型领导者强调愿景、希望/信念;把工作视为其使命
变革型领导	关心他人(利他的) 决策制定合乎道德 正直 角色示范	道德型领导者强调道德标准和道德管理(更具交易性) 变革型领导者强调愿景、价值观及智力激励

资料来源:Brown，M. E,Trevino，L. K. "Ethical leadership:a review and future directions". *The Leadership Quarterly*,2006,17(6),pp. 595-616.

第二节　道德型领导的前因变量

现有文献将道德型领导的前因分为两大类:领导者特征和组织情境。正如 Brown et al. (2006)所提出的,领导者的一些特质会导致下属将其视为道德型领导者,而一些情境因素则提供了与道德型领导力发展相关的学习机会。

一、领导者特征

1.性格特征

具有特定人格特征的领导者更有可能成为道德型领导者。 社会学习理论认为,道德型领导者具有特定的个人特征,使他们成为有吸引力和可信的榜样,并使他们能够影响下属的道德行为。 Brown et al. (2006)将人格特质作为道德型领导的前因变量，并在大五人格框架下提出领导者的随和性和责任心与道德型领导间的积极关系。 高随和性的个体具有较高的信任、利他和合作的倾向，而高责任心的个体具有较高的自控性和制订详细计划的能力，表现出较高的组织能力和可靠性。 领导者的上述特征能够提高其榜样学习效用。 在 Brown et al.（2006）的研究之后，其他研究者也对大五人格与道德型领导间的关系进行了探讨。 例如，Kalshoven et al.（2011a）的研究结果也证明了随和性和责任心与道德型领导间的正向关系。 此外，他们的研究还发现，在控制了领导—成员交换关系之后，领导者的情绪稳定性对道德型领导具有显著的负向影响。 低情绪稳定性的领导者不太可能被下属视为榜样，而高情绪稳定性的领导者则往往表现出更高的自信和安全感。 由于道德型领导强调领导者的角色示范，领导者的情绪稳定性对道德型领导的感知同样重要。

2. 动　机

McClelland（1975，1985）的动机理论指出，个体存在 3 种主要的动机，即权力动机（渴望影响他人）、成就动机（渴望比以前更好或更有效地完成一些事情）和归属动机（希望与他人保持积极的关系）。 以往的研究表明，对权力的高需求，对成就的中等需求，以及对归属的中到低需求与领导有效性有关。（McClelland et al.，1982）此外，针对权力动机，McClelland（1975，1985）进一步将其区分为因自我利益而使用权力（个性化权力）和为了更好地抑制权力及维护他人利益而使用权力（社会化权力）。 研究表明，社会化权力越大，领导有效性越高。（McClelland et al.，1982；McClelland et al.，1976）从社会学习的角度来看，下属会倾向于关注那些表现出正直和关怀的榜样。 因此，社会化权力大的领导者，即倾向于为维护他人利益而使用权力的领导者，会比那些自私自利的领导者更有吸引力。 因此，社会化权力与道德型领导间应存在较大的正向影响。（Brown et al.，2006）

3. 马基雅维利主义

在心理学中，马基雅维利主义被定义为在人际关系中使用诡计、欺骗和投机取巧的一种行为倾向。（Christie，1970）与道德型领导者不同，马基雅维利式领导者有为了实现自己的目标而操纵他人的动机。 他们对人缺乏信任，反过来也不容易被别人信任。 Deluga（2001）在一项针对美国总统任期的历史计量学研究中发现，马基雅维利主义与个人魅力和被感知的伟大的程度呈正相关关系。 然而，大多数研究表明，马基雅维利主义与领导者的负面影响有关。 例如，在 Hegarty et al.（1978）的实验室研究中，马基雅维利主义与支付非法回扣的意愿有关。 其他研究发现，马基雅维利主义与销售人员的说谎意愿正相关。（Ross et al.，2000）强迫和操纵与社会学习过程大不相同。 社会学习建立在观察者可以自由选择榜样来观察和模仿的假设基础之上；强迫和操纵通常不被视为道德影响的来源，而采用这些策略的领导者不太可能被下属视为有吸引力的道德榜样。

4. 其他领导者特征

道德认同（Moral identity）已被证明能够预测道德型领导。 道德认同是个体对道德范畴中自我特征与行为倾向的自我概念，具体是指个体在多大程度上认为自己是有道德的人。（钟浩等，2019）道德认同作为个体自我定义的核心部分，激励着个体做出合乎道德的行为。 因此，它可以预测道德型领导（Mayer et al.，2012）。 因为道德认同是一种自我调节机制，所以具有较强道德认同的领导者会以与道德标准相一致的方式行事。这反过来又使他们被视为道德型领导者。 基于 Aquino et al.（2002）的研究工作，Mayer et al.（2012）发现，通过道德认同的两个维度，即内在化（Internalization）和符号化（Symbolization），能够预测道德型领导。 换句话说，尽管面临竞争压力或道德困境，具有强烈道德认同感的领导者始终表现出道德行为。

当领导者以尊重和公平的态度对待下属时，会增强下属对互动公平的感知，下属更有可能将自己的领导者评价为在工作中表现出道德原则的道德型领导者。 换句话说，领导者通过向下属展示互动公平来树立道德行为方面的榜样，这体现了道德型领导。（Zoghbi-Manrique-de-Lara & Suarez-Acosta，2014）在道德上投入度低的领导者被认为是道德型领导者的可能性较小。 道德上投入度低的领导者不会明显表现出道德行为或不会积极促进道德标准的贯彻。（Bonner et al.，2014）

二、情境的影响

1. 道德角色示范

社会学习理论认为，道德角色示范（Ethical role modeling）是道德型领导的重要影响因素。 因此，道德型领导依赖于直接的互动或观察。 无论是模仿还是学习，直接互动或观察都是至关重要的。 因此，对于地理距离较远或层级距离较大的下属，领导者实施道德型领导可能会更加困难。高一级的道德型领导会影响到下级主管，但这种影响可能随着其跨越层级的增多而减弱。（Mayer et al.，2009；Ruiz et al.，2011）

社会学习理论帮助我们理解为什么有些领导者更有可能成为道德型领导者。 并不是只有下属才能向榜样学习，领导者也可以向榜样学习。 通过观察道德榜样的行为及其行为结果，领导者会认同榜样，内化榜样的价值观和态度，并模仿榜样的行为。（Bandura，1986）因此，在领导者的职业生涯中，有一个道德榜样可能有助于道德型领导的发展。

领导者和下属所选择的榜样也可能随着时间的推移而改变。 Brown et al.（2014）认为，领导者一生中会有多个道德榜样，并考察了童年榜样、职业榜样和高管榜样对道德型领导的影响。 他们发现，其中只有职业榜样，如导师、同事和主管，可以预测道德型领导。 此外，职业榜样对道德型领导的影响随着领导者年龄的增长而增强，因为年长的领导者可能有更多的机会观察他们的职业榜样在工作场所的道德行为。 虽然童年榜样对道德型领导的影响总体上不显著，但童年榜样确实对年轻领导者的道德型领导产生了影响。综上所述，在一个领导者的职业生涯早期，从童年榜样身上学到的道德价值观和行为似乎会影响其道德型领导。然而，随着时间的推移，童年榜样的影响减弱了，而职业榜样的影响变得更强。

鉴于声誉和下属感知对道德型领导都至关重要，与下属评价相关的变量被视为道德型领导的前因变量。Pucic（2014）基于社会认同理论（Social identity theory）、领导分类理论（Leadership categorization theory）和社会认知理论（Social cognitive theory），描述了下属等级对道德型领导感知的影响，发现等级较低的下属倾向于在道德型领导量表中对其邻近的领导者做出较低的评价。等级越低的下属对等级低的邻近领导者的期望越具体，他们对该领导者的评价会越严格。然而，随着下属等级的提高，他们对领导者的期望变得更加规范和抽象，因此他们会对其直接领导者做出更高的评价。

另外，根据解释水平理论（Construal-level theory）（Liberman et al.，2007），Tumasjan et al.（2011）认为，更远的社会距离使得下属对他们的领导者更加挑剔。当领导者和下属之间的社会距离较远时，下属对领导者的评价要比领导者和下属之间的社会距离较近时更严格。下属的负面评价会被社会亲密度减弱，因为与领导者关系更近的下属更有可能了解领导者的情况。（Tumasjan et al.，2011）

2. 组织中的道德情境

能够对道德型领导造成更广泛和更深远的影响的是组织的道德情境（Trevino et al.，1998）或基础设施（Tenbrunsel et al.，2003）。道德情境领域大部分的实证研究都集中在什么是道德氛围（Victor et al.，1988）或什么是道德文化（Trevino，1990）这两个问题上。这两个问题都包括支持或不支持与道德相关的态度和行为的组织特征。（Trevino et al.，1998）

道德氛围被定义为"对具有道德含义的组织实践和程序的普遍感知"或"那些决定工作中什么构成道德行为的工作氛围"。（Victor et al.，

1988）Victor et al.（1987，1988）基于 3 种哲学方法，即原则（Principle）、仁爱（Benevolence）和利己主义（Egoism），对 3 个层次进行分析，即个体（Individual）、局部（Local）和世界性（Cosmopolitan），提出了 9 种道德氛围。他们假设每种氛围类型都与特定的期望有关。随后的研究发现，道德氛围的某些维度及其与结果的关系得到了实证支持。例如，Cullen et al.（2003）发现，员工对仁慈的道德氛围的感知与组织承诺之间存在相关性。其他研究表明，道德氛围可以正向影响管理者的道德决策意图（Flannery et al.，2000），而道德氛围与说谎意愿负相关（Ross et al.，2000）。

Trevino（1986）提出了道德文化作为组织整体文化的一部分，可以调节个体的道德推理水平与道德/不道德行为之间的关系。她认为，道德推理水平较高的个体（有原则的个体）不太容易受到组织文化的影响。Treviño 及其合作者（Treviño，1990；Treviño et al.，2007）后来用正式和非正式的行为控制系统（如领导、权力结构、奖惩系统、规范和政策、决策过程、道德规范、同事行为等）来定义道德文化，这些系统可以支持组织中的道德或不道德行为。

Trevino et al.（1999）发现，文化因素（包括支持道德行为的领导和奖惩系统，公平对待员工，将道德纳入日常组织决策，以及对员工的关注）都有助于形成积极的道德相关态度和行为。例如，道德文化的一个重要组成部分是支持道德或反对不道德行为的奖惩系统（Trevino et al.，1999），长期以来的研究表明，道德行为受到组织奖惩的影响（Ashkanasy et al.，2006；Tenbrunsel，1998；Trevino，1986；Treviño et al.，1990）。

从社会学习的角度来看，强烈支持和鼓励道德行为的道德情境，也支持在组织中发展和维持道德型领导。这些组织提供了更多的道德型领导榜样、支持道德行为的正式政策和非正式规范，以及对道德行为进行强化（例如，有道德的领导者优先，没有道德的领导者居后）。在这样的环境中，领导者"了解到"道德型领导是受组织肯定的，他们就有更多的机会和意愿去模仿道德型领导榜样。因此，他们很可能发展或保持（如果他们已经发展）强大的道德型领导。相比之下，在一个缺乏强大的道德情境或支持不道德行为的组织中，选择留在组织中的领导者将不得不调整他们的风格（即采用较弱的道德或较强的不道德的领导风格）来适应环境。那些有强烈道德的领导者更有可能因为不适应该组织的氛围和文化而离开组织。

第三节　道德型领导的结果变量

在本节中，我们将探讨两类主要的道德型领导的结果变量：下属与道德相关的行为及下属的态度。

一、下属与道德相关的行为

根据社会学习理论，下属会模仿道德型领导者的行为。此外，道德型领导者还通过沟通或管束来制定明确的行为标准，并利用绩效管理制度让下属对自己的行为负责。下属不需要直接学习有关奖励和惩罚的内容，但根据社会学习理论，他们可以通过观察他人的结果来进行间接学习。因此，道德型领导者主要通过树立榜样和间接学习过程来影响下属与道德相关的行为，如下属决策、亲社会和反生产行为。

1. 下属的道德决策

我们想要知道的是：在日常的工作环境中，特别是当领导者不在场的时候，道德型领导是否能够影响下属的道德决策？

首先，作为有吸引力和可信的榜样，道德型领导者将成为为下属提供道德指引的重要来源。道德型领导者设定道德标准，并身体力行地将其传达给下属。他们还会根据利益相关者的需求做出决策，这些决策被认为是公平和有原则的。因此，下属有机会观察和学习道德型领导者做出合乎道德的决策，这同时也鼓励了下属自身做出道德的决策。

其次，Turner et al.（2002）在一项多样本实地研究中发现，道德推理（Moral reasoning）水平较高的人更有可能被下属视为道德型领导者。Turner et al.（2002）认为，"有较高道德推理能力的领导者能够利用复杂的人际关系把情境概念化，他们比那些道德推理水平较低的领导者更有可能以不同的方式思考问题，并认识到更多的行为选择"。道德推理水平较高的个体更有可能做出有原则的决策，更注重关系中的公平性。（Brown et al.，2006）鉴于道德型领导者在道德推理方面的水平较高，他们会影响工作组成员的道德推理，从而使下属产生更多的道德决策。

最后，道德型领导者的下属知道，领导者会通过奖惩系统使他们对自己的决策负责。因此，道德型领导者的下属应该更有可能关注他们所做决策的道德影响，从而倾向于做出更多的道德决策。

2. 员工亲社会行为

道德型领导会通过社会学习和社会交换过程影响员工的亲社会或公民行为。（Bandura，1986）根据社会学习理论，道德型领导者是有吸引力的和有原则的榜样，他们把下属的注意力集中在他们制定的道德标准及做出的道德行为上。道德型领导者还通过言传身教的方式使下属产生认同感，模仿他们的行为。

除社会学习理论外，道德型领导者与其下属间的关系还可能具有社会交换的特征，而非简单的交易交换。（Blau，1964）交易交换类似于契约，其特征是一种经济交换逻辑，如公平工作换取公平报酬。社会交换关系的概念则不太明确，主要依赖于相互间的信任。（Gouldner，1960）根据 Blau（1964）的观点，"交换往往会产生个人责任感、感恩和信任感"。鉴于他们所受到的公平的对待及感知到的被信任感，道德型领导者的下属将更有可能认为自己与他们的领导者处于社会交换关系中。因而，为了回报领导者的上述积极行为，下属将更有可能做出亲社会行为。（Dirks et al.，2002；Konovsky et al.，1994；Podsakoff et al.，2000）

3.员工反生产行为

许多术语（如偏常行为、反社会行为、反生产行为和组织不当行为）被用来描述对组织或其他员工有害的消极员工行为。（Bennett et al.，2000；Giacalone et al.，1997；Marcus et al.，2004；Robinson et al.，1995；Sackett et al.，2001；Vardi et al.，2004）目前学术界已经开始关注领导者如何对这种行为产生影响。例如，有研究发现，滥用监督会减少员工的公民行为（Zellars et al.，2002），增加反生产行为（Detert et al.，2006）。而公平对待员工（Greenberg，1990）和魅力型领导（Brown et al.，2006a）则可以减少员工的反生产行为。Brown et al.（2006）认为，道德型领导能够减少员工的反生产行为。根据社会学习理论，下属将道德型领导者视为有原则和可信赖的榜样，并通过观察、模仿和学习领导的道德行为而规避自身的非道德行为。（王震等，2015）此外，道德型领导者明确了规范行为的标准及违反这些标准的后果。道德型领导者是坚持道德标准和行为的典范，下属应该了解他们的期望，并倾向于遵守他们制定的标准。最后，考虑到下属与道德型领导者之间的社会交换关系（Blau，1964），下属应该希望回报自己所受到的关怀和公平对待，以及感知到的信任，从而减少反生产行为。与领导者有良好交换关系的下属不太可能出现反生产行为等消极行为。

二、下属的态度

道德型领导也与一些积极的下属态度相关。道德型领导者表现出对下属的关心，因此更有可能培养下属对工作和组织的积极态度。与道德型领导者共事的下属认为他们的工作更公平，更有意义，因为他们的领导者倾听他们的意见，并表现出尊重、关心和公平对待。根据社会交换理论，当道德型领导者对下属表现出公平对待和关心时，下属会回报以更强烈的信任和感激。因此，Brown et al.（2006）提出，道德型领导与下属的满意度、动机及组织承诺等积极态度呈正相关关系。

此外，由于工作时间长，工作状态和满意度对下属的整体生活有很大的影响。因此，有研究表明，道德型领导不仅会影响下属的工作满意度，还会影响他们的生活满意度（Yang，2014）和家庭满意度（Liao et al.，2014）。

第四节　道德型领导影响的中介机制

已有的大量研究已经确定了道德型领导对下属行为和绩效的各种影响及影响机制。虽然文献指出了中介机制的一些复杂性，但我们依旧可以将道德型领导的作用机制分为两大类：下属个人层面机制和组织层面机制。

一、下属个人层面机制

1.下属的心理和道德因素

个体心理因素在道德型领导影响下属行为和绩效的过程中发挥着关键作用。有道德的领导者在工作中是下属理想行为的榜样，他们关心下属的福祉和职业生涯发展。根据社会交换理论，道德型领导者的下属有动力培育积极的心理资源，扩展他们的知识和技能，以提高他们的工作绩效。此外，道德型领导者通过沟通和纪律制定明确的道德标准，从而鼓励下属持有一个道德的态度和心理状态，并进一步参与道德行为和道德决策。

（1）心理资源：许多研究人员发现，心理资源，如心理安全、自我效能感、心理所有权和心理资本，是道德型领导者影响下属的重要中介机制，其能让下属产生积极的工作成果和态度。换句话说，道德型领导者会培育积极的心理资源，从而进一步提高下属的工作满意度、绩效及在工作场所的幸福感等。（Avey et al.，2012；Bouckenooghe et al.，2014；Chughtai et al.，2014；Li et al.，2015；Neubert et al.，2013；Tu et al.，2014；Walumbwa et al.，2011；Walumbwa et al.，2009）

（2）道德态度：道德型领导者支持并鼓励下属具有道德态度，如责任感知、道德效能感和道德强度，从而促成道德行为和道德决策。（Arel et al.，2012；Lee et al.，2015；Steinbauer et al.，2014）此外，由于下属对道德型领导者的支持充满信心，他们不太可能害怕报复和做无用功。因此，他们更有可能报告组织中的不法行为。（Mayer et al.，2013）

（3）下属在家庭中的道德行为：因为下属会在工作中模仿他们的道德型领导者，所以受道德型领导者领导的下属更有可能在家庭领域表现出道德行为，这导致他们配偶的家庭满意度提高。换句话说，下属在家庭领域的道德行为在他们在工作场所的道德型领导感知与配偶的家庭满意度之间起中介作用。（Liao et al.，2014）

2. 下属与领导者或组织的关系

道德型领导者对待下属的态度是信任和公平的，这可以让领导者与下属建立高质量的关系，并通过社会交换过程与下属建立起更强的情感纽带。道德型领导者还通过角色示范和积极沟通道德标准，有效地促进高道德价值观的建立和目标的共享，从而增强下属对领导者和组织的认同感。这种下属与领导者的关系进一步提高了下属的工作绩效和增加了下属的道德行为。

（1）关系质量：以领导—成员交员、社会交换和信任为特征的道德型领导者和下属间的关系能够激励下属以义务感、努力和组织承诺作为回报。道德型领导者通过与下属建立高质量的关系来促进下属绩效的提高、组织公民行为的增加、工作更加投入和做出更高的组织承诺，并抑制情绪耗竭。（Chughtai et al.，2014；Gu et al.，2015；Hansen et al.，2013；Li et al.，2015；Newman et al.，2014；Walumbwa et al.，2011）

（2）认同：因为下属将领导者视为组织的代理人，领导者的行为会影响下属对组织的看法。当道德型领导者作为榜样展示道德行为和道德决策时，下属不仅愿意认同他们的道德型领导者，而且愿意认同他们的组织。反过来，当下属认同他们的道德型领导者和组织时，他们就会有动力去努力实现对组织有益的目标，如更高的工作绩效。（Bouckenooghe et al.，2014；Ogunfowora，2014；Walumbwa et al.，2011；Zhu et al.，2015）同时，道德型领导者通过培养下属对组织的情感承诺和对组织的信任，减少了下属的组织越轨行为，增强了下属对组织公平的感知。（Neves et al.，2015；Xu et al.，2014）

3. 与工作相关的态度

下属的与工作相关的态度经常被作为道德型领导的结果变量进行研究，但这些态度也在道德型领导影响其他结果的过程中发挥中介作用。例如，道德型领导者通过提高工作敬业度来增强个人主动性等主动性行为，抑制反生产行为。（Den et al.，2012）当道德型领导者鼓励下属畅所欲言时，下属更有可能在工作中感受到意义和幸福。（Avey et al.，2012）此外，道德型领导者的支持和关心会提高其下属的工作满意度，而下属的工作满意度又进一步影响离职倾向、跳槽倾向等与工作相关的态度和行为。（Palanski et al.，2014；Yang，2014）此外，道德型领导者通过积极的工作分配（按任务重要性进行）来激励下属努力工作，从而加强工作的意义和员工满意度。（Piccolo et al.，2010）

二、组织层面机制

领导力不仅直接影响绩效结果，还通过组织情境间接影响其他结果。（Yukl，2010）下面我们将讨论组织层面机制，通过这些机制，道德型领导可以带来积极的结果。

1. 与道德相关的组织文化

（1）道德氛围与文化：道德型领导者在营造道德氛围或建立组织道德文化方面发挥着至关重要的作用，因为他们向下属示范和传播道德规范。因为领导者有地位和权力，他们示范和传播的道德规范更有可能通过社会传染过程成为共同的价值观和规范。换句话说，道德型领导者通过示范道德行为和行使道德权威来营造道德氛围。此外，当下属在工作场所分享关于道德的集体文化信仰和价值观时，他们会通过与其他同事和主管的互动，积极地履行这些准则和规范。因此，下属被鼓励以道德和规范的方式行事（道德行为），而不太可能从事不当行为。（Lu et al.，2014；Mayer et al.，2010；Wu et al.，2014）下属也会对自己的工作和组织表现出积极的态度，表现为工作满意度高、做出情感承诺和低流动率等。（Demirtas et al.，2014；Neubert et al.，2009）此外，道德氛围或道德文化还能将道德型领导的影响传递到企业层面的结果上，如企业社会责任、企业组织公民行为和财务绩效。（Eisenbeiss et al.，2015；Shin et al.，2014；Wu et al.，2014）

（2）组织公平：领导者是道德的这一认知增强了下属对组织公平的感知，因为道德型领导者所表现出的公平是组织公平的重要组成部分。反过来，具有较高组织公平感的下属会更积极地投入工作中，从而更少地做出不道德的行为。（Demirtas，2015）此外，组织公平能够在最高管理层的道德型领导对公司层面的组织公民行为和财务绩效的影响中起中介作用（Shin et al.，2014）。

（3）对政策的感知：Kacmaret et al.（2013）认为，对政策的感知可能也是一种中介机制，通过这种机制，道德型领导可以影响个人的结果，如提供帮助和给予晋升。由于道德型领导者依赖道德规范和价值观来指导工作场所的行为，他们不太可能使用政策手段。当下属在工作场所感受到较少的政策约束时，他们往往会表现出超越自身利益的组织公民行为，并表现出可晋升性。

（4）组织责任心：Walumbwa et al.（2012）发现，团队责任感是道德型领导和团队绩效之间联系的纽带。 道德型领导者通过角色示范来传达提升团队责任感的规范，而组织责任心又会促成更高的组织绩效。

2. 工作场所的条件

道德型领导者不仅在组织中营造道德氛围或道德文化，还以其他方式提供理想的工作环境，从而进一步提高下属的工作绩效。

（1）团队凝聚力和组织建言：道德型领导者通过在社会交换关系中提供明确的道德指导和角色示范，鼓励下属共享对团队或组织有益的集体目标和价值观。 因此，下属更有可能依附于团队或群体，并与其他同事积极互动（团队凝聚力和组织建言）。 团队凝聚力和组织建言都能带来更高的团队绩效（Walumbwa et al.，2012）和减少情绪耗竭（Zheng et al.，2015）。

（2）工作量及工作条件：道德型领导者通过管理下属的工作量和为其争取积极的工作条件来关心下属的福祉和职业发展，这提高了下属在工作环境中的舒适度和满意度。 当工作环境符合下属的期望和能力时，他们更有可能受到道德型领导的影响，进而抑制诸如欺凌等不道德行为。（Stouten et al.，2010）

（3）职场嫉妒：由于道德型领导者所表现出的公平对待，下属与同事进行比较的动机更低，更不容易产生职场嫉妒，更有可能产生组织公民行为等亲社会行为背后的积极情绪。（Wang et al.，2014）

第五节 道德型领导的调节变量

本节概述了道德型领导与下属绩效间关系的调节变量的实证研究结果。 对于那些试图实施道德型领导的领导者来说，关键是要找出什么因素促进或阻碍道德型领导影响下属的工作结果。 哪些特征对道德型领导的正面结果最有帮助，哪些又是最具威胁的。 根据 Ko et al.（2018）的研究，道德型领导的主要调节变量有下属特征及领导者与下属的关系。

一、下属特征

先前研究清楚地表明，下属特征在道德型领导的实施中起着重要作用。 由于个体间存在一定的差异，下属对道德型领导的反应可能会有所不同。（Chuang et al., 2016）当道德型领导对下属行为和绩效产生影响时，下属特征是两者关系的重要调节因素。 由于下属的个人差异会影响道德型领导对其行为和绩效的影响，道德型领导者对其下属特征的了解有助于提高道德型领导的有效性。

首先，Taylor et al.（2014）发现，责任心和核心自我评价对道德型领导和下属不文明行为间的关系具有调节作用。 高责任心的个体更加关注道德义务和责任。 当道德型领导者制定明确的道德标准时，高责任心的下属更有可能听从道德型领导者的指导，因而下属不太可能发生不文明行为。 另外，核心自我评价较高的下属对自己的判断更有信心，他们较少去模仿他人的行为和价值观。 因此，核心自我评价削弱了道德型领导对下属不文明行为的影响。

其次，有研究发现，下属自尊对道德型领导的影响过程也具有调节作用。 由于对自己的态度和行为不自信，低自尊水平的个体更容易对情境因素和他人行为做出反应。 相反，高自尊的个体对自己的态度和行为有足够的信心，他们不太可能受领导者的影响。 因此，高自尊水平抑制了道德型领导的影响效用。 也就是说，对于具有低自尊水平的下属，道德型领导对组织公民行为的正向影响和对工作场所偏离行为的负向影响较强。（Avey et al., 2011）

最后，基于社会认知理论，Aquino et al.（2002）将道德认同定义为个体对道德范畴中自我特征与行为倾向的自我概念。 道德认同程度越高，表明道德身份在自我概念中的地位越高，从而它越容易被相关情境（即道德情境）激活，则下属对道德信息进行加工处理的能力也越强；道德认同程度越低，表明利己的身份在自我概念中处于核心地位，从而利己

概念被相关情境（即自利情境）激活的可能性越大，则下属对道德信息的敏感度也越低。（Aquino et al.，2009）

　　研究表明，下属的道德认同能够调节道德型领导与报告道德问题的关系。一方面，道德型领导者示范道德行为并实施道德管理，要求下属做出合乎道德的行为；另一方面，下属身边存在非道德行为，并且人们可能会出于规避风险的自我保护对这些不当行为保持沉默。面对这些不同的情境，道德认同程度不同的下属可能具有不同的行为反应。从道德信息加工的视角来看（Eisenbeiss et al.，2015），道德认同程度较高的下属对周围的道德信息更敏感，对这些信息进行认知加工的意识也更强烈。道德型领导要求下属做出合乎道德的行为时，道德认同程度高的下属倾向于主动报告道德问题，因为他们认为这样做符合道德型领导者的期望并会得到领导者的支持。而道德认同程度较低的下属，在面对不同甚至相冲突的情境时，不仅会选择无视道德型领导者对道德行为的要求，而且其自利动机更易于被组织中出现的非道德行为或旨在规避风险的自我保护行为所激发，从而表现出更少的道德问题报告行为。

二、领导者与下属的关系

　　领导者和下属之间的关系是另一个与道德型领导影响密切相关的因素。当与领导者的关系质量较高时，下属会感知到与领导者的情感组带和共同的价值观，并进一步将领导者的价值观和信念融入自己的身份认同中。因此，为了提高领导者的领导效能，道德型领导者需要积极地建立和发展与下属的关系。具体而言，领导者和下属的高质量关系有助于双方信任的建立和提高互动频率与质量水平。在高质量的交换关系中，领导者与下属交换战略性建议、社会支持、反馈及高工作机会。作为对领导者的回报，下属会自发做出高水平的贡献行为，包括对领导者的承诺和在工作任务中的高水平合作等，从而提高道德型领导的有效性。（Liden et al.，1997）

此外，领导者和下属的价值观一致性能够促进信息共享，并引导下属做出与领导者相似的决策。因此，当下属观察到领导者的道德行为时，如果他们与领导者的价值观是一致的，他们将更有可能效仿领导者，并对此感到自信，这就导致了道德型领导有效性的提高。（Lee et al., 2015）

我们将道德型领导的实证模型呈现在图 5-1 中。

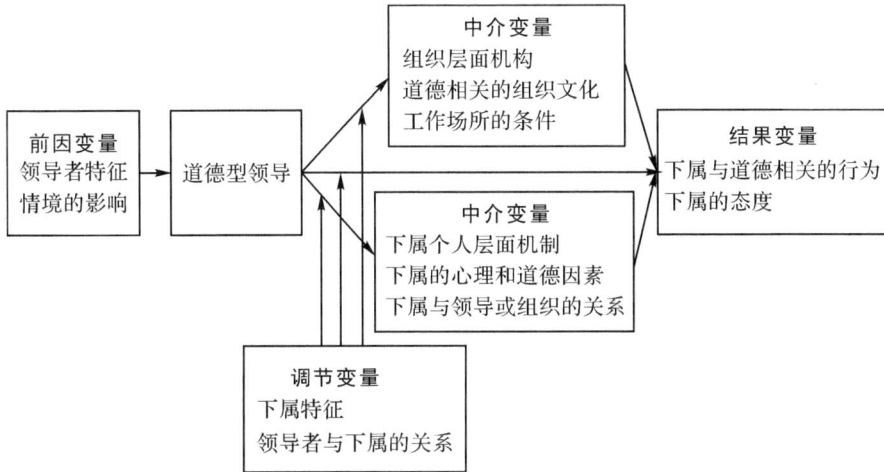

图 5-1　道德型领导的实证模型

实 践 篇

第六章
领导者特质、领导行为的实证研究

第一节　领导者特质学习导向与下属建言行为

　　面对纷繁复杂的外部竞争环境，企业仅仅依赖管理层的智慧显然无法解决所有的问题。只有充分挥发员工的主动性和创造力，企业才能持续改进，具备更高的灵活性和竞争力。（Morrison，2011）在此背景下，越来越多的管理者希望员工能够主动建言，为组织的管理运作献计献策，提出具有创新性的想法和观点。鉴于此，以主动性、促进性为特点的建言行为近年来备受关注。（Detert et al.，2011；段锦云，2011；Takeuchi et al.，2012；Tangirala et al.，2008；周浩，龙立荣，2012）作为一种具有挑战性的角色外行为（Van Dyne et al.，1998），建言行为强调员工建设性意见的表达，包括指出当前组织运营中的问题与提供相应解决方案等（Liang et al.，2012）。

　　建言行为的建设性特点决定了其内容往往涉及对组织现状的批评和对领导权威的挑战，因而在工作中，多数员工选择沉默，放弃建言（Detert et al.，2011）。针对此现象，有学者从决策计算（Decision calculus）的角度出发提出，只有当员工感知到建言效能大于风险时，他们才会主动地表达自己的观点、提出自己的意见。（Morrison，2014）在这一过程中，领导者作为下属建言的主要对象和组织奖惩权的拥有者，无疑对下属建言效能的计算具有重要影响。（Detert et al.，2010）不少学者指出，领导者对下属建言的开放性和接纳度行为，即管理开放性行为（Managerial openness），能够有效提高下属的建言水平。（Detert et al.，2007；Edmondson，2003）

管理开放性与员工建言之间的关系虽已得到广泛验证，但是很少有学者研究思考领导者为什么会表现出接受或拒绝下属建言的行为。据此，Morrison（2014）呼吁，应该对管理开放性的前因变量进行分析，以此拓展当前对领导者在建言行为中的作用的理解。在管理实践方面，确定领导者积极影响的来源，特别是从特质的角度入手，可以帮助组织选择合适的管理者及设计合适的领导力发展计划，从而有效增加员工建言行为。（Zaccaro，2007）

作为回应，本章将整合目标导向理论和建言行为的计算理论观点（Morrison，2014），检验领导者的特质学习导向对员工建言行为的影响。关注领导者的特质学习导向的原因在于，以往研究表明，领导者的特质学习导向对领导力发展（Leadership emergence）和领导有效性具有重要影响（DeGeest et al.，2011；Dragoni et al.，2012）。更重要的是，高特质学习导向的个体强调新知识的获取及偏好挑战性任务，因而这类领导者更有可能去影响下属表现出建设性、挑战性的行为。（Elliot，1999；Preenen et al.，2014）

一、领导者特质学习导向与下属建言行为

学习目标导向是指通过寻求挑战和掌握新情景来提升能力的一种愿望。（Payne et al.，2007）领导力相关研究结果指出，特质学习导向是领导力发展和领导有效性的重要前因变量。（DeGeest et al.，2011）根据目

标导向理论（Dweck et al.，1988），高特质学习导向能够激励领导者在日常工作中学习，重视培养各种领导能力，从而更有可能获得和掌握关键的领导力技能，如人际交往能力等（DeGeest et al.，2011；DeRue et al.，2009）。研究者还发现，领导者的特质学习导向不仅能够影响其自身的认知和行为，还能激发下属的学习目标导向，使下属采用类似的特质学习导向方式行动和提高自身的绩效表现。（Dragoni，2005；Dragoni et al.，2012；Preenen et al.，2014）上述研究结果表明，特质学习导向是领导力和领导有效性的重要特质来源。

我们认为，领导者的特质学习导向在提高下属建言行为方面具有特殊意义。特质学习导向强调新知识的获取和接受挑战性任务等。例如，有研究指出，高特质学习导向的个体在工作和学习过程中会采取一系列积极的学习策略，包括获取新的知识、信息，对获得的信息进行深入加工（即将新信息与已有的知识和经验相结合）等。（Elliot et al.，1999）此外，在面对挑战性任务时，高特质学习导向的个体会将其视为自身发展和成长的机会而非简单的困难或挫折。有时候，他们甚至会主动寻求富有挑战性的任务，通过这些任务的完成来获得新的知识，构建新的思维方式。（Preenen et al.，2014）针对上述有关特质学习导向的研究成果，我们提出，领导者的特质学习导向对下属的建言行为具有积极影响，具体阐述如下。

领导者通过社会学习过程向下属传递出其目标导向偏好。（Dragoni，2005；Dragoni et al.，2012）考虑到领导者所处的等级地位和权威性，在日常工作过程中，下属会关注并模仿领导者的价值观和行为。（Bandura，1986）高特质学习导向的领导者在其管理实践过程中表现出一系列学习导向行为模式。（Dragoni et al.，2012）例如，这类领导者会鼓励下属尝试新的工作方法，给下属安排具有挑战性的工作任务，并提供机会给下属尝试创新。（Dragoni et al.，2012；Gully et al.，2005；Preenen et al.，2014）他们也可能通过一些有形或无形的奖励来激发和强化下属尝试新想法及试错的意愿。（Dragoni et al.，2012）通过这些管理措施和实践，高特质学习导向的领导者向下属发出明确、积极的信号，即什么样的行为是在工作中被期望的，且会受到领导者的重视和认可。通过上述社会学习过程，下属了解并学习到了一系列特质学习导向行为模式。由此，下属可能表现出更多的改革建设性的行为，例如，质疑当前的组织实践和政策，引导领导者关注一些重要的组织问题，对现有流程制度提出改进意见等。

此外，特质学习导向的个体会积极主动地从多方（如同事、下属等）寻求反馈，以此进一步提高自身能力。（VandeWalle et al.，2001；VandeWalle et al.，2000）因此，高特质学习导向的领导者可能会主动寻求下属的意见以期提高自身和组织的管理效率。特别的是，特质学习导向的个体能够正确地看待负面反馈，他们认为负面反馈能够帮助他们识别那些学习过程中的无效行为，而不会将负面反馈视作对自身形象的威胁。研究发现，特质学习导向的个体甚至会主动寻求负面反馈信息。（Gong et al.，2014）这意味着，在面对下属的消极信息或者挑战性意见时，特质学习导向的领导者不会因为下属建言而感受到威胁。相反，他们会正确看待这些信息，将其视为自身能力提高的一种有效手段和途径，对下属建言行为表现出积极开放的态度。（Parker et al.，2010）当下属感知到领导者愿意接受他们的意见和想法时，会认为建言行为是安全并有效的，从而表现出更高水平的建言行为。基于上述论述，我们提出以下假设。

假设1：领导者特质学习导向与下属建言行为正相关。

二、领导者特质学习导向与管理开放性

管理开放性指的是下属感知到领导者"愿意倾听他们的意见，对他们的想法表示出兴趣，对他们所提出的想法给予尊重，并且在某些时候会采取一些行动来回应他们所提出的问题"（Detert et al.，2007）。尽管管理开放性被广泛地认为能够增加下属的建言行为（Ashford et al.，1998；Janssen et al.，2013；Tangirala et al.，2012），但研究对于一些领导者会表现出更多开放性的行为的原因却知之甚少。在此，我们认为，特质学习导向是影响领导者管理开放性的重要特征变量。（Sijbom et al.，2015a，

2015b）

至少有 3 个原因可以解释领导者的特质学习导向与管理开放性间的正向关系。

首先，特质学习导向的个体关注能力培养和成长，并愿意为之付出较大努力。（Dweck，1986）他们常常会主动通过各种途径来获得绩效反馈，以此了解自身发展现状和获取新的知识。（Ashford et al.，2003；Gong et al.，2014）在组织的情境下，下属是最重要和直接的工作相关信息源，能够帮助领导者更好地了解和掌握当前组织的运行现状，提高组织绩效。（Kim et al.，1995）因此，对于高特质学习导向的领导者而言，他们有可能主动地向下属寻求与工作相关的信息、反馈。这些主动寻求信息反馈的行为会让下属感知到领导者愿意倾听他们的意见并对意见感兴趣。

其次，特质学习导向的个体更能接受差异化想法和观点，即使这些想法和观点与他们的初始观点相冲突。（Kroll，1988）此外，特质学习导向的个体善于深度处理信息，将新的知识或信息与已有的知识进行整合。（Elliot et al.，2001；Miele et al.，2014）据此，特质学习导向的领导者不仅能够倾听下属的意见，为了真正地提升自己的能力，他们还会对下属的意见进行深入加工和思考。

最后，特质学习导向还影响了个体对挑战性工作的偏好和选择。（Porath et al.，2006）因此，高特质学习导向的领导者更愿意将下属的建设性意见和观点付诸实施，即使这些措施与企业现状不符。基于上述论述，我们提出以下假设。

假设 2：领导者特质学习导向与管理开放性呈正相关关系。

三、管理开放性和建言行为

根据建言的计算理论视角，管理开放性能够影响下属对建言行为的安全和有效性判断，是建言行为的重要影响因素。（Detert et al.，2007；

Edmondson, 2003; Milliken et al., 2003; Tröster et al., 2012) Detert et al.（2007）发现,当领导者仔细聆听并对下属的想法做出反应时,下属会认为他们的建言行为是恰当和被认可的,因而降低了他们对建言行为风险的感知,表现出更多的建言行为。（Edmondson, 2003; Lebel, 2016）此外,管理开放性意味着下属预期领导者能就工作问题进行自由、开放性的讨论。（Tangirala et al., 2012）这使得下属相信他们有机会和有能力参与到组织决策中,特别是当他们看到领导者能够就他们所提出的问题进行改革,做出改变时。 这些感知提高了下属对建言效能的判断,又进一步鼓励下属参与建言行为。（Morrison, 2014）实际上,不少研究已经证明了管理开放性与建言行为间的正向关系。（Detert et al., 2007; Tangirala et al., 2012; Tröster et al., 2012）特别是,Janssen et al.（2013）在中国情境下的研究证明了,管理开放性与建言行为间具有文化普适性。

四、管理开放性的中介作用

至此,我们已经提出了领导者的特质学习导向与下属建言行为、领导者的管理开放性间存在正相关关系,以及管理开放性与建言行为间存在正相关关系。 我们将进一步整合上述假设,提出管理开放性在领导者特质学习导向与下属建言行为间的中介作用。

特质通常被定义为个体内（Intrapersonal）一致和个体间（Interpersonal）不同的倾向,可以通过外在行为表现被识别。（Tett et al., 2000）作为一种内在的行为倾向,只有当个体特质以明确的行为形式表现出来时,才有可能被他人所感知。（DeRue et al., 2011）根据这一逻辑,研究者指出,领导者的特质（远端前因）需要通过领导行为（近端前因）间接对下属产生影响。（Dinh et al., 2012）在实证层面,有关领导行为在领导者特质影响中的中介作用已经获得了一些研究支持。 例如,Cavazotte et al.（2012）在对中层管理人员的研究中发现,变革型领导中介了领导者智力、大五人格及情绪智力对下属工作结果的影响。 此外,DeRue et al.

（2011）的元分析研究发现，领导行为（变革型领导、结构维度和关怀维度）中介了领导者特质（情绪智力、大五人格）与员工和团队绩效间的关系。 除了大五人格和情绪智力之外，研究者还检验了领导行为在其他个体特质与领导有效性间的关系。 例如，Huang et al.（2016）发现，领导者的创造性自我效能通过领导者的创造力鼓励行为对下属的创造力产生间接影响。

　　基于以往理论和实证研究结果，我们得知，管理开放性在领导者的特质学习导向与下属建言行为间起着中介作用。 特质学习导向的领导者更容易接受那些具有挑战性的观点和想法。（Kroll，1988）他们还倾向于主动从下属那里寻求信息和反馈，以提高他们自身的管理绩效。 这些领导者的特质学习导向行为增强了下属对领导者管理开放性的感知，使他们相信建言行为是安全且有意义的（Detert & Burris，2007；Morrison，2014；Tangirala et al.，2012），因而表现出更高水平的建言行为。 基于前面的论述，我们提出以下中介假设。

　　假设 3：管理开放性在领导者特质学习导向与下属建言行为间起中介作用。

五、建设性责任知觉的调节作用

　　当前，学者们提出两种不同但相关的理论视角用以解释员工建言行为的心理机制，即建言行为的计算视角和亲社会动机视角。 计算视角强调领导者在下属建言有效性和建言风险计算方面的作用，即建言是否产生作用和是否安全；亲社会动机视角侧重于员工建言行为的亲社会内在动机。（Morrison，2011，2014）当前，越来越多的学者开始呼吁对这两种观点进行整合，在同一个研究中对两种机制同时进行检验。

　　在本部分中，我们将建设性责任知觉作为重要的亲社会动机类型。建设性责任知觉是指员工在多大程度上致力于开发新的程序及纠正组织问题（Liang et al.，2012），其是促使员工以积极的组织行为来回报组织支持的重要内在驱动力（Fuller et al.，2006）。 建设性责任知觉高的员工倾向于采用变革导向行为、建设性行为（如建言行为），而不是合作的、非变革的行为，来作为对组织的回报。（Liang et al.，2012）由于兼具亲社会和变革导向的特点，建设性责任知觉作为建言行为的有效预测变量已获得广泛检验。（Morrison，2014）

基于建言行为相关研究成果，我们提出，当建设性责任知觉高时，管理开放性和建言行为之间的正向关系能够得到加强。 具体而言，领导者的管理开放性行为向下属发出积极信号，即提出建设性、变革导向的意见是安全且有意义的。（Morrison，2011）然而，除非员工自身具有帮助组织的内在动机，不然他们仍无须为对管理开放性行为进行回应而进行建言行为。（Liang et al.，2012；Morrison et al.，2011）建设性责任知觉高的下属可能从领导者那获得有关组织鼓励并接受具有建设性、挑战性建议的信号，将自己原本的亲社会动机以建言行为的方式表达出来，而非其他类型的组织公民行为。（Liang et al.，2012）但是，建设性责任知觉低的下属则缺乏帮助组织提升的意愿和动力，对组织的忠诚度较低，即使面对管理者积极鼓励建言的态度和行为，也较少可能对这些态度和行为进行回应。 特别是，建设性责任知觉低的下属甚至可能利用领导者开放的态度来表达自己对组织的蔑视和抱怨（例如，批评组织的政策或目标），这种行为非但不能提升组织绩效，还会对组织产生不良影响。（Maynes et al.，2014）Liang et al.（2012）的研究为上述论点提供了间接支持。 他们的研究发现，当建设性责任知觉较低时，心理安全（管理开放性的一个关键心理机制）对建言行为的影响较弱。 因此，我们提出以下假设。

假设4：建设性责任知觉调节了管理开放性与下属建言行为间的关系，即建设性责任知觉越高，管理开放性与建言行为之间的正向关系越强，反之越弱。

上述假设间的关系如图6-1所示。

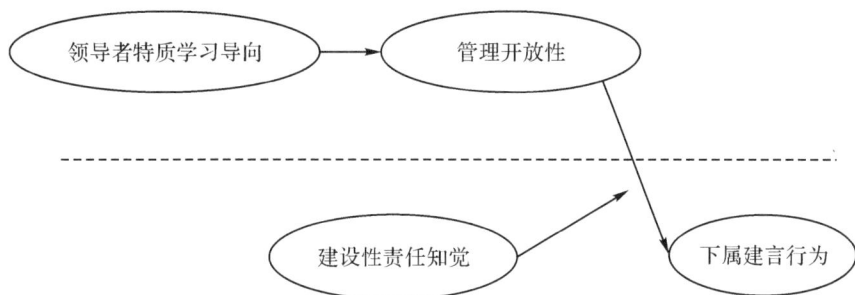

图 6-1　领导者特质学习导向与下属建言行为的关系

第二节　领导特质、领导行为研究方法

一、样本和研究过程

本研究共涉及 85 家企业的 700 名员工及其 85 名直接领导，涵盖制造、运输、金融、零售和房地产等行业企业。研究助理联系并确认参与研究的企业及相应的员工，之后亲自将两份独立的纸质问卷分别发送给员工及其直接领导。管理开放性和建设性责任知觉由员工评价，领导者自身的特质学习导向和下属的建言行为由其直接领导评价。为了完成配对，研究助理要事先获取员工名单，对每名员工进行编号；员工收到相应编号的问卷进行填写；领导者则写下自己所要评价的员工的姓名。员工和领导者将完成的问卷各自放入信封密封，直接交予相应的研究助理，以确保问卷的保密性。

最后，507 名员工及其 70 名直接领导回复了有效问卷，员工问卷的回收率为 72.43%，领导问卷的回收率为 82.35%。平均每名领导评价了 7.25 个下属（5—14 个）。员工的平均年龄为 30.86 岁；性别以女性为主（55.0%）；在该企业的平均工作年限为 4 年；3.9% 的员工为初中学历，23.9% 为高中学历，35.7% 为大专学历，40.5% 为大学本科及以上学历。70 名领导者的平均年龄为 38.83 岁；性别以男性为主（65.7%）；15.7%

的领导者为高中学历，22.9%为大专学历，61.4%为大学本科及以上学历。

二、研究工具

针对领导者特质学习导向，本部分采用 Vandewalle（1997）的量表进行测算，共 5 道题。示例题目如"我经常寻找机会来获得新的技能和知识。"该问卷采用 7 点量表，1 表示"非常不同意"，7 表示"非常同意"。问卷的内部一致性信度系数为 0.90。

针对管理开放性，本部分采用 Grant et al.（2011）的量表进行测算，共 4 道题。示例题目如"我的领导乐于接受新的事物和想法"。该问卷采用 7 点量表，1 表示"非常不同意"，7 表示"非常同意"。问卷的内部一致性信度系数为 0.82。考虑到不同员工会由同一个领导者领导，我们将管理开放性作为第二层变量进行处理。在组内同质性方面，70 个团队的管理开放性（r_{wg}）的均值为 0.78，说明同一组成员对领导者管理开放性的感知具有较高的一致性；组间差异性方面，ICC1 为 0.44，ICC2 为 0.85，表明不同团队之间存在显著差异。基于此，我们将管理开放性聚合为团队层变量。

针对建设性责任知觉，本部分采用 Liang et al.（2012）的量表进行测算，共 5 道题。示例题目如"我有义务向组织表达自己的意见"。该问卷采用 5 点量表，1 表示"非常不同意"，5 表示"非常同意"。问卷的内部一致性信度系数为 0.85。

针对建言行为，本部分采用 Tangirala et al.（2012）的量表进行测算，共 4 道题。示例题目如"该员工就工作事务与组中其他成员交流想法，即使他/她的观点与众不同，甚至没有人认同他/她的这种观点"。该问卷采用 5 点量表，1 表示"非常不同意"，5 表示"非常同意"。问卷的内部一致性信度系数为 0.73。

针对控制变量，本部分在个体层，我们把员工的性别、年龄、教育程度和在该企业的工作年限等人口统计学变量作为控制变量，因为以往研究表明它们对建言行为存在影响（Tangirala et al.，2012）。在团队层，我们把领导者性别、年龄和教育程度作为控制变量，因为以往研究表明这些变量能够影响个体开放性。

第三节　研究结果

一、测量模型检验

本部分采用验证因素分析（Confirmatory Factor Analysis，CFA）方法，对管理开放性、建设性责任知觉、下属建言行为这 3 个变量进行模型检验。结果呈现在表 6-1 中，从中可以看出，假设的三因素模型显示出良好的拟合度 [χ^2（62）＝125.86，CFI＝0.98，TLI＝0.97，RMSEA＝0.05]；合并了管理开放性和建设性责任知觉的双因素模型 [$\Delta\chi^2$（2）＝688.70，p＜0.01] 和合并了 3 种因子的单因素模型 [$\Delta\chi^2$（3）＝1019.31，p＜0.01] 的拟合度显著较低。

表 6-1　测量模型检验结果

模型	χ^2	df	$\Delta\chi^2$	RMSEA	CFI	TLI
三因素模型	125.86	62		0.05	0.98	0.97
两因素模型：合并 MO 和 FO	814.56	64	688.70**	0.15	0.71	0.65
单因素模型：合并所有变量	1145.17	65	1019.31**	0.18	0.59	0.59

注：MO 为管理开放性，FO 为建设性责任知觉。** 表示 p＜0.01。

二、描述性统计

各变量的均值、标准差和变量间的相关系数见表 6-2。表 6-2 上半部分呈现的是团队层的统计数据，下半部分呈现的是个体层的统计数据。

三、假设检验

为了检验研究假设，我们首先检验下属建言行为变量是否存在显著的组内差异。为此，我们首先构建一个虚无模型（Null model），该模型没有个体层或团队层变量，以检验截距的团队层残差的显著性。结果显示，组间变异显著（$\tau_{00}=0.12$，$p<0.01$）。此外，ICC1为0.34，表明下属建言行为变量的34%变异存在于不同组别之间，其中约66%的变异存在于组内。

针对假设1"领导者特质学习导向与下属建言行为正相关"，本部分利用分层线性模型（Hierarchical Linear Model 6.0，HLM6.0）分析，结果见表6-3（模型2）。结果表明，在我们控制个体层所有变量和团队层领导者的人口统计学变量后，领导者特质学习导向对下属的建言行为有显著影响（$\gamma_{04}=0.16$，$p<0.01$）。

假设2提出"领导者特质学习导向与管理开放性呈正相关关系"。由于领导者特质学习导向和管理开放性是团队层的变量，本部分采用普通最小二乘回归分析法（Ordinary least squares regression）来检验该假设（Walumbwa et al.，2009）。结果显示，在控制了领导者的人口统计学变量后，领导者的特质学习导向显著影响管理开放性（$\beta=0.41$，$p<0.01$，调整后 $R^2=0.21$）。

假设3提出"管理开放性在领导者特质学习导向与下属建言行为间起中介作用"。为了检验该假设，我们采用Baron et al.（1986）中介检验步骤：①自变量对结果变量是否有显著影响；②自变量对假设的中介变量是否有显著影响；③同时加入自变量和中介变量时，中介变量对结果变量的影响是否显著，以及自变量与结果变量之间的关系变得如何。因为第一步和第二步在假设1和假设2中已获得支持，所以我们对第三步进行检验。如表6-3所示（模型3），当领导者特质学习导向和管理开放性同时加入回归模型中时，管理开放性效应显著（$\gamma_{05}=0.13$，$p<0.05$），但领

表6-2 变量的均值、标准差和相关系数

团队层变量	M	SD	1	2	3	4	5	6	7
1. 领导者性别	0.34	0.48							
2. 领导者年龄	38.83	6.74	-0.08						
3. 领导者教育程度	3.59	0.91	-0.07	-0.06					
4. 领导者特质学习导向	5.71	0.84	-0.01	-0.07	-0.03	(0.90)			
5. 管理开放性（团队层）	4.87	0.79	0.07	-0.29*	0.04	0.42**	(0.82)		
个体层变量	M	SD	1	2	3	4	5	6	7
1. 员工性别	0.55	0.50							
2. 员工年龄	30.86	7.05	0.00						
3. 员工教育程度	3.16	0.91	-0.12*	-0.31**					
4. 员工工作年限	4.00	3.64	-0.01	0.58**	-0.11*				
5. 管理开放性（个体层）	5.30	1.01	0.01	-0.08	0.03	-0.13**	(0.82)		
6. 建设责任知觉	3.92	0.57	0.09*	-0.10*	0.17**	-0.18**	0.45**	(0.85)	
7. 建言行为	3.47	0.60	0.08	-0.01	0.04	0.00	0.30**	0.22**	(0.73)

注：* 表示 p<0.05，** 表示 p<0.01。

表6-3 分层线性模型（HLM）分析结果

变量	零模型	模型1：加入第一层变量	模型2：检验主效应	模型3：检验中介效用	模型4：检验调节效用
个体层					
员工性别(γ_{10})		0.03(0.05)	0.03(0.05)	0.03(0.05)	0.03(0.05)
员工年龄(γ_{20})		0.00(0.00)	0.00(0.00)	0.00(0.00)	0.00(0.00)
员工教育程度(γ_{30})		0.03(0.03)	0.03(0.03)	0.03(0.03)	0.03(0.03)
员工工作年限(γ_{40})		0.00(0.01)	-0.00(0.01)	-0.00(0.01)	-0.00(0.01)
建设性责任知觉(γ_{50})		0.17*(0.06)	0.15*(0.06)	0.12*(0.06)	0.11*(0.05)
团队层					
领导者性别(γ_{01})			0.04(0.08)	0.03(0.08)	0.05(0.08)
领导者年龄(γ_{02})			0.00(0.01)	0.01(0.01)	0.01(0.01)
领导者教育程度(γ_{03})			-0.00(0.04)	-0.01(0.04)	-0.00(0.05)
领导者特质学习导向(γ_{04})			0.16**(0.04)	0.11*(0.04)	0.11*(0.05)
管理开放性(γ_{05})				0.13*(0.05)	0.19**(0.05)
个体层×团队层					
管理开放性×建设性责任知觉(γ_{51})					0.20**(0.08)
$R^2{}^c_{within\ group}$		0.06	0.06	0.05	0.06
$R^2{}^c_{between\ groups}$		0.20	0.32	0.45	0.43
pseudo-$R^2{}^d$		0.11	0.15	0.19	0.19
Model deviance	827.47	834.60	843.70	845.18	841.64

注：* 表示 p<0.05，** 表示 p<0.01。

导者特质学习导向效应也依然显著（$\gamma_{04}=0.11$，p＜0.05），这表明管理开放性存在部分中介效应。 为了进一步验证中介效应假设，我们采用 PRODCLIN 程序进行分析（MacKinnon et al.，2007）。 结果显示，领导者特质学习导向通过管理开放性对下属建言行为产生显著的间接影响（间接效应＝0.02，95％CI：[0.004，0.042]）。 上述结果为假设3提供了部分支持。

假设4提出"建设性责任知觉调节了管理开放性与下属建言行为间的关系"。 为了检验跨层交互作用，我们将团队层变量（即管理开放性）对个体层斜率（即建设性责任知觉与下属建言行为间的关系）进行回归。 如表6-3所示（模型4），管理开放性和建设性责任知觉间的交互项显著（$\gamma_{51}=0.20$，p＜0.01）。 为进一步解释这一结果，我们按照 Pastor et al.（2006）的方法，采用回归系数的方差和协方差矩阵进行了简单斜率分析。 与预期相一致，相对于低建设性责任知觉的员工（Simple slope＝0.08，Z＝1.67，ns），高建设性责任知觉的员工（Simple slope＝0.30，Z＝4.91，p＜0.01）的管理开放性与下属的建言行为间的关系更紧密（见图6-2）。 所以，假设4得到验证。

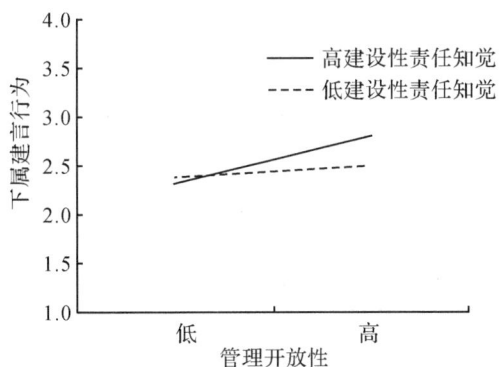

图 6-2　管理开放性和建设性责任知觉对下属建言行为的交互作用

第四节 领导特质、领导行为意义

本章研究结果表明，领导者特质学习导向与下属的建言行为正相关，而管理开放性部分对上述关系起中介作用。该结果与先前有关领导者的特质如何通过领导者行为对下属工作结果产生影响的文献相一致。（DeRue et al.，2011；Dinh et al.，2014；Judge et al.，2009）此外，跨层次交互作用结果表明，建设性责任知觉调节了管理开放性与下属建言行为间的关系，也就是说，只有在下属具有高建设性责任知觉时，这种积极的关系才成立。

1. 理论意义

首先，通过探讨领导者特质学习导向与下属建言行为间的关系，本部分研究结果拓展了以往有关领导者对下属建言行为影响的研究结论。事实上，现有的大多数研究都关注特定类型的领导行为如何影响下属建言行为，但很少思考哪些领导者会表现出这些领导行为。（Morrison，2014；Walumbwa et al.，2009）基于目标导向理论和建言相关文献，我们的研究表明，领导者的特质学习导向是领导者鼓励下属建言行为的关键来源。一般而言，特质学习导向的领导者通过自身的行为示范和管理实践向下属传递出他们自身的目标导向偏好。（Dragoni et al.，2012）因此，领导者会激励下属主动学习并接受具有挑战性的活动（例如，建言行为）。此外，鉴于对他人建议和想法的积极回应（Sijbom et al.，2015a），特质学习导向的领导者可能会发出鼓励下属建言的信号，使得下属认为建言是有价值和安全的。我们的研究证明了领导者特质学习导向对下属建言行为的重要性，因此我们建议今后的研究应该继续关注影响建言行为的其他可能的领导者特质。

其次，我们将领导者特质和行为的视角结合起来，为领导者如何影响下属的建言行为提供更加全面、细致的观点。我们提出并验证了管理开放性（领导者行为）在领导者特质学习导向和下属建言行为间起中介作用。 特质学习导向的领导者倾向于主动从下属那里获取信息，对下属所建议的新的工作实践和方法给予反馈并实施。 领导者的特质学习导向通过相应行为展现出来，增强了下属对领导者管理开放性的感知，从而促进了下属的建言行为。 该结果也表明，领导者的特质和行为在影响下属的建言行为方面扮演着不同但又相互补充的角色。（Huang et al.，2016）领导特质理论告诉我们，什么样的领导者能够对下属建言行为产生积极影响；而领导行为理论则解释了为什么该领导者能够对下属建言行为产生影响。 因此，我们的研究是从理论和实证角度对领导特质理论和领导行为理论的整合。

再次，尽管大部分学者认为管理开放性是下属建言行为的重要预测变量（Detert et al.，2007），但相关研究并未得到一致的实证结论。 一些研究表明，管理开放性对下属建言行为具有显著影响（Janssen et al.，2013；Tangirala et al.，2012），而另一些研究则显示出微弱或非显著的影响。（Dutton et al.，2002；Janssen et al.，1998）本章研究为以往有关管理开放性和下属建言行为间不一致的实证结果提供了可能的解释。 高建设性责任知觉的员工更倾向于通过参与建言行为来回应管理开放性。这种亲组织的内部动机保证了员工恰当使用领导者所提供的开放、安全的环境来对组织运作提出新颖的、建设性的想法，而不是抱怨或过于挑剔。（Liang et al.，2012）鉴于建设性责任知觉是建言领域一种具体的内在动机形式，本部分研究结果为以往有关建言行为受决策计算与亲社会动机共同影响的这一论述（Morrison，2014）提供了直接的实证支持。 该结果还进一步强调今后的研究应该从交互视角（Interactional approach）出发，同时思考情境因素（如领导者）和员工个体因素对建言行为的联合影响。

最后，本部分研究强调了特质学习导向在提高领导有效性方面的价值。 大多数关于领导特质的研究仅限于一般的个体特质，如大五人格特质或情绪智力（Hoffman et al.，2011；Walumbwa et al.，2009），然而，DeRue et al.（2011）指出，判断领导有效性的结果变量的属性决定了与哪些具体的领导特质相关联。 与此类似，本部分研究表明，对于变革导向的结果变量（例如，下属建言行为）方面，领导者的特质学习导向在领导力模型中尤为重要。

2. 实践意义

本部分研究结果对中国企业管理实践具有一定意义。首先，研究发现，领导者的特质学习导向是下属建言行为的重要预测指标。当组织希望增加下属建言行为时，可以选择那些具有特质学习导向的领导者。值得注意的是，虽然在本部分研究中，我们将学习导向作为一种特质来进行测量，但研究表明，学习导向存在特质和心理状态（Statelike）两种结构，并且它们间具有类似的作用结果。（Payne et al., 2007）因此，组织还可以通过社会化过程和培训实践来提升领导者的特质学习导向。（Ames, 1992；Dragoni, 2005）例如，设计合理的、具有挑战性的工作任务被认为是培养领导者特质学习导向的有效措施（Ames, 1992）。

其次，有关管理开放性中介效应的研究结果凸显了其在影响下属建言行为方面的重要性。因此，对于需要员工创新意见和想法的企业而言，通过各种人力资源管理实践来鼓励和增加领导者的管理开放性行为是必要的。提升领导者的接受度和增加领导者的管理开放性行为的方法包括通过全方位的反馈过程来评估领导者的开放程度，尤其是对直接下属的反馈，并为领导者提供开放式沟通培训等。（Day, 2000；Detert et al., 2007）

最后，本部分研究进一步表明，组织应该意识到仅仅选择和培养适当的领导者可能无法保证下属会积极主动地建言。管理开放性和下属建言行为间的关系只有在下属对建设性变革有高度责任知觉时才有意义。因此，想要改善下属建言行为的领导者需要确保他们的下属高度致力于改善组织绩效及实现组织目标。否则，下属可能会通过蔑视和无端的抱怨等方式来滥用这种自由。（Maynes et al., 2014）因此，组织和领导者应该重视培养下属的建设性责任知觉。

第七章

变革型领导的实证研究

在过去 30 年间，大量理论和实证研究关注变革型领导效用及其效用机制。（Barling et al., 2010）通过对变革型领导相关理论和模型进行回顾，我们发现，对领导者的信任（Trust in leader）在各类领导理论中具有重要地位。 这些研究和理论大多将信任作为一个单维的整体构念，研究其在变革型领导与下属工作结果间的中介作用。（MacKenzie, et al., 2001；Podsakoff et al., 1990）然而，Dirks et al.（2002）的元分析结果指出，信任应是一个多维度构念，如情感信任和认知信任；他们建议今后的领导研究应考虑信任的多维构念，在领导模型构建过程中区分出不同类型信任所涉及的不同作用机制。 遗憾的是，当前只有少数研究者将多维信任结构纳入领导研究中。（Schaubroeck, et al., 2011；Yang et al., 2010；Yang et al., 2009）针对于此，本章试图对该领域研究进行拓展研究，将情感信任和认知信任整合到变革型领导模型中。 在本章第一节中，我们提出并检验情感信任和认知信任在变革型领导与下属任务绩效、工作满意度间的中介作用。 本章的第二节重点探讨情感信任、认知信任在变革型领导与员工帮助行为间的中介作用，以及亲社会动机在上述关系中的调节作用。

第一节　变革型领导的双通道模型：
情感信任和认知信任

一、研究回顾与假设提出

1. 二维信任模型

McAllister（1995）提出了信任的二维结构：情感信任和认知信任。情感信任以情感投入和人际关系中关心和关怀的表达为基础，认知信任则建立在对领导者特征感知的基础上，如能力、诚信和可靠性等。根据Colquitt et al.（2012）的描述，情感信任和认知信任代表了两种不同类型的作用机制。情感信任反映了在社会交换过程中双方所持有的一种互惠义务，能够强化下属与领导间的情感联系（Blau，1964）；而认知信任能够使下属对领导者的决策和行动产生信心（Mayer et al.，1995），降低他们在与领导者交往过程中的不确定性和风险感知（Colquitt et al.，2012；Dirks et al.，2002；Yang et al.，2010；Yang et al.，2009）。

通过元分析方法，Dirks et al.（2002）提出了两种有关信任和领导关系的理论视角——信任的关系视角（Relationship-based perspective）与特征视角（Character-based perspective）。关系视角强调领导者与下属间的社会交换关系。（Konovsky et al.，1994；Yang et al.，2010；Whitener et al.，1998）研究者认为，不同于传统的经济交换关系，信任在社会交换过程中起关键作用，它能使交换双方在以关心、关怀的基础上，履行对彼此的互惠义务。（Dirks et al.，2002）具体而言，当领导者向下属表达关心和关怀时，下属会遵守互惠规范，对领导者产生相应的情感依恋，并做出符合领导者期望的行为以使领导者受益。与此同时，领导者的友善行为也进一步向下属表明他/她会以一种对应的等价的方式对下属的情感依恋做出回报，进一步加深领导者和下属间的社会情感交换关系。（Colquitt et al.，2012；Dirks et al.，2009；Lapidot et al.，2007）Colquitt et al.（2012）将这种信任称为交换深化机制（Exchange deeper），即情感信任促进了领导者和下属之间的互惠责任、相互关怀和忠诚度（Konovsky et al.，1994）。

有关信任的特征观点主要基于 Mayer et al.（1995）对信任的定义，即个体在某一关系中愿意向他人暴露自己的弱点并且不担心被人利用的心理状态。Dirks et al.（2002）指出，由于领导者决策能够对下属产生重要影响（例如，晋升、薪酬、工作任务分配、裁员），下属对领导者是否信任具有重要意义。一方面，下属会选择与领导者合作以期获得更多利益和结果；另一方面，选择与领导者合作也存在风险（Colquitt et al.，2012），领导者有可能不对下属的行为或者贡献进行相应的奖励。为了减少上述不确定性和风险，下属需要从多方获取信息，如回想以往合作经验，或者从其他同事那里寻求证据，以此对领导行为进行预测。（Molm et al.，2007）在这一过程中，下属将对领导者的特征形成判断，包括领导者是否可靠、是否具备能力及是否诚信（Colquitt et al.，2012；Schoorman et al.，2007）。

2. 变革型领导与二维信任

有学者认为，变革型领导者可以同时激发下属的情感信任和认知信任。（Schaubroeck et al.，2011）情感信任反映的是一种长期的、开放式的社会交换关系。因此，建立情感信任的核心是在领导者与下属间建立起社会情感交换关系。（Dirks et al.，2002）Bass（1985）强调，变革型领导中存在社会交换过程。变革型领导者会赋予下属一定的权力，尊重并考虑下属的个人需求。（Bass，1985）这些行为作为一种社会情感投入有利于在领导者与下属间建立起积极的社会情感交换关系，进而让下属对领导者产生情感依赖，并由此产生情感信任。（Colquitt et al.，2012）

另外，变革型领导能够通过一系列印象管理策略来建立良好形象（Bass，1985），例如，通过书面交流、公开演讲等方式，领导者树立起一种兼具能力和魅力的形象，以此获得下属的认同和信任。 这一过程所激发的信任更具认知特点而非只是情感依恋。 此外，变革型领导行为还包括向下属描述令人向往的愿景、积极打破常规、鼓励下属创造性思维和行动等。（Bass，1999）当下属感知到领导者的上述行为时，能够推断出领导者具有领导能力、真诚和可靠等特质，这些特质感知有助于下属形成对领导者的认知信任。

假设1：变革型领导与下属对领导者的情感信任正相关。

假设2：变革型领导与下属对领导者的认知信任正相关。

3. 认知信任和情感信任的中介作用

我们选择下属任务绩效和工作满意度作为变革型领导的结果变量，这是因为它们较好地反映了下属在工作场所中的行为和态度，同时也被领导领域的研究者所关注。（Judge et al.，2004）变革型领导与下属任务绩效和工作满意度间的关系已经获得广泛检验（Judge et al.，2004），以往研究指出，信任在上述关系中起中介作用（Pillai et al.，1999；Connell et al.，2003；Bartram et al.，2006；Braun et al.，2013）。 然而，这些研究大多将信任视为一个单维整体构念而非二维结构概念。 本章研究将对以往研究进行拓展，提出情感信任和认知信任在变革型领导与下属任务绩效、工作满意度间的差异作用。

变革型领导能够激励下属为组织目标而努力，帮助下属学习和获得专业知识与技能，鼓励他们创造性地解决工作中的问题。 在此影响下，下属往往具有较高的工作任务绩效，以此协助组织实现目标。（Piccolo et al.，2006）以往研究检验了变革型领导与任务绩效间的正向关系（Rich，1997；Jung et al.，2000；MacKenzie et al.，2001；Aryee et al.，2012），本节将进一步研究认知信任在上述关系中的中介作用。

具体而言，任务绩效是个体为完成岗位职责规定的工作任务所表现出的行为的结果，这些行为的结果通常由领导者评价和确认。（Williams et al.，1991）因此，为了更好地完成任务绩效，下属需要与领导者进行相关合作。 然而，这种合作关系导致下属容易被领导者所利用。（Yang et al.，2010）在此情境下，下属对领导者特征的积极判断能够使他们产生信心，即领导者有能力指导他们完成工作任务或者领导者会信守承诺合理评估和认可他们的贡献。因此，具有认知信任的下属更有可能遵循领导者的要求，较好地完成任务绩效。

Ackerman et al.（1995）的早期研究表明，任务绩效的完成需要个体将注意资源和认知资源投入工作任务中。同样地，Johnson（2003）提出，任务绩效水平主要取决于员工的认知能力而非社交能力。认知信任给下属带来了安全感，使他们能够与领导者进行与任务相关的交流。（Colquitt et al.，2012）当下属认为变革型领导者拥有积极的个人特征，如正直、有能力时，他们能够将更多的认知资源投入工作任务中，从而实现较高的任务绩效。（Mayer et al.，2005）因此，我们提出以下假设：

假设 3：认知信任在变革型领导与下属任务绩效之间起中介作用。

以往研究结果同样支持了变革型领导与下属工作满意度间的正向关系。（Podsakoff et al.，1990；Judge et al.，2004；Braun et al.，2013）变革型领导者对下属表现出尊重，邀请下属参与决策并且给予他们个人关注（Bass，1985，1999）；变革型领导者还会认可、理解和试图满足下属的个人需求（Walumbwa et al.，2005）。上述领导者行为能够给下属带来积极的情感体验，包括工作满意度。（Liu et al.，2010）本部分研究从关系视角出发，提出变革型领导通过情感信任对下属工作满意度产生影响。

领导者通常承担着一些管理职责，包括绩效评估、提供个性化培训等，这些职责随着时间的推移将对下属的工作体验和工作结果产生显著影响。（Rich，1997）因此，与领导者的互动构成了下属主要的工作社会环境，并能对下属的工作满意度产生影响。（Yang et al.，2009）作为社会情感关系中的重要特征，情感信任被认为可以直接影响下属的工作满意度。（Yang et al.，2009）当变革型领导者赋予下属权力，认可他们的成就并试图满足下属的个人需求时（Bass，1985），领导者可以与下属建立起以情感信任为特征的社会情感关系（Dirks et al.，2002；Miao et al.，2013；Schaubroeck et al.，2013）。处于社会情感关系中的领导者与下属会进行更为广泛的资源交换，包括关系、尊重和支持等。下属会与领导者分享自己的情感与体验，对领导者产生情感依恋，积极的情感体验将有助于提高下属工作满意度。（Yang et al.，2009；Braun et al.，2013）因此，我们提出以下假设。

假设 4：情感信任在变革型领导与下属工作满意度之间的关系中起中介作用。

变革型领导、情感信任、认知信任及下属任务绩效、工作满意度间的整体关系见图 7-1。

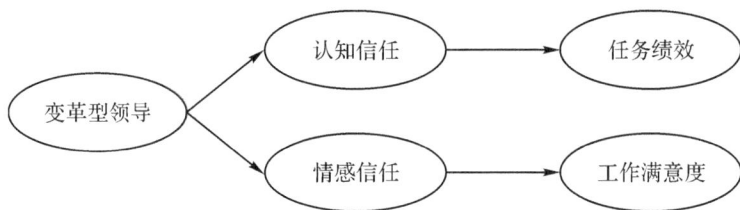

图 7-1　变革型领导双通道模型

二、研究方法

1. 样本和研究过程

本部分的问卷采用配对的方式进行发放，研究者亲自将两份独立的纸质问卷分别发送给下属及其直接领导。变革型领导、情感信任、认知信任及工作满意度由下属自评；下属任务绩效由其直接领导进行评价。为了完成配对，研究者事先获取员工名单，对每名员工进行编号；员工领取相应编号的问卷进行填写；领导者则写下自己所要评价的员工的姓名。员工和领导者将完成的问卷各自放入信封密封，直接交予研究者，以确保问卷的保密性。

最终样本由零售企业的 84 名销售人员及其 44 名直接领导和制造企业的 91 名行政人员及其 26 名直接领导所组成。总计 175 名员工中，女性占65.7%；45.7% 的员工拥有高中文凭，33.1% 的员工拥有大专文凭，15.4%

的员工拥有大学本科及以上文凭；51.4%的员工与当前领导者共同工作的年限少于 1 年，28%为 1—3 年，18.9%为 4—6 年，1.7%的员工与当前领导者共同工作的年限超过 7 年。

2. 研究工具

针对变革型领导，本部分采用 Avolio et al.（2002）的多因素领导问卷（Multifactor leadership questionnaire）进行测量，共 20 题。该问卷包含 4 个维度，即领导魅力（如"能与我的领导一起共事，我感到很荣幸"）、领导感召力（如"他积极乐观地谈论未来"）、智力激发（如"他让我从不同角度思考问题"）和个性化关怀（如"他考虑到我和其他人有不同的需要、能力和抱负"），采用 5 点量表，1 表示"非常不同意"，5 表示"非常同意"。问卷的内部一致性信度系数为 0.93。

针对认知信任和情感信任，本部分使用改编自 McAllister（1995）研究中的问卷，其中两道题测量认知信任，即"依据领导的专业经历，我没有理由怀疑他的工作能力和资质"和"我相信此人不会疏忽大意而给我的工作添乱"，问卷的内部一致性信度系数为 0.72；两道题测量情感信任，即"我和领导之间是共享的关系，相互可以自由地交流观点和计划"和"我可以跟领导畅谈工作中的困难，也相信他愿意倾听"，问卷的内部一致性信度系数为 0.80。问卷采用 5 点量表，1 表示"非常不同意"，5 表示"非常同意"。Chua et al.（2009）采用这 4 道题在中国组织背景下较好地证明了信任的两维度构念。在本部分研究中，CFA 结果显示，两因素模型（χ^2（1）= 2.77, p < 0.10, CFI = 0.99, TLI = 0.96, SRMR = 0.02）要好于单因素模型（χ^2（2）= 21.61, p < 0.01, CFI = 0.92, TLI = 0.75, SRMR = 0.06, $\triangle\chi^2$（1）= 18.84, p < 0.01）。

针对任务绩效，本部分采用 Williams et al.（1991）研究中的 5 道题问卷，示例题目为"完成岗位说明书中的工作责任"，并采用 7 点量表进行测量，1 表示"非常不同意"，7 表示"非常同意"。问卷的内部一致性信度系数为 0.73。

针对工作满意度，本部分采用 Cammann et al.（1983）研究中的 3 道题问卷，题目为"总体来说，我很满意我的工作""一般而言，我不喜欢我的工作"及"一般而言，我喜欢在这里工作"。该问卷采用 7 点量表，1 表示"非常不同意"，7 表示"非常同意"。问卷的内部一致性信度系数为 0.81。

三、结　果

1. 测量模型检验

本部分研究使用多组验证性因素分析（Multi-group confirmatory factor analysis）检验零售企业销售人员和制造企业行政人员这两个子样本间 4 个自评变量的测量模型等价性（The equivalence of measurement models）。结果显示，整个测量模型具有较好的拟合度 [χ^2（74）= 105.86，p<0.01，CFI=0.98，TLI=0.97，RMSEA=0.05]，当两个子样本的因子载荷被限定为相等时，拟合度并没有显著下降 [$\Delta\chi^2$（7）= 9.09，ns]。鉴于测量模型等价性检验结果，本研究将两个子样本数据进行合并，进一步对 4 个自评变量进行测量模型检验以验证各变量间的区分效度。结果呈现在表 7-1 中，从中可以看到，四因素的基准模型与数据具有较好的拟合度 [χ^2（37）=51.38，p<0.01，CFI=0.99，IFI=0.99，RMSEA=0.05]。卡方差异检验进一步表明，当以下变量被合并时，基准模型的拟合度比其他替代模型好：（模型 1）合并认知信任和情感信任，$\Delta\chi^2$（3）=22.58，p<0.01；（模型 2）合并认知信任、情感信任和工作满意度，$\Delta\chi^2$（5）=69.82，p<0.01；（模型 3）合并认知信任、情感信任、工作满意度和变革型领导，$\Delta\chi^2$（6）=146.08，p<0.01。上述结果表明，4 个变量间具有较好的区分效度。

表 7-1　测量模型检验

模型	χ^2(df)	RMSEA	CFI	IFI	模型比较	
					$\Delta\chi^2$	Δdf
四因素模型	51.38(37)	0.05	0.99	0.99		
模型 1:三因素模型:合并 CT 和 AT	73.96(40)	0.07	0.96	0.97	22.58**	3
模型 2:两因素模型:合并 CT,AT 和 JS	121.20(42)	0.10	0.92	0.92	69.82**	5
模型 3:单因素模型:合并所有变量	197.46(43)	0.17	0.84	0.84	146.08**	6

注:CT 为认知信任,AT 为情感信任,JS 为工作满意度。 ** 表示 $p<0.01$。

2.假设检验

上述各变量的均值、标准差和相关系数如表 7-2 所示,可见变革型领导与认知信任($r=0.63$,$p<0.01$)和情感信任($r=0.60$,$p<0.01$)显著相关。

表 7-2　变量的均值、标准差和相关系数

变量	M	SD	1	2	3	4	5
1.变革型领导	3.65	0.57	(0.93)				
2.认知信任	3.74	0.78	0.63**				
3.情感信任	3.84	0.75	0.60**	0.58**			
4.工作满意度	5.34	1.04	0.36**	0.37**	0.43**		
5.任务绩效	5.47	0.71	0.17*	0.24**	0.12	0.13	(0.73)

注:** 表示 $p<0.01$。

我们通过采用结构方程模型方法(Structural equation modeling, SEM)(James et al., 2006),检验完全中介模型(作为基准模型)和几种替代部分中介模型的拟合度来验证中介假设。 由于各模型为系列嵌套模型,可以使用卡方差异来比较替代模型与基准模型间的拟合度差异。(James et al., 2006)与其他中介效应检验方法(Baron et al., 1986)相比,该检验方法具有一定的优势。 这是因为:①变革型领导是一个潜变

量，更适合采用 SEM 进行检验；②相比其他方法，同时检验从自变量到中介变量的路径和从中介变量到结果变量的路径的显著性可以帮助我们更好地平衡 I 型误差和统计功效（MacKinnon et al., 2002）。在检验过程中，我们将年龄、性别、教育背景、业务性质和跟随领导者的任期作为控制变量。同时，我们也考虑了两个中介变量间与两个结果变量间的相关性。

图 7-2 呈现了假设模型结果。所有拟合指数都表明，该模型有良好的拟合度 [χ^2（167）＝263.56，p＜0.01，CFI＝0.94，IFI＝0.94，RMSEA＜0.06]。变革型领导到认知信任（β＝0.78，p＜0.01）和情感信任（β＝0.72，p＜0.01）的路径系数显著，支持了假设 1 和假设 2。认知信任到任务绩效的路径系数是显著的（β＝0.38，p＜0.01）；情感信任到工作满意度的路径系数显著（β＝0.55，p＜0.01）。

本部分进一步用 Bootstrapping 方法（AMOS19.0）检验变革型领导对任务绩效和工作满意度的间接效应。（Shrout et al., 2002）变革型领导通过认知信任对任务绩效产生的间接效应为 0.30（p＜0.01），变革型领导通过情感信任对工作满意度产生的间接效应为 0.40（p＜0.01）。总而言之，数据结果支持假设 3 和假设 4，即认知信任对变革型领导与下属任务绩效之间的关系起中介作用，而情感信任对变革型领导与下属工作满意度之间的关系起中介作用。

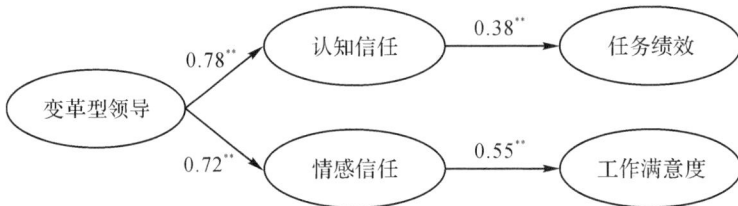

注：＊＊ 表示 p＜0.01。

图 7-2　完全中介模型检验结果

3. 替代模型检验

随之，我们通过比较一系列嵌套模型以进一步证实假设模型（James et al., 2006）。具体而言，本部分研究检验了从变革型领导直接到任务

绩效和工作满意度的路径系数是否显著,以及从情感信任到任务绩效和从
认知信任到工作满意度的路径系数是否显著。 数据结果如表 7-3 所示。
我们首先将图 7-2 中的基准模型与模型 1 进行比较,在模型 1 中增加了一
条从变革型领导到任务绩效的路径。 这两个模型并没有表现出显著性差
异 [$\Delta\chi^2$ (1) = 0.60, p<0.10],这表明该路径的加入没有增加模型显
著性。 因此,基于模型简洁原理(The principle of model parsimony)
(Raykov et al. , 1999),本部分研究保留基准模型作为优选模型。 接下
来,本部分将基准模型与包含从变革型领导到工作满意度的路径的模型 2
进行比较。 基准模型和模型 2 仍旧没有显著性差异 [$\Delta\chi^2$ (1) = 0.59,
p<0.10],因此保留了基准模型。 本部分进一步测试了认知信任是否也
在变革型领导对工作满意度的影响中起中介作用。 模型 3 增加了认知信
任到工作满意度的路径。 模型 3 与基准模型相比,卡方差异无显著性
[$\Delta\chi^2$ (1) = 2.27, p<0.10]。 同样,模型 4 增加了从情感信任到任务
绩效的路径,从结果可知,基准模型和模型 4 也没有显著性差异 [$\Delta\chi^2$
(1) = 0.28, p<0.10]。 因此,假设的中介模型(基准模型)被认为是
最佳拟合模型。

表 7-3　中介模型比较结果

模　型	χ^2(df)	模型比较	
		$\Delta\chi^2$	Δdf
基准模型:TFL →CT →TP and TFL →AT →JS	263.56 (167)		
模型 1:TFL →CT →TP,TFL →AT →JS,and TFL →TP	262.96 (166)	0.60	1
模型 2:TFL →CT →TP,TFL →AT →JS,and TFL →JS	262.97 (166)	0.59	1
模型 3:TFL →CT →TP and TFL →AT →JS+TP	261.29 (166)	2.27	1
模型 4:TFL →CT →TP+JS and TFL →AT →JS	263.28 (166)	0.28	1

注:TFL 代表变革型领导,CT 代表认知信任,AT 代表情感信任,JS 代表工作满意度,
TP 代表任务绩效,** p<0.01。

4. 辅助分析

由于下属部分嵌套在领导中,本部分用多层线性模型(HLM)
(Raudenbush et al. , 2004)重新对各研究假设进行研究。 由于不存在团

队层变量，我们在 HLM 分析中设定随机截距来检验嵌套数据（Gong et al.，2009）。 本部分采用 Baron et al.（1986）的中介检验步骤来检验主效应和中介效应假设（即假设 1 至假设 4）。 结果表明，所有假设再次得到了支持。

5. 讨　论

本部分研究的结果支持了情感信任和认知信任作为两个独立的信任构念，同时受变革型领导影响。 根据信任的特征理论视角，当下属认为变革型领导者具有某些特征（如正直、有能力）时就会产生认知信任，以减弱他们在与领导者的等级关系中的不确定性感知程度。 此外，从关系视角出发，当下属感受到变革型领导者对他们的个性化关怀、尊重时，下属也会产生情感信任，并对领导者的关怀和尊重做出积极回应。（Dirks et al.，2002；Schaubroeck et al.，2011；Zhu et al.，2013）

此外，本章节研究还检验了认知信任和情感信任在变革型领导与下属任务绩效、工作满意度间的中介作用。 有关中介作用的结果进一步表明，认知信任和情感信任的作用机制的差异性。 具体而言，变革型领导者会树立一个专业、公平的形象以减弱下属与其在工作任务交往中的不确定性感知程度。 因此，对领导者具有较高认知信任的下属能够将更多的认知资源投入工作中，从而表现出更高的任务绩效水平。（Mayer et al.，2005；Colquitt et al.，2012）此外，变革型领导者能够与下属建立更加紧密的社会情感联系，身处其中的下属能够拥有更为积极的情感体验，进而产生较高的工作满意度。（Yang et al.，2010）上述研究结果表明，情感信任和认知信任共同为我们揭示出信任在变革型领导影响过程中的中介作用。

本节研究结果也为今后在中国背景下进行的信任研究带来积极意义。 由于中国的集体主义文化强调人际关系中的情感成分（Sanchez-Burks et al.，2007；Wasti et al.，2010；Song et al.，2012），有研究者认为，在中国组织背景下，认知因素（如感知到的领导的能力和正直）对员工工作结果的预测作用可能不如情感因素重要（Wasti et al.，2010；Song et al.，2012；Zhu et al.，2013）。 然而，本节研究结果表明，认知信任能够降低下属的不确定性和风险感知，使其对领导者的未来行为和决策充满信心。 因此，即使在集体主义文化背景下，研究领导者与下属关系中的认知因素也同样具有价值意义。

　　中国在过去 30 年中经历了大规模的经济改革（Ding et al.，2009；Ma，2012），特别是国有企业改革产生了新的雇佣关系，使得长期雇佣关系向短期、临时雇佣关系转变。 这种转变使得信任议题在当前的中国组织环境中尤为突出——信任可以降低临时员工的工作不安全感并鼓励他们为组织做出更多贡献。（Connelly et al.，2004；De Cuyper et al.，2007）鉴于此，本节研究结果对于中国企业提升领导有效性和信任水平而言具有实践意义。 领导者应采取不同的管理策略且有针对性地提高员工工作绩效。 一般来说，如果一个组织希望提高下属的工作满意度，领导们应该更多地关注他们与下属的人际关系而不是过分关注任务导向关系。 如果领导者旨在提高下属的任务绩效，他们则应该发出明确的信号，表明能够认可下属的工作贡献，减弱下属的不确定性感知程度。

第二节　变革型领导与下属帮助行为

一、研究回顾与假设提出

1.信任在变革型领导与下属帮助行为间的中介作用

　　变革型领导能够改变下属的价值观、信仰和态度，使他们表现出超出组织预期的行为和绩效。（Bass，1999）例如，变革型领导者通过强调集体身份使下属的动机从获取个人利益转变为实现集体利益（Lord et al.，1999）。 追求集体利益而非个人利益的下属更有可能表现出组织公民行为，使他们的同事、领导和组织获益。（Wang et al.，2005）在实证研究方面，以往研究支持了变革型领导与下属帮助行为间的正向关系（Kirkman et al.，2009；Piccolo et al.，2006；Podsakoff et al.，1996），其中一些研究还检验了信任在变革型领导与下属帮助行为间的中介作用（MacKenzie et al.，2001；Pillai et al.，1999；Podsakoff et al.，1990），然而，这些研究都将信任视为单维度结构。鉴于情感信任与认知信任的作用机制存在差异，我们认为，不同类型的信任在变革型领导与下属帮助行为间都存在可能的中介作用，但其作用机制并不相同。也就是说，变革型领导者可以通过灌输责任感来激发下属的情感信任，从而促进下属的帮助行为。另外，下属由于领导者的积极个人特质所产生的认知信任降低了等级关系中的风险感知程度，从而促使他们实施帮助行为。

Organ（1990）指出，社会交换理论对于理解工作场所中的组织公民行为（如帮助行为）具有重要意义。如果下属将他们与领导者间的关系视为社会交换关系，他们会感到有义务对领导者进行回报，从而表现出较高的组织公民行为。（Farh et al.，1990；Organ，1990）帮助同事被认为是一种有益于领导者的行为。（Masterson et al.，2000；Settoon et al.，1996）例如，帮助同事完成领导者所要求的某项任务将有助于达成组织或者领导者的工作目标。（Poon，2006）又如，有经验的下属代替领导者帮助新员工适应工作，能够为领导者节约时间，使领导者有更多时间和精力投入更为重要的工作任务中去。（MacKenzie et al.，1991；Podsakoff et al.，1997）因此，下属对同事的帮助被认为是一种对领导者同样具有价值和意义的社会交换互惠行为。（Aryee et al.，2002；Korsgaard et al.，2002；Yang et al.，2010）基于上述逻辑，我们指出，情感信任在变革型领导与下属帮助行为间起着中介作用。情感信任反映了一种伴随着相互间互惠义务和情感组带的社会交换关系。变革型领导者向下属传达关怀和尊重，引发他们对领导者的高度情感信任。为了对领导者的尊重和关怀进行回报，下属将帮助行为视为一种有益于领导者的社会交换资源行为。情感信任会让下属确信领导者将在后续的交换过程中对其回报以等价的社会资源。（Colquitt et al.，2012）这种认识进一步鼓励下属持续地投入时间和精力，并通过实施帮助行为来维持与领导者的社会交换关系。换句话说，情感信任加深了领导者—下属之间的社会交换关系（Blau，1964）。在实证研究层面，虽然情感信任在变革型领导与下属帮助行为间的中介效应尚未得到直接验证（Dirks et al.，2002），但 Podsakoff et al.（1990）的研究为其提供了间接支持。在 Podsakoff 等人的研究中，信任被定义为下属对领导者的忠诚，强调其是一种对领导者—下属关系的情感投入。他们的研究表明，信任中介了变革型领导与下属帮助行为之间的关系。因此，我们提出以下中介假设。

假设 1a：情感信任在变革型领导与下属帮助行为之间起中介作用。

尽管帮助同事不能获得组织的正式奖励，但研究表明，下属会将帮助行为视为一种印象管理策略以期获得领导认可。（Grant et al.，2009；Hui et al.，2000）然而，实施帮助行为可能会产生一个风险，即领导不会对超出工作范围的组织公民行为进行认可和奖励。（Dirks et al.，2004；Mayer et al.，1995；Poon，2006）从特征视角来看，对领导者的认知信任可以帮助下属降低其在等级关系中易受伤害的风险感知程度。（Dirks et al.，2002；Mayer et al.，1995）当存在认知信任时，下属不必焦虑或者担心领导者可能的剥削行为。（Mayer et al.，2005）相反，他们坚信领导者是可靠和值得信赖的，会对他们的积极行为（即帮助行为）做出相应的积极回应。（Dirks et al.，2004）显然，变革型领导能够激发下属的认知信任，使他们对领导者未来的奖励决策产生信心，进而激发他们进一步实施帮助行为。实证研究方面，Dirks et al.（2002）的元分析研究结果为上述观点提供了间接支持。他们的研究显示，认知信任与变革型领导和组织公民行为都具有显著的正向关系。因此，我们提出以下中介假设。

假设 1b：认知信任在变革型领导与下属帮助行为之间起中介作用。

2. 亲社会动机的调节作用

如前所述，变革型领导可以通过两种不同的心理过程，即情感信任和认知信任对下属帮助行为产生影响。在此，我们将整合亲社会动机相关研究成果，进一步对上述两种作用机制进行区分和检验。以往一系列研究表明，高亲社会动机个体倾向于采用启发式处理方式（Heuristic processing）行事，即他们更多关注社会影响而不会过多考虑个人利益。相反，低亲社会动机个体会系统思考、计算行动后果，更加注重自身利益，即以理性的方式行事。（Meglino et al.，2004，2006；Simon，1990，1993）亲社会动机的上述两种过程机制为其潜在的调节作用提供了理论基础。

研究者们已经意识到不同水平的亲社会动机对个体认知、个体行为具有差异影响。（Grant et al.，2011；Meglino et al.，2004）Grant et al.（2011）提出，"亲社会动机水平越高，越有可能被'热'体验系统而非'冷'认知系统所支配"。在这里，"热"体验系统是指以情绪、直觉和冲动反应为特征的启发式处理方式，而"冷"认知系统是指以深思熟虑和理性反应为特征的系统处理方式。（Metcalfe et al.，1999）同时，有研究发现，具有高亲社会动机的个体可能会有更加强烈的社会责任感和互惠规范感知，从而促使他们积极实施亲社会行为。（De Crèmer et al.，2001）

Korsgaard et al.（2010）在研究中采用类似视角来探讨他人导向（Other orientation）如何调节互惠义务和预期回报对帮助行为的影响。他人导向在概念上类似于亲社会动机，指的是员工对他人幸福的重视和关注程度。（Grant et al.，2010）Korsgaard et al.（2010）通过一系列的实验研究证明，高他人导向的个体倾向于依据社会规范指导行动，更有可能采取并按照互惠义务行事。另外，因为低他人导向的个体倾向于以理性和自利的方式行事，他们的帮助行为更可能受到个人回报期望的影响。因此，Korsgaard et al.（2010）的研究证明了他人导向可以调节互惠义务和预期回报对帮助行为的影响。在下面的章节中，我们将对这一机制进行延伸，探讨亲社会动机如何调节情感信任和认知信任与帮助行为之间的关系。

如前所述，情感信任代表了一种深层次的社会交换关系，身处其中的下属感到有义务以情感依恋和帮助行为的形式回报领导者和组织。因为互惠规范被视为通过自然选择进化而来的普适规范（Gouldner，1960），所以下属的互惠行为很可能受到社会交换关系中启发式处理方式的影响（Blau，1964）。从亲社会动机研究的角度来看，情感信任对帮助行为的影响程度可能会随亲社会动机功能的变化而变化。 具体而言，因为具有高亲社会动机的下属愿意接受并依据社会规范行事，他们更有可能遵循情感信任中所包含的互惠规范。 此外，这些下属在社会交往中不会追求即刻获得个人利益（Molm，2003）。 这些行为与具有高亲社会动机的人持有的旨在使他人受益的目标是一致的。（Grant et al.，2011）

相反，具有低亲社会动机的下属依靠理性的认知过程，他们较少遵循情感信任中所包含的互惠规范。（Korsgaard et al.，2010）他们更有可能通过帮助行为以期获得自身利益，并忽视他人利益。（Korsgaard et al.，2010）这种自利动机导致他们对情感信任中所包含的关怀、关注并不在意和并不敏感。（McAllister，1995）因此，从理性、自利的角度来看，情感信任会对具有低亲社会动机的下属的帮助行为产生较弱的影响。 根据上述理论推论，本部分提出以下假设。

假设 2a：亲社会动机调节了情感信任和帮助行为之间的关系，当下属亲社会动机水平较高时，情感信任和帮助行为之间的正向关系更强。

假设 2b：亲社会动机调节了认知信任和帮助行为之间的关系，当下属亲社会动机水平较低时，认知信任和帮助行为之间的正向关系更强。

假设 1 和假设 2 进一步揭示出被调节的中介作用模型。 具体而言，由于高亲社会动机的个体更多地依赖于社会影响，因而能够增强情感信任在变革型领导与帮助行为之间的中介作用。 也就是说，具有高亲社会动机的下属更愿意履行情感信任中所包含的义务，并以帮助行为的形式回报变革型领导者的关怀和关注。 此外，由于低亲社会动机与理性和自利的处理方式相关性更高，因而能够增强认知信任在变革型领导与帮助行为间的中介作用。 具有低亲社会动机的下属可能对认知信任更敏感，这种信任使他们相信变革型领导者的未来决策（即对公民行为的认可），从而实施帮助行为。 基于此，我们进一步提出以下假设，研究整体模型见图 7-3。

假设 3a：亲社会动机调节了情感信任对变革型领导—下属帮助行为的中介作用，即亲社会动机的水平越高，情感信任对变革型领导—下属帮助行为之间关系的中介作用越强，反之越弱。

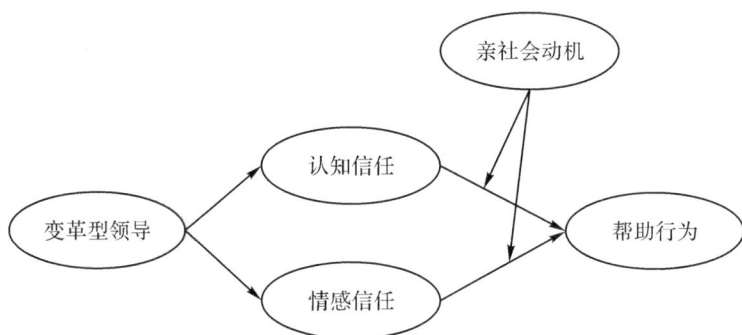

图 7-3　亲社会动机、变革型领导与下属帮助行为间的关系

假设 3b：亲社会动机调节了认知信任对变革型领导—下属帮助行为的中介作用，即亲社会动机的水平越低，认知信任对变革型领导—下属帮助行为之间关系的中介作用越强，反之越弱。

二、研究方法

1. 样本与研究过程

本部分问卷采用配对的方式进行发放，研究者亲自将两份独立的纸质问卷分别发送给员工及其直接领导。变革型领导、情感信任、认知信任及亲社会动机由员工自评，员工的帮助行为由其直接领导进行评价。为了完成配对，研究者事先获取员工名单，对每名员工进行编号；员工领取相应编号的问卷进行填写；领导者则写下自己所要评价的员工的姓名，再填写相应问卷。员工和领导者将完成的问卷各自放入信封密封，直接交予研究者，以确保问卷的保密性。

最终样本由零售企业的 140 名销售人员及其 63 名直接领导和制造企业的 208 名行政人员及其 63 名直接领导所组成。所有 348 名员工中，平均年龄为 32 岁；男性占 38.2%；在教育水平方面，8.6% 的员工拥有初中文凭，42.8% 的员工拥有高中文凭，33.3% 的员工拥有大专文凭，14.3% 的员工拥有大学本科及以上文凭；在工作年限方面，41.4% 的员工与当前领导者共同工作的年限少于 1 年，39.9％为 1—3 年，16.4％为 4—6 年，2.3％为超过 7 年。

2. 研究工具

针对变革型领导，本部分采用 Avolio et al.（2002）的多因素领导问卷进行测量，共 20 题。问卷包含 4 个维度，即领导魅力（如"能与我的领导一起共事，我感到很荣幸"）、领导感召力（如"他积极乐观地谈论未来"）、智力激发（如"他让我从不同角度思考问题"）和个性化关怀（如"他考虑到我和其他人有不同的需要、能力和抱负"），采用 5 点量表，1 表示"非常不同意"，5 表示"非常同意"。问卷的内部一致性信度系数为 0.92。

针对认知信任和情感信任，本部分采用 McAllister（1995）的问卷进行测量，其中 5 道题测量认知信任（示例题目："依据领导的专业经历，我没有理由怀疑他的工作能力和资质"），问卷的内部一致性信度系数为 0.85；5 道题测量情感信任（示例题目："我和领导之间是共享的关系，相互可以自由地交流观点和计划"），问卷的内部一致性信度系数为 0.80。该问卷采用 5 点量表，1 表示"非常不同意"，5 表示"非常同意"。CFA 结果显示，两因素模型［χ^2（34）＝113.78，CFI＝0.95，TLI＝0.93，SRMR＝0.08］要好于单因素模型［χ^2（35）＝183.25，CFI＝0.91，TLI＝0.88，SRMR＝0.11］。

针对亲社会动机，本部分采用 Grant et al.（2009）的单维问卷，共 5 题，示例题目如"因为我的工作能够帮助别人，所以我干劲十足"。该问卷采用 7 点量表，1 表示"非常不同意"，7 表示"非常同意"。问卷的内部一致性信度系数为 0.88。

针对帮助行为，本部分采用 Podsakoff et al.（1997）的单维问卷，共 6 题，示例题目如"如果有员工的工作跟不上，该员工会给予帮助"。该问卷采用 7 点量表，1 表示"非常不同意"，7 表示"非常同意"。问卷的内部一致性信度系数为 0.91。

三、结　果

1. 测量模型检验

本部分研究使用多组验证性因素分析检验零售企业销售人员和制造企业行政人员这两个子样本间 4 个自评变量（变革型领导、情感信任、认知信任和亲社会动机）的测量模型等价性。结果显示，整个测量模型具有较好的拟合度 [χ^2（292）＝572.29，p＜0.01，CFI＝0.93，TLI＝0.91，RMSEA＝0.05]，但当两个子样本的因子载荷被限定为相等时，拟合度并没有显著下降 [Δχ^2（15）＝18.11，ns]。

鉴于测量模型等价性检验结果，本部分将两个子样本数据进行合并，进一步对 4 个自评变量进行测量模型检验，以验证各变量间的区分效度，结果呈现在表 7-4 中。从表 7-4 可以看出，四因素的基准模型与数据具有较好的拟合度 [χ^2（146）＝340.54，p＜0.01，CFI＝0.95，TLI＝0.94，RMSEA＝0.06]。卡方差异检验进一步表明，当以下变量被合并时，基准模型的拟合度比其他替代模型好：（模型 1）合并认知信任和情感信任，Δχ^2（3）＝75.28，p＜0.01；（模型 2）合并认知信任和变革型领导，Δχ^2（3）＝163.45，p＜0.01；（模型 3）合并认知信任、情感信任和变革型领导，Δχ^2（5）＝206.76，p＜0.01；（模型 4）合并所有变量，Δχ^2（6）＝785.19，p＜0.01。上述结果表明，4 个变量间具有较好的区分效度。

表 7-4　测量模型检验

模型	χ^2	df	Δχ^2	RMSEA	CFI	TLI
四因素基准模型	340.54	146		0.06	0.95	0.94
模型 1:合并 CT 和 AT	415.82	149	75.28**	0.07	0.93	0.92
模型 2:合并 TFL 和 CT	503.99	149	163.45**	0.08	0.90	0.89

模型	χ^2	df	$\Delta\chi^2$	RMSEA	CFI	TLI
模型 3:合并 CT,AT 和 TFL	547.30	151	206.76**	0.09	0.89	0.88
模型 4:合并所有变量	1125.73	152	785.19**	0.14	0.74	0.70

注:TFL 代表变革型领导,CT 代表认知信任,AT 代表情感信任,** 表示 p<0.01。

2. 假设检验

上述各变量的均值、标准差和相关系数如表 7-5 所示。

表 7-5　变量的均值、标准差和相关系数

变量	M	SD	1	2	3	4	5
1.变革型领导	3.17	0.48	(0.92)				
2.情感信任	3.73	0.67	0.67**	(0.85)			
3.认知信任	3.75	0.64	0.72**	0.68**	(0.80)		
4.亲社会动机	5.69	0.92	0.46**	0.47**	0.49**	(0.88)	
5.帮助行为	5.13	0.88	0.29**	0.28**	0.30**	0.29**	(0.91)

注:N=348,* 表示 p<0.05,** 表示 p<0.01。

由于下属部分嵌套于领导者,本部分采用多层线性模型(Raudenbush et al.,2004)来检验中介和调节假设(即假设1和假设2)。由于变革型领导依据下属个人感知进行评价,我们将其视为个体层变量,研究模型没有团队层变量。因此,根据 Gong et al. (2009)的建议,我们允许随机截距来考虑嵌套效应。在所有的数据分析中,我们首先加入行业、年龄、性别、受教育程度、工作年限等控制变量(见表 7-6),由于大部分变量对信任和帮助行为的影响不显著,在后续分析中将不对控制变量进行具体讨论。

本部分根据 Baron et al. (1986)的中介效应分析步骤来检验情感信任和认知信任在变革型领导与下属帮助行为间的中介作用,结果详见表7-6。首先,变革型领导与情感信任(γ=0.91,p<0.01,模型1)和认知信任(γ=0.90,p<0.01,模型2)显著正相关。其次,变革型领导与下属帮助行为也呈正相关关系(γ=0.37,p<0.01,模型3)。当同时考虑情感

信任和认知信任的影响时（模型 4），变革型领导（γ＝0.05，ns）不显著的，但情感信任（γ＝0.19，p＜0.05）和认知信任（γ＝0.18，p＜0.05）回归系数显著。

为了进一步检验中介假设（即假设 1a 和假设 1b），本部分进行 Sobel 检验，该检验直接检验了自变量通过中介变量对因变量产生的间接影响（MacKinnon et al.，2002；Sobel，1982）。结果表明，变革型领导通过情感信任（Z＝2.09，p＜0.05）和认知信任（Z＝1.98，p＜0.05）对帮助行为的间接影响均较显著。综上所述，数据分析结果支持了假设 1a 和假设 1b。

表 7-6　情感信任和认知信任的中介效用检验结果

预测变量	结果变量			
	情感信任	认知信任	帮助行为	
	模型 1	模型 2	模型 3	模型 4
控制变量				
性别	−0.00(0.05)	0.04(0.05)	−0.04(0.08)	−0.05(0.08)
年龄	−0.01(0.004)	−0.00(0.003)	−0.00(0.01)	−0.00(0.01)
行业[a]	−0.01(0.05)	−0.16*(0.06)	0.10(0.14)	0.15(0.14)
教育水平	0.05(0.03)	0.09**(0.03)	−0.01(0.05)	−0.04(0.05)
与领导相处年限	0.03(0.03)	−0.01(0.03)	0.02(0.07)	0.01(0.07)
主效应				
变革型领导	0.91**(0.06)	0.90**(0.06)	0.37**(0.08)	0.05(0.13)
间接效应				
情感信任				0.19*(0.09)
认知信任				0.18*(0.09)
Model deviation	527.41	413.27	815.96	809.10

注：N＝348，表内为非标准化回归系数。a 为 0 指制造业，a 为 1 指零售业。* 表示 p＜0.05，** 表示 p＜0.01。

为了检验调节假设，本部分进行了调节回归分析。根据 Aiken et al.（1991）的建议，交互项中的变量都被中心化以减少不必要的多重共线性问题。表 7-7 显示了假设 2a 和假设 2b 的结果。

假设 2a 指出,当下属具有较高亲社会动机水平时,情感信任与帮助行为之间的正向关系更强。 结果表明,情感信任和亲社会动机的交互项与帮助行为显著相关($\gamma = 0.24$, $p < 0.01$)。 按照 Aiken et al. (1991) 的建议,我们在图 7-4 中绘出了在不同亲社会动机水平上,情感信用与帮助行为之间的关系。 可以看出,在高亲社会动机水平下,情感信任与帮助行为之间的关系($k = 0.36$, $p < 0.01$)强于在低亲社会动机水平下($k = 0.07$, ns),假设 2a 得到支持。

假设 2b 指出,当下属具有较低亲社会动机水平时,认知信任与帮助行为间的正向关系更强。 结果表明,认知信任和亲社会动机的交互项与帮助行为显著相关($\gamma = 0.16$, $p < 0.05$)。 如图 7-5 所示,在低亲社会动机水平下,认知信任与帮助行为之间的关系($k = 0.39$, $p < 0.01$)强于在高亲社会动机水平下($k = 0.04$, ns),假设 2b 得到支持。

表 7-7　亲社会动机的调节效用检验

变量	帮助行为
控制变量	
性别	$-0.08(0.07)$
年龄	$-0.00(0.01)$
行业 [a]	$0.10(0.14)$
教育水平	$-0.07(0.05)$
与领导相处年限	$0.01(0.06)$
变革型领导	$0.00(0.13)$
主效应	
情感信任	$0.14(0.09)$
认知信任	$0.18^*(0.09)$
亲社会动机	$0.12^*(0.05)$
调节作用	
认知信任×亲社会动机	$-0.16^*(0.08)$
情感信任×亲社会动机	$0.24^{**}(0.07)$
Model deviation	809.62

注:N=348,表内为非标准化回归系数。a 为 0 指制造业,a 为 1 指零售业。 * 表示 p<0.05, ** 表示 p<0.01。

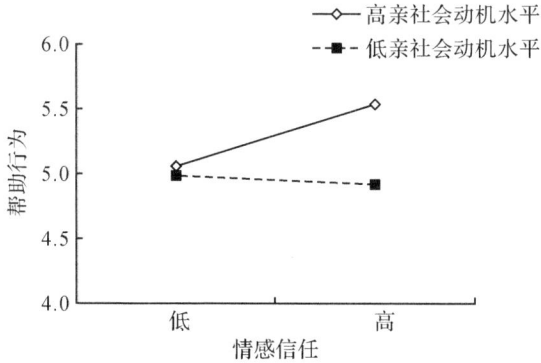

图 7-4　亲社会动机对情感信任与帮助行为间关系的调节作用

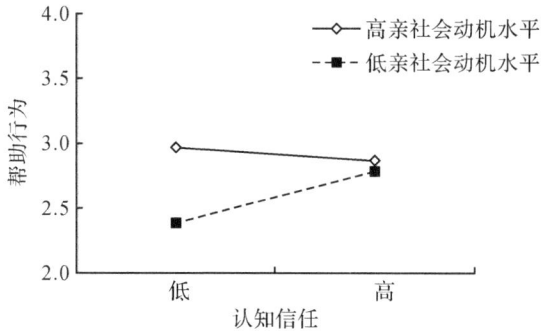

图 7-5　亲社会动机对认知信任与帮助行为间关系的调节作用

最后，我们采用 Preacher et al.（2007）检验条件间接效应的步骤和开发的宏来检验假设 3a 和假设 3b，即被调节的中介作用模型。我们将 Bootstrap 再抽样设定为 5000 次并运行检验条件间接效应的宏，结果如表 7-8 所示。从表 7-8 可以看出，当亲社会动机水平高（高于均值 1 个标准差）时，变革型领导通过情感信任对帮助行为的条件间接效应显著（正态分布系数＝0.19，p＜0.05；Bootstrap 系数＝0.19，p＜0.05）；但是当亲社会动机水平低（低于均值 1 个标准差）时，条件间接效应不显著（正态分布系数＝0.04，ns；Bootstrap 系数＝－0.04，ns）。相反，当亲社会动机水平低时，变革型领导通过认知信任对帮助行为的条件间接效应显著（正态分布系数＝0.25，p＜0.05；Bootstrap 系数＝0.25，p＜0.05）；但当亲社会动机水平高时，条件间接效应不显著（正态分布系数＝－0.03，ns；Bootstrap 系数＝－0.03，ns）。因此，假设 3a 和假设 3b 得到了支持。

表 7-8　被调节的中介模型检验结果

调节变量:亲社会动机		帮助行为			
		有条件的间接效应	SE	Z	p
中介变量:情感信任	正态分布				
	低(−1 SD)	−0.04	0.07	−0.50	0.61
	高(+1 SD)	0.19	0.08	2.52	0.01
	Bootstrap 方法				
	低(−1 SD)	−0.04	0.07	−0.50	0.61
	高 (+1 SD)	0.19	0.08	2.52	0.01
中介变量:认知信任	正态分布				
	低(−1 SD)	0.25	0.10	2.41	0.02
	高(+1 SD)	−0.03	0.09	−0.29	0.77
	Bootstrap 方法				
	低(−1 SD)	0.25	0.10	2.41	0.02
	高(+1 SD)	−0.03	0.09	−0.29	0.77

四、讨　论

本部分研究结果表明,情感信任和认知信任在变革型领导与下属帮助行为之间起中介作用。 此外,研究发现,对于具有不同水平亲社会动机的下属,情感信任和认知信任对帮助行为的影响有所不同:当下属亲社会动机水平较高时,情感信任与下属帮助行为正相关;当下属亲社会动机水平较低时,认知信任与下属帮助行为正相关。 研究结果还进一步发现,在高亲社会动机水平下,变革型领导通过情感信任对帮助行为产生的间接效用更强;在低亲社会动机水平下,变革型领导通过认知信任对帮助行为产生的间接效用更强。

1. 理论意义

首先，本部分从更加细微的角度来看待信任，从而更加全面地揭示了变革型领导对下属产生影响的心理机制过程。一方面，情感信任的中介机制表明，变革型领导可以通过与下属建立社会交换关系进而对其帮助行为产生影响。（Dirks et al.，2002；Schaubroeck et al.，2011）即当下属感受到来自领导的关心和关怀时，会对领导者产生情感依恋，并通过向同事实施帮助行为来回报领导。（Li et al.，2009；Song et al.，2009）另一方面，本部分也揭示出认知信任所具有的风险降低功能同样能够解释信任在变革型领导影响过程中的作用。通过对变革型领导特征的分析，如能力、诚信和可靠性等，下属对领导者形成认知信任，他们相信领导者能够对他们的组织公民行为进行合理的奖励，因而更乐于实施帮助行为。（Mayer et al.，1995）上述研究结果突出证明了将信任作为一个多维结构进行研究的价值，并提出了两种独特的潜在心理机制，即社会交换和降低风险，用以解释变革型领导对下属帮助行为的影响。

其次，本部分研究结果支持了 Avolio et al.（2002）的观点，即变革型领导的研究者应该在理论研究中更明确地考虑调节变量。具体而言，本部分发现，亲社会动机是变革型领导通过情感信任对帮助行为产生间接效用的重要边界条件。因此，研究表明，与信任相关的社会交换过程（Howell et al.，1999；Li et al.，2009；Pillai et al.，1999；Wang et al.，2005）可以解释变革型领导对某些下属（即具有高亲社会动机的人）帮助行为的影响，从而拓展了以往相关研究。具有高亲社会动机水平的下属倾向于实施帮助行为来回报情感信任中所包含的领导关心和关怀，而那些具有低亲社会动机水平的下属则倾向于理性评估自己行为的后果，且不太可能遵循互惠规范。（Grant et al.，2011；Meglino et al.，2004）我们建议，后续研究应继续关注社会交换机制的其他调节变量，以期进一步探索变革型领导是如何对下属施加影响的。

然后，我们的研究还显示，当下属亲社会动机水平较低时，变革型领导通过认知信任对下属帮助行为产生的间接效用会更强。根据 Dirks et al.（2002）的理论，对领导者的认知信任降低了下属在等级关系中感知到的风险，并使他们相信自己的组织公民行为会得到认可。 从对亲社会动机研究的角度来看，这个过程对于亲社会动机水平较低的下属来说影响似乎更为显著，因为他们更易受自身利益激励而对同事实施帮助行为。（Grant et al.，2010；Korsgaard et al.，2010；Meglino et al.，2004）本部分的被调节中介结果表明，整合多条研究线路（即信任和亲社会动机）对研究变革型领导具有重要意义。

最后，以往对于情感信任和认知信任间的差异机制的研究分析往往基于它们对相关结果变量的影响大小的差异。 本部分研究结果则进一步表明，情感信任和认知信任作为两种独立的信任构念，对于具有不同水平亲社会动机个体而言，具有差异性影响。 该结果帮助我们从一个新的角度来理解不同类型信任的机制，也有助于我们理解何时情感信任、认知信任能够发挥最大效用。

2. 实践意义

本部分研究结果指出，鉴于情感信任和认知信任对下属帮助行为都有积极的促进作用，领导者应该意识到这两种信任的重要性。 因此，在领导发展培训过程中，应该将信任纳入培训体系。 以往研究已经识别了一些有效提升信任的领导策略（Abrams et al.，2003；Thomas et al.，2009），例如，领导者可以制订明确的目标，并让下属知道相关的人事规则如何及为什么要实施。 这样透明的管理行为可以有效提高下属对领导者可靠性和能力的认知。 此外，领导者可以与下属分享个人经历，以此增强下属的情感信任。（Abrams et al.，2003）

此外，本部分研究结果还指出，领导者可以根据个体的亲社会动机水平，采取不同的管理策略来增加下属帮助行为。 由于具有高亲社会动机水平的下属易于认同互惠规范，那些关注与下属建立私人关系的领导者可以更加有效地增加他们的帮助行为。 此外，领导者也可以采取某些社会化策略来提高员工的亲社会动机水平（Grant，2007，2008），例如，工作中的关系结构可以为下属提供使他人受益的机会，因而被视为能够提升下属的亲社会动机水平（Grant，2007）。 当然，领导者还可以通过强调帮助行为所带来的积极结果从而有效地激发具有低亲社会动机水平的下属帮助行为。 从特质理论的视角出发，领导者可以集中精力树立起一个专业、值得信赖的领导形象，从而向下属发出积极明确的信息，表明下属的帮助行为将会得到组织的认可。

第八章

服务型领导的实证研究

随着信息化、全球化、经济一体化等趋势的加强，组织领导者正面临着越来越复杂的外部竞争环境。 同时，组织中的员工越来越强调自我与自主，他们对领导者提出了更高的要求。 组织内外环境产生的新变化，迫使以"命令"与"服从"为主要特征的传统领导方式必须发生相应的变革，以适应新的企业环境。 而以服务、利他及授权等为特征的服务型领导者的出现正好顺应了这一新要求。（Van，2011）

服务型领导是指将下属的需求、愿望和利益的满足置于首位，并以此为手段去领导员工的一种领导类型。（Greenleaf，1977）Van（2011）指出，服务型领导是指通过持续地为组织和员工提供服务、重视员工个人发展及共享的决策，使服务型领导者获得员工的信任，形成对员工的影响力，并最终使员工及组织绩效得到有效提升的一种领导类型。 在 Van 提出服务型领导概念的最初阶段，大多数研究者认为，领导和服务这两个特征很难在同一个体上同时体现，所以服务型领导并未得到研究者的重视。然而，随着以员工为核心管理理念的兴起，服务型领导逐渐引起了研究者的关注（Van，2011）。 已有研究表明，服务型领导与员工的工作态度、组织公民行为、工作绩效等存在显著正相关关系（Joseph et al.，2005；Neubert et al.，2008；Walumbwa et al.，2010；吴维库等，2009），服务型领导理论已经成为西方领导学研究的主要热点之一（邓志华等，2012）。

虽然，关于服务型领导的研究越来越丰富，但有学者指出，服务型领导与员工工作表现之间的作用机制仍不明确。（Avolio et al.，2009）进一步说，服务型领导作用机制研究的缺乏影响了服务型领导理论体系的构建（Hunter et al.，2013），同时也阻碍了该理论在现实中的应用（Van，2011）。国内也有学者指出，服务型领导对员工产生影响的作用机制是当前此领域研究亟待解决的问题。（邓志华等，2012）因此，Hunter et al.（2013）呼吁，应更多地对服务型领导对员工工作结果影响的内在作用机制进行探索，以期进一步打开服务型领导效用的理论"黑箱"。同时，对服务型领导与员工工作结果的作用机制的研究，也有利于指导企业转换管理方式，从而进一步顺应以员工为核心的管理理念变革。值得强调的是，服务型领导的理念与中国社会历来强调各类领导者的"为人民服务"及"人民公仆"的领导理念相一致，这使得中国情境下的服务型领导研究更具有特殊的意义。

在此背景下，本章节将在中国企业组织的情境下，探讨服务型领导对员工工作结果的作用机制，主要包括两大研究内容。第一，选取下属的工作满意度和帮助行为作为工作结果变量。工作满意度体现了员工积极的工作心理状态（Weiss，2002），而帮助行为则有助于塑造良好的企业环境及提升组织的整体绩效（Podsakoff et al.，2000）。作为最常用的领导有效性指标，两者分别从员工和组织的角度反映了组织中领导的积极效用。（Yang et al.，2010；尹俊等，2012）第二，关注服务型领导与下属建言行为间的关系。总结现有研究可以发现，无论是对建言行为还是对服务型领导的研究，都体现了当前"以员工为核心"的管理理念（Detert et al.，2011；Van，2010），因而两者在理论框架（如社会交换理论）和研究视角（如员工的视角）等方面都具有一定的相似性。

第一节 服务型领导与下属工作
满意度和帮助行为

一、理论回顾和假设提出

1. 服务型领导与下属工作结果

服务型领导的首要任务是服务而非领导，他们视领导岗位为服务他人的机会，而服务的最终目标则是帮助下属也成长为服务者，从而使整个组织受益。（Stone et al.，2004）为了帮助下属成长，服务型领导者将注意力放在下属身上，努力满足他们的需要，并为下属提供各种学习机会，以提升其自我管理的水平。（Van，2011）研究表明，服务型领导的各行为维度能够满足下属的需求，使下属体验到更高的工作参与感，从而提升其工作满意度。（Mayer et al.，2008；吴维库等，2008）具体而言，服务型领导能够鼓励员工参与构思组织的愿景，强调相互之间的共同愿景（愿景构建），并授予员工适当的工作自主权（授权），以及提供员工各种所需服务（服务）。（Dennis et al.，2003）这些典型的服务型领导行为能够满足下属的自主、成长需求，从而提高下属的工作满意度。（Ryan et al.，2000）此外，有学者指出，服务型领导的领导行为是以下属为中心的，相比其他类型的领导风格，它可以在更大程度上促进下属工作满意度的提升。（Barbuto et al.，2006；Washington et al.，2006）

另外，服务型领导者的诸如愿景构建、授权及为员工服务等行为都可被看成领导者为建立起与下属之间良好的社会交换关系而进行的资源投入。（Walumbwa et al.，2010）根据社会交换理论，当下属感知到领导者的重视和认可时，他们会遵循互惠的原则给予领导者相应的回报。下属回馈领导者的方式之一就是实施帮助行为。（Aryee et al.，2002；Yang et al.，2010）帮助行为有助于建设良好的组织氛围，提升组织的整体运作绩效。（Podsakoff et al.，2000）以往研究也支持了服务型领导与下属工作满意度、帮助行为之间的正向关系。（Hunter et al.，2013；Liden et al.，2008；Mayer et al.，2008；Neubert et al.，2008）基于此，我们提出如下假设。

假设 1a：服务型领导与下属工作满意度正相关。

假设 1b：服务型领导与下属帮助行为正相关。

2. 亲社会动机的中介作用

服务型领导通过怎样的作用机制影响下属的工作满意度和帮助行为？中介机制是研究者关注的一个重要方面。以往有关领导作用机制的研究涉及 3 类中介变量：对心理状态的重新定位（如下属动机的改变等）、对社会关系的重新评价（如领导—下属交换关系等）及对工作环境的重新感知（如心理安全感等）。（Barling et al.，2011）Graham（1995）指出，服务型领导的一个重要任务是帮助下属了解和解决组织中的道德冲突，使他们在个人利益和他人利益之间找到一个平衡点，学会去关心和满足他人的需求。因此，与服务型领导者一起共事的下属将具备更大的意愿去考虑和满足他人的利益（Sendjaya et al.，2008），即亲社会动机水平的提升。具有高水平亲社会动机的下属能够体验到更强的工作热情和表现出更多的帮助行为。（Grant et al.，2009）基于上述分析，本部分将从下属亲社会动机水平变化的角度，探讨服务型领导对下属工作满意度和帮助行为的中介机制。

根据社会学习理论，Grant et al.（2011）指出，服务型领导可以通过行为榜样作用来激发下属的亲社会动机。具体而言，通过沟通、授权等手段，服务型领导者能够获得下属的尊重和信任（Joseph et al.，2005），进而作为榜样成为下属模仿和学习的对象（Walumbwa et al.，2010）。同时，服务型领导者展现出一系列亲社会价值观和行为，包括对组织目标的完成表现出高度责任感（Van，2011）；将他人利益置于个人利益之上，并主动寻求机会服务和帮助他人（Greenleaf，1996）；鼓励下属个人发展、与他人分享权力（Neubert et al.，2008）。 在服务型领导者的模范作用下，下属会接受和学习领导者的亲社会价值观和行为，进而提高自身亲社会动机水平。（Walumbwa et al.，2010）

对亲社会动机水平与工作结果之间的关系的研究是研究者非常感兴趣的课题。 实证研究证实了亲社会动机对帮助行为具有积极影响。（Grant et al.，2009；Korsgaard et al.，2010）这些结果表明，具有高亲社会动机水平的员工可能具有较多的帮助他人的行为。 这是因为：当个体拥有较高水平的亲社会动机时，他们会：①将更多地关注于外部环境而非内部环境，从而更易识别他人需要（Grant et al.，2009）；②将更多地强调和重视他人利益，并在帮助他人的过程中获得满足感（Grant，2008）。 特别是 Grant et al.（2009）的研究指出，具有高亲社会动机水平的个体展现出更多的帮助行为，即使该行为会损害他们自身的利益。 相对于帮助行为，亲社会动机对工作满意度的影响的研究较少。 然而，Judge et al.（2002）的研究表明，具有高水平亲社会动机的员工会更加主动地寻求与他人建立良好的人际关系，为自己创造出一个良好的社会工作环境，从而具有更高的工作满意感。 此外，具有高亲社会动机水平的员工的工作态度较少地受到外界工作特征的影响，在面对困难的工作任务或工作失败时，他们能够保持积极乐观的工作情绪。（Meglino et al.，2004）Weinstein et al.（2010）通过一系列的实验也指出，具有较高亲社会动机水平的员工往往显示出更高水平的亲社会行为，并在实施这一行为的过程中，满足了个体自身的归属和成长需求（Grant，2007），进而能够提升其主观幸福感。综上，我们认为，服务型领导者通过榜样作用，对下属的亲社会动机产生积极影响，进而使下属感受到更高的工作满意度和表现出更多的帮助行为，为此，我们提出以下假设。

假设 2：服务型领导与下属亲社会动机正相关。

假设 3a：亲社会动机在服务型领导与工作满意度之间起中介作用。

假设 3b：亲社会动机在服务型领导与帮助行为之间起中介作用。

3. 互动公平的调节作用

如前所述，服务型领导能够通过榜样作用激发下属的亲社会动机。根据社会学习理论，该榜样作用过程受领导者对下属的吸引力程度的影响。（Wood et al.，1989）只有当下属感知到领导者诚信可靠时，他们才会将自己的注意力聚焦在领导者和领导行为上，并对其进行学习和模仿。反之，下属将会对领导者所传递出的道德信息持怀疑态度，从而拒绝接受领导者的价值观和目标。（Brown et al.，2005）该社会学习过程将有助于我们进一步思考：在什么情境下，服务型领导能够有效地激发下属的亲社会动机并进一步影响员工的工作表现？ 以往研究表明，下属对领导者的道德判断与互动公平具有很大的联系。（Cropanzano et al.，2002）互动公平体现了下属对领导者的道德公平感知，下属可以基于互动公平去解读在此情境下发生的领导行为并做出相应的反应，因此互动公平可能影响服务型领导行为的有效性。

值得注意的是，有研究提出，互动公平可以作为领导行为有效性的中介变量。（Pillai et al.，1999）而本部分检验互动公平的调节效用的原因有两点。 第一，对领导者的公平感知（互动公平）不仅仅依赖于领导者的具体行为，同时也可能来自下属对组织管理实践的评价（Cropanzano et al.，2001）或下属本身的特质（Scott et al.，2007）。 如果将互动公平简单地视作一种领导行为结果（中介作用），这将忽略互动公平中有关组织和下属方面的因素，从而降低变量对下属工作结果的变异解释率。 第二，Jung et al.（2009）也明确提出，下属对领导的态度（如互动公平）可以作为领导行为有效性的调节变量。 基于上述原因，本部分将检验互动公平对服务型领导—下属亲社会动机关系的调节作用。

互动公平强调在组织中个体感受到的人际对待的公平性。（Colquitt，2001）Folger（1998）认为，互动公平构成了下属对领导道德判断的基础。 当下属从领导者那里感受到尊重，或者及时获取了组织决策信息时，他们将对领导者形成较高的道德感知和信任水平。 这种对领导者的积极态度促使下属将注意力集中在服务型领导者身上，视他们为行为榜样，主动学习和接受领导者的亲社会目标和价值观（Jung et al.，2009），从而强化了服务型领导对下属亲社会动机的影响。反之，在低互动公平水平的情境下，下属对领导者表现出较低的信任水平。在此情境下，下属将减少对领导价值观和行为的关注和模仿。同时，还可能导致下属对服务型领导行为背后的动机产生怀疑。（Brown et al.，2005）他们或许认为，领导者提供服务和帮助仅仅是一种印象管理手段而非其本来意愿，因而拒绝服务型领导者的指导和影响。基于此，我们提出如下假设。

假设4：互动公平调节了服务型领导与下属亲社会动机之间的关系，互动公平的水平越高，服务型领导与下属亲社会动机的正向关系就越强；反之越弱。

假设3和假设4进一步揭示出被调节的中介作用模型。具体而言，亲社会动机在服务型领导对下属工作满意度和帮助行为的影响中起中介作用；并且，该中介作用的大小取决于下属对互动公平的感知。在互动公平水平较高的情境下，服务型领导对下属的亲社会动机影响较大，因而较高地提升了下属的工作满意度和增加了下属的帮助行为。但是，当下属感知到较低水平的互动公平时，由于服务型领导对亲社会动机的影响较低，服务型领导对下属工作满意度和帮助行为的影响效应较少地通过亲社会动机来传导。基于此，我们提出被调节的中介作用假设。

假设5a：互动公平调节了亲社会动机对服务型领导—工作满意度的中介作用，即互动公平的水平越高，亲社会动机对服务型领导—工作满意度之间关系的中介作用越强，反之越弱。

假设5b：互动公平调节了亲社会动机对服务型领导—帮助行为的中介作用，即互动公平的水平越高，亲社会动机对服务型领导—帮助行为之间关系的中介作用越强，反之越弱。

综上所述，本部分将探讨服务型领导影响下属工作满意度与帮助行为的作用机制，检验下属亲社会动机的中介效应和互动公平的调节效应（见图8-1）。

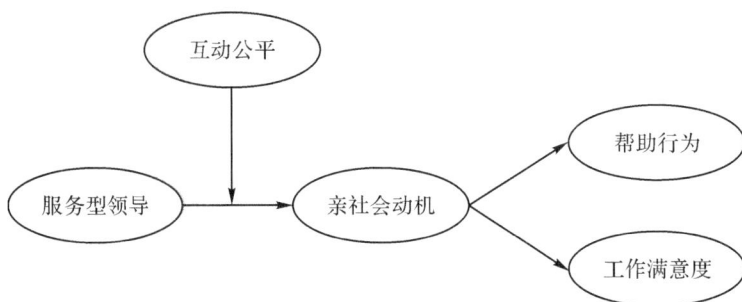

图 8-1　服务型领导、下属帮助行为、工作满意度与互动公平、亲社会动机间的关系

二、研究方法

1. 样本和研究过程

本部分研究问卷采用配对的方式进行发放,研究者亲自将两份独立的纸质问卷分别发送给员工及其直接领导者。 服务型领导、亲社会动机、互动公平和工作满意度由员工自评,员工的帮助行为由其直接领导者进行评价。 为了完成配对,研究者事先获取员工名单,对每名员工进行编号;员工领取相应编号的问卷进行填写;领导者则写下自己所要评价的员工的姓名,并填写问卷。 员工和领导者将完成的问卷各自放入信封密封,直接交予研究者,以确保问卷的保密性。

我们在浙江省的 5 家企业共发放 300 份问卷,所有员工和领导者中有252 名员工及 62 名直接领导回复了问卷,回收率为 84%。 删除存在大量缺失值的问卷,最后获得 201 份配对有效问卷。 填写问卷的员工的平均年龄为 32 岁,以女性为主(55.7%),学历以高中和大专为主(76.1%),在本企业工作年限方面以 3 年以下为主(64.7%),在与领导者相处的年限方面以 3 年以下为主(79.1%)。

2. 研究工具

针对服务型领导,本部分采用 Dennis et al. (2003)的三维(愿景、授权和服务)问卷进行测量,共 23 道题。 其中,愿景维度指领导者能够展望组织的愿景，构建实施愿景目标的途径，并鼓励下属也参与构思组织的愿景。 其示例题目如"我的领导能够清晰地阐述组织未来发展的目标和方向"。 授权维度指领导者鼓励和帮助下属发现、解决工作中的问题，自主决定何时、如何完成工作任务。 其示例题目如"我的领导愿意与他人分享权力和权威"。 服务维度是指领导者愿意牺牲自己的利益，为员工服务。 其示例题目如"我的领导服务他人但不要求奖励或肯定"。 该问卷采用 5 点量表，1 表示"非常不同意"，5 表示"非常同意"。 问卷的验证性因素分析（CFA）结果显示（$\chi^2 = 366.18$，df = 233，CFI = 0.93，IFI = 0.93，RMSEA = 0.06）该问卷具有较好的结构效度。 问卷的内部一致性信度系数为 0.94。

针对亲社会动机，本部分采用 Grant（2008）的单维问卷进行测量，共 4 题，示例题目如"因为我的工作能够帮助别人，所以我干劲十足"。 该问卷采用 7 点量表，1 表示"非常不同意"，7 表示"非常同意"。 问卷的内部一致性信度系数为 0.82。

针对互动公平，本部分采用 Colquitt（2001）的单维问卷进行测量，共 9 题，示例题目如"领导对我有礼貌"。 该问卷采用 7 点量表，1 表示"非常不同意"，7 表示"非常同意"。 问卷的内部一致性信度系数为 0.91。

针对工作满意度，本部分采用 Cammann et al.（1983）的单维问卷进行测量，共 3 题，示例题目如"总的来说，我对自己的工作感到满意"。该问卷采用 7 点量表，1 表示"非常不同意"，7 表示"非常同意"。 问卷的内部一致性信度系数为 0.74。

针对帮助行为，本部分采用 Podsakoff et al.（1997）的单维问卷进行测量，共 6 题，示例题目如"如果有员工的工作跟不上，该员工会给予帮助"。 该问卷采用 7 点量表，1 表示"非常不同意"，7 表示"非常同意"。 问卷的内部一致性信度系数为 0.87。

针对控制变量，本部分把下属的性别、年龄、教育程度、与领导者所处年限和在本企业工作年限等变量作为控制变量，以往研究表明，它们对服务型领导与下属工作满意度及帮助行为的关系存在影响（Mayer et al., 2008）。

3. 数据处理

我们将收集的数据全部输入计算机，采用 SPSS19.0 软件对数据进行处理，并利用分层回归对中介效应和调节效应进行检验。此外，本部分参照 Preacher et al.（2007）检验条件间接效应的步骤来检验被调节的中介作用模型。该检验方法整合了被调节的中介和被中介的调节的统计方法，目前被广泛地应用到组织行为学研究领域中。（Cole et al.，2008）

三、结果分析

1. 测量模型

本部分对服务型领导、亲社会动机、互动公平、工作满意度和帮助行为这 5 个变量进行测量模型检验，结果呈现在表 8-1 中。从表 8-1 中可以看出，假设的五因素模型显示出良好的拟合度（$\chi^2 = 463.35$，$df = 260$，$CFI = 0.93$，$IFI = 0.93$，$RMSEA = 0.06$）。同时，五因素模型显著优于其他备选模型，证明了这 5 个变量之间的区分效度。

表 8-1　测量模型比较

模型	χ^2	df	$\Delta\chi^2$	RMSEA	CFI	IFI
五因素模型	463.35	260	—	0.06	0.93	0.93
四因素模型：合并服务型领导、互动公平	570.25	264	106.9**	0.08	0.89	0.90
三因素模型：合并服务型领导、互动公平、亲社会动机	784.15	267	320.8**	0.10	0.83	0.83
两因素模型：合并服务型领导、互动公平、亲社会动机、满意感	870.96	269	407.61**	0.11	0.80	0.80
单因素模型：合并所有的研究变量	1338.93	270	875.58**	0.14	0.65	0.50

注：** 表示 $p < 0.01$。

2. 假设检验

表 8-2 呈现了研究变量的均值、标准差、相关系数和内部一致性系数。结果显示，服务型领导和工作满意度（r＝0.48，p＜0.01）、帮助行为之间正相关（r＝0.24，p＜0.01），和亲社会动机之间也正相关（r＝0.49，p＜0.01）。

我们利用分层回归对服务型领导的主效应（假设 1a、假设 1b 和假设 2）和亲社会动机的中介效应（假设 3a 和假设 3b）进行检验，结果呈现在表 8-3 中。从表 8-3 中可以发现，首先，服务型领导对亲社会动机的回归系数显著（β＝0.44，p＜0.01，模型 1），假设 2 被验证。其次，服务型领导对工作满意度（β＝0.48，p＜0.01，模型 2）和帮助行为（β＝0.25，p＜0.01，模型 4）的回归系数显著，该结果支持了假设 1a 和假设 1b。最后，根据 Baron et al.（1986）的中介效应检验程序，当服务型领导和亲社会动机同时进入工作满意度的回归方程时（模型 3），亲社会动机的回归系数显著（β＝0.38，p＜0.01），服务型领导的回归系数仍显著（β＝0.31，p＜0.01），但显著水平下降，这表明亲社会动机在服务型领导与工作满意度之间起部分中介作用，假设 3a 被验证；当服务型领导和亲社会动机同时进入帮助行为的回归方程时（模型 5），亲社会动机的回归系数显著（β＝0.18，p＜0.05），服务型领导的回归系数仍显著（β＝0.18，p＜0.05），但显著水平下降，该结果验证了假设 3b。为了进一步验证亲社会动机的中介效应，我们遵循 MacKinon et al.（2004）的建议，使用 Bootstrapping 方法来计算服务型领导通过亲社会动机对工作满意度和帮助行为的间接效应（Preacher et al.，2008）。结果显示，服务型领导通过亲社会动机对工作满意度的间接效应为 0.30（p＜0.01，95％CI：[0.17，0.24]），对帮助行为的间接效应为 0.11（p＜0.05，95％CI：[0.02，0.23]），该结果再次验证了假设 3a 和假设 3b。

表 8-2 变量的均值、标准差、相关系数和内部一致性系数

变量	M	SD	1	2	3	4	5	6	7	8	9	10
1. 年龄	32.01	9.00										
2. 性别[a]	1.56	0.50	-0.18**									
3. 教育[b]	2.62	0.84	-0.45**	0.15*								
4. 本企业工作年限	3.02	3.34	0.50**	-0.09	-0.22**							
5. 与领导所处年限	1.90	1.88	0.47**	-0.08	-0.30**	0.63**						
6. 服务型领导	3.67	0.55	-0.19**	0.02	0.24**	-0.14*	-0.18*	(0.94)				
7. 互动公平	5.30	0.99	-0.10	0.13	0.16*	-0.10	-0.13	0.73**	(0.91)			
8. 亲社会动机	5.61	0.89	-0.24**	0.04	0.29**	-0.14*	-0.23**	0.49**	0.45**	(0.82)		
9. 工作满意度	5.18	0.99	-0.11	0.13	0.14*	-0.12	-0.12	0.48**	0.44**	0.51**	(0.74)	
10. 帮助行为	5.11	0.74	-0.10	0.05	0.02	0.01	0.01	0.24**	0.18**	0.25**	0.20**	(0.87)

注：对角线上括号内数字表示测量量的内部一致性系数；a 指男性=0，女性=1；b 指小学=0，初中=1，高中=2，大专=3，本科及以上=4；* 表示 $p<0.05$，*** 表示 $p<0.01$。

表 8-3 分层回归对主效应和中介效应的检验

变量	亲社会动机	工作满意度		帮助行为	
	模型 1	模型 2	模型 3	模型 4	模型 5
控制变量					
性别	−0.01	0.12	0.12*	0.05	0.05
年龄	−0.07	0.04	0.07	−0.14	−0.13
教育水平	0.13	0.01	−0.04	−0.08	−0.11
在本企业工作年限	0.05	−0.06	−0.08	0.06	0.05
与领导所处年限	−0.11	−0.01	0.03	0.06	0.08
主效应					
服务型领导	0.44**	0.48**	0.31**	0.25**	0.18*
中介效应					
亲社会动机			0.38**		0.18*
R^2	0.29	0.25	0.35	0.08	0.10
ΔR^2			0.10**		0.02*

注：* 表示 $p<0.05$，** 表示 $p<0.01$。

我们利用分层回归模型验证互动公平的调节效应（假设 4），结果呈现在表 8-4 中，其中包含在交叉项中的变量在回归之前都已进行了中心化处理。结果显示，服务型领导和互动公平交叉项对亲社会动机的回归系数显著（$\beta=0.20$，$p<0.05$）。为了表示出互动公平对服务型领导和亲社会动机之间关系的调节效应，按照 Aiken et al.（1991）的建议，我们在图 8-2 中绘出了在不同互动公平水平上，服务型领导与亲社会动机之间的关系。从图 8-2 可以看出，在高互动公平水平情景下，服务型领导与亲社会动机之间的关系（$k=0.64$，$p<0.01$）强于在低互动公平水平情景下双方之间的关系（$k=0.28$，$p<0.05$），假设 4 得到支持。

表 8-4　分层回归对调节作用的检验结果

变量	亲社会动机	
	模型 6	模型 7
控制变量		
性别	−0.06	−0.05
年龄	−0.01	−0.01
教育水平	0.14	0.13
在本企业工作年限	0.04	0.05
与领导所处年限	−0.11	−0.11
主效应		
服务型领导	0.45**	0.46**
互动公平	0.20*	0.20*
调节效应		
服务型领导×互动公平		0.20*
R^2	0.31	0.32
ΔR^2		0.01*

注：** 表示 $p<0.01$，* 表示 $p<0.05$。

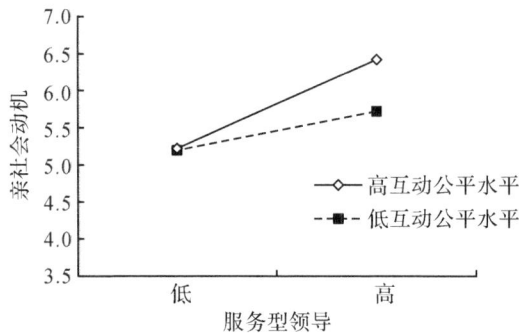

图 8-2　互动公平对服务型领导和亲社会动机之间关系的调节作用

同时，我们采用 Preacher et al.（2007）检验条件间接效应的步骤和开发的宏来检验假设 5a 和假设 5b，即被调节的中介作用模型。我们将 Bootstrap 再抽样设定为 5000 次并运行检验条件间接效应的宏，同时下属的性别、年龄、教育水平、在本企业的工作年限及与领导相处年限仍然作为控制变量加入,结果如表 8-5 所示。 从表 8-5 可以看到,当互动公平水平高(高于均值 1 个标准差)时,服务型领导经由亲社会动机与下属工作满意度(间接效应$=0.27$,$p<0.01$,95%CI:[0.11,0.49])和帮助行为之间(间接效应$=0.11$,$p<0.05$,95%CI:[0.02,0.25])的间接关系都显著;但当互动公平水平低(低于均值 1 个标准差)时,服务型领导经由亲社会动机与下属工作满意度(间接效应为 0.11,$p>0.05$,95%CI:[-0.05,0.34])和帮助行为(间接效应为 0.04,$p>0.05$,95%CI:[-0.01,0.17])之间的间接关系都不显著。 该结果验证了假设 5a 和假设 5b,即互动公平感越高,服务型领导通过亲社会动机与下属的工作满意度和帮助行为之间的关系就越强,反之越弱。

表 8-5 在不同调节变量水平上亲社会动机的中介效应

互动公平水平	工作满意度				帮助行为			
	Indirect Effect	SE	Z	Bias-corrected 95%CI	Indirect Effect	SE	Z	Bias-corrected 95%CI
低:M−SD	0.11	0.08	1.41	[-0.05,0.34]	0.04	0.04	1.14	[-0.01,0.17]
中:M	0.19**	0.07	2.64	[0.05,0.38]	0.07	0.04	1.88	[0.01,0.19]
高:M+SD	0.27**	0.09	2.97	[0.11,0.49]	0.11*	0.05	1.98	[0.02,0.25]

注:Bootstrap$=5000$;** 表示 $p<0.01$,* 表示 $p<0.05$。

四、讨 论

1. 结果讨论

首先,研究结果表明,服务型领导对下属的工作满意度和帮助行为有着积极的影响。 这可能是因为服务型领导倾向于满足下属的需求,进而提升其工作满意度。 同时,当下属感知到领导者所提供的"服务"时,依据社会交换理论,他们会遵循互惠的原则,以实施帮助行为的形式对领导者进行回报。 该结论与西方背景下的研究结果相一致(Neubert et al.,

2008），表明，服务型领导对下属工作满意度和帮助行为的激发作用在不同文化背景下具有一致性。

其次，研究还发现，亲社会动机在服务型领导与下属工作满意度和帮助行为之间起中介作用。根据社会学习理论，服务型领导通过榜样作用，激发下属观察和模仿领导者的亲社会价值观和行为。（Grant，2008）当下属学会关注他人利益、努力满足他人需要时，他们将展现出更多的帮助行为，并从中获得更多的工作满足感和意义。值得注意的是，亲社会动机在服务型领导与下属工作满意度、帮助行为之间只起到部分中介作用。之前的研究发现，下属的自我效能感、提升关注（Promotion focus）、心理安全等（Neubert et al.，2008；Schaubroeck et al.，2010；Walumbwa et al.，2010）都在上述关系中起到中介效应。未来的研究需要对这些潜在的中介变量进行综合考虑，从而更加全面地了解服务型领导的作用过程。

最后，通过检验被调节的中介作用模型，本研究还揭示出亲社会动机对服务型领导—下属帮助行为和工作满意度的中介效应随着互动公平水平的提升而增强。具体而言，在高互动公平水平情境下，下属对领导者的评价及信任水平较高，这使得他们具有更强的意愿去学习和模仿领导者的价值观和行为，从而强化了服务型领导与亲社会动机之间的关系，并进一步提高下属的工作满意感和增加下属的帮助行为。研究结果还表明，服务型领导和互动公平对下属工作结果的共同效应并不是其独立效应的简单叠加。我们建议，未来进行相关研究时，可以对领导行为和组织公平之间的交互作用进行进一步分析。

2. 研究意义

在理论意义方面，本研究是对 Hunter et al.（2013）呼吁开展更多服务型领导效用内在作用机制研究的积极回应，通过对服务型领导影响下属工作结果的中介及调节因素的整合设计，研究结果初步打开了服务型领导效用内在机制的"黑箱"。同时，以往的服务型领导研究大多着眼于领导—成员的社会交换过程（Walumbwa et al.，2010），而较少从下属内在心理状态变化的角度进行思考。 本研究则从社会学习理论的视角入手，指出服务型领导通过榜样作用，激发下属的亲社会动机，进而影响其工作行为和满意度。 该视角有助于加深对服务型领导作用机制的理解，同时也能够促进服务型领导理论体系的建设。

在管理实践方面，首先，本研究发现，领导者的服务型领导行为对下属的工作满意度和帮助行为均有积极的影响，这意味着组织可以通过选拔具有服务型领导风格的管理人员，或者通过培训管理人员，使其具有服务型领导风格，从而激发下属的工作满意度和帮助行为。 其次，研究还发现了亲社会动机的中介效应。 以往研究发现，组织薪酬设计、组织文化及关系型的工作设计都会对员工的亲社会动机产生积极的影响。（Grant，2007，2008）因此，管理者可以从这些角度切入，提高员工的亲社会动机水平，并进而提高其工作满意度和帮助行为。 最后，互动公平的调节作用结果表明，组织不仅要鼓励和培养管理人员成为服务型领导，还要注重对领导互动公平技能的培训，只有这样才能最大限度地发挥服务型领导行为的有效性。

五、研究总结

本节研究获得如下结论：①服务型领导与下属的工作满意度、帮助行为正相关；②亲社会动机在服务型领导与下属工作满意度及帮助行为关系中起部分中介作用；③互动公平调节了服务型领导与亲社会动机之间的关系，即互动公平水平越高，服务型领导与亲社会动机之间的关系就越强；④互动公平调节了下属亲社会动机对服务型领导—帮助行为和工作满意度的中介作用，即互动公平水平越高，服务型领导通过亲社会动机对下属帮助行为和工作满意度所产生的作用就越强。

第二节　服务型领导与下属建言行为

一、理论回顾和假设提出

尽管服务型领导可能有助于激发员工建言行为，但仍需对两者间的中介机制进行探讨，只有这样才能帮助我们更好地厘清服务型领导的作用机理。以往研究指出，社会交换理论是解释服务型领导和角色外行为之间关系的重要理论框架之一（Walumbwa et al.，2010）：服务型领导与下属建立起良好的社会交换关系，当下属感知到来自领导者的善意和尊重时，就会产生互惠的意愿，以角色外行为作为对服务型领导的回报。因此，我们将以镶嵌于社会交换框架下的领导—成员交换作为服务型领导与下属建言行为之间的中介变量。检验领导—成员交换的中介作用能够帮助我们进一步明确服务型领导对下属建言行为的影响路径，从而提高服务型领导对建言行为的理论解释度。

相对于其他角色外行为（如帮助行为），建言行为往往具有挑战性、变革性等特点。（Van et al.，1998）建言行为的这些特点促使我们进一步思考：在什么情景下，下属会倾向于以建言的方式对领导者进行回报？社会交换理论似乎只能解释其"角色外"的本质，却不能很好说明下属建言的"挑战性"特点。契合当前学者提出建言行为是个体和环境交互作用结果的观点（Detert et al.，2011），我们将下属学习目标取向作为领导—成员交换和建言行为之间关系的调节变量，试图从个体动机的角度来探讨下属建言行为背后的心理机制。我们预期，在高质量的领导—成员交换关系中，高学习目标取向的下属会将其促进性、变革性的动机（Button et al.，1996）带入对领导者的互惠行为中，从而表现出更高水平的建言行为。在下面的章节中，我们对上述各变量间关系进行具体阐述。

1. 服务型领导与下属建言行为的关系

我们认为，服务型领导能够促进下属的建言行为。服务型领导能够将下属利益置于个人利益之上，为下属提供各种所需服务，与下属进行充分的沟通，授予下属适当的工作自主权。（Ehrhart，2004）这些典型的服务型领导行为可被看作领导者为建立起与下属之间良好的社会交换关系而进行的资源投入。（Walumbwa et al.，2010）根据社会交换理论，当下属感知到领导者的重视和认可时，他们会遵循互惠的原则给予领导者相应的回报。（Blau，1964）下属回报领导者的方式之一就是实施角色外行为。（Yang et al.，2010）建言行为作为一种创新导向的角色外行为，能够为组织提供创新思想，有助于组织保持和提升其竞争力。（Morrison，2011）因此，如同其他角色外行为，建言行为将被下属视作对服务型领导的有效回报。

此外，通过授权、服务、沟通等手段，服务型领导者能够获得下属的尊重和信任，进而作为榜样成为下属模仿和学习的对象。（Ehrhart，2004）与此同时，服务型领导者展现出一系列"服务"组织的行为，包括对组织目标的完成表现出高度的责任感。（Zhang et al.，2012）在服务型领导者的榜样作用下，下属学会去接受和认同组织的整体目标，并通过积极、主动地实施建言行为，帮助组织提高整体绩效。（Tangirala et al.，2008）另外，服务型领导者关注下属的个人成长，为其提供各种支持和指导；下属在自身能力获得提升的同时，也会提高自我效能感。（Walumbwa et al.，2010）以往研究发现，具有高自我效能感的下属相信自己有能力提出新的想法和建议，并认为这些想法和建议会对组织产生积极的影响。（段锦云等，2012；Liang et al.，2012）综上所述，本研究提出如下假设：

假设1：服务型领导与下属建言行为正相关。

2. 领导—成员交换的中介作用

社会交换理论是研究服务型领导和下属建言行为的重要理论基础，同时也是解释两者之间关系的可能的理论机制之一。针对于此，我们以领导—成员交换作为中介变量，对服务型领导和下属间的社会交换过程进行了直接的测量和检验，为该理论解释提供了有力的实证支持。领导—成员交换理论是从领导者与下属之间关系的质量来探讨领导者对下属的影响。（Graen et al.，1995）该理论指出，由于资源的有限性、交往时间长短等原因，领导者不可能以同一种领导风格来面对所有的下属员工。领导者会与其中的一部分下属建立起高质量的联系（圈内人），而与另一部分下属则只是正式的工作关系（圈外人）。不同的关系产生了不同的交易方式。"圈内"的成员得到领导者更多的关注和支持，作为交换，领导者将得到下属的信任和尊重，从而建立起以情感为基础的社会交换关系；而"圈外"的成员与领导者建立起来的则是一种正式的工作交易关系，下属的行为往往只局限于工作职责范围内。（Dienesch et al.，1986）

虽然以往的实证研究并没有对服务型领导和领导—成员交换的关系进行直接的验证，但是从理论的角度看，我们可以推测出服务型领导能够影响领导—成员交换的质量。Dienesch et al.（1986）指出，高质量的领导—成员交换关系的建立受到了领导者和下属之间交往质量和交往频率的影响。领导者和下属通过沟通、协商等方式，明确了彼此的工作期望和所需的资源。当双方各自对对方的工作期望达到一致时，领导者和下属的交互关系将进入稳定的阶段；与此同时，信任、忠诚和尊重等积极情感联系也随之产生。我们认为，服务型领导能够在这个过程中产生积极作用。首先，服务型领导者主要通过沟通、劝说的方式来影响下属的行为，而非利用自己的权利；他们能够主动听取下属的观点和想法，与其进行充分的沟通交流。（Ehrhart，2004；Liden et al.，2008）显然，主动、频繁的沟通能够帮助领导者和下属双方尽快明确各自所需的资源和工作角色，进而有利于高质量领导—成员交换关系的建立。（Van，2010）其次，服务型领导者严格遵守道德准则，对待下属坦诚、公平；他们关心下属的发展，为其提供必要的支持和指导；授予下属适当的工作自主权，鼓励下属参与决策。（Ehrhart，2004；Liden et al.，2008）事实上，不少实证研究已表明，道德、利他、授权等领导行为维度有利于领导者与下属之间积极情感和信任的建立，进而形成高质量的领导—成员交换关系。（Kellerl，

1995; Walumbwa et al., 2011)

此外,高质量的领导—成员交换关系被证明能够进一步激发下属的建言行为(Van et al., 2008)。 具体而言,高质量的领导—成员交换关系所代表的社会交换关系往往伴随着较高的信任感及责任感。"圈内"的下属在完成了预期的工作任务后,不仅会获得组织所规定的正式回报,也会得到来自领导的额外奖励,包括授予决策权和职业提升机会等。(Wang et al., 2005)为了维持和发展这种高质量的交换关系,下属必然会对领导者产生回报责任感,从而积极主动地为领导者排忧解难、献计献策。 此外,在高质量的领导—成员交换关系中,领导者能够将下属的动机从短期导向的个人需求转变为长期导向的集体目标(Graen et al., 1995),使下属产生"组织的事就是我的事"的信念,并以此鼓励下属去承担一些角色外的任务活动。 Van et al.(2008)的实证研究也证实了,高质量的领导—成员交换关系能够促使下属更加积极主动地提出具有建设性的意见。综上所述,本研究认为,服务型领导能够通过激发高质量的领导—成员交换关系进而提高下属的建言行为水平,假设如下。

假设 2:领导—成员交换在服务型领导与下属建言行为之间起中介作用。

3. 学习目标取向的调节作用

目标取向是个体内在动机的体现,它直接影响个体对外界环境和结构的解释和反应方式。 个体的目标取向不仅体现了个体的自我发展信念,也表明个体将采用何种手段和策略来获取该目标。(Dweck et al., 1988)Button et al.(1996)将个体目标取向分成两类:学习目标取向和绩效目标取向。 前者以获取知识和技能、实现自我发展为主要目标,后者则是以证明自己的能力、获得有利评价为主要目标。 研究表明,具有高学习目标取向的个体更愿意接受挑战性的任务,更具有创造力,在面对困难时,更能采用复杂的手段策略来解决问题。(Gully et al., 2005;Preenen et al., 2014)由于这些动机特点与建言行为中的挑战性、促进性等特征相匹配,本研究将选取学习目标取向作为领导—成员交换和建言行为之间的调节变量。

当下属感受到来自领导者的尊重、信任和关怀时，就会产生回报责任感，做出有利于领导者和组织的角色外行为。 特别是对于具有高学习目标取向的个体而言，他们会倾向于选择具有挑战性、变革导向的角色外行为（如建言行为）作为对领导者的回报。 具体而言，具有高学习目标取向的个体关注于工作任务中的促进因素，愿意承担不确定性极高的挑战性工作，倾向于尝试各种新想法来处理工作问题。（Dragoni，2005；Dweck et al.，1988）因此，当具有高学习目标取向的个体与领导者建立起高质量的领导—成员交换关系，认为"组织的事就是我的事"时，他们会将这种成长性的、变革性的动机带入对组织的贡献行为中（Parker et al.，2008）。 通过提出改善组织环境或运作情况的新想法或新建议，下属能够提高组织的创造力和竞争力，同时也能获得自身的成长。 相对地，具有低学习目标取向的个体则较少地关注于工作中革新的一面，倾向于保持现有的工作环境和运作情况，这会导致他们较少地做出具有挑战性的角色外行为。

此外，建言行为常常涉及对组织现状的意见或批评，它可能会挑战领导者的习惯看法，使领导者难堪，因此对个体而言存在一定的风险性。（Liang et al.，2012）然而，对于具有高学习目标取向的个体而言，这些风险本身具备有用的信息。（Preenen et al.，2014）他们可以在与领导的"争执"过程中了解自身的不足，同时学会采取更为"复杂迂回"的方式来表达自己的建议：通过充分地与领导者进行沟通，积极地搜寻和综合其他同事的想法等手段（邓今朝，2010），降低建言行为可能带来的负面影响。 相反，对于具有低学习目标取向的个体而言，当他们意识到建言行为包含的可能风险时，为了避免破坏与领导者之间建立起的良好关系，他们可能选择其他"安全"的角色外行为（如帮助行为）作为对领导者善意的回报，而非建言行为。 基于上述分析，我们提出以下假设。

假设 3：学习目标取向调节了领导—成员交换之间的关系，学习目标取向的水平越高，领导—成员交换与下属建言行为的正向关系就越强，反之越弱。

假设 2 和假设 3 进一步揭示出被调节的中介作用模型。 具体而言，领导—成员交换中介了服务型领导对下属建议行为的影响；并且，该中介作用的大小取决于下属的学习目标取向水平。 服务型领导通过服务、沟通、授权等方式，与下属建立起高质量的领导—成员交换关系，激发下属的回报责任感；相对于具有低学习目标取向的下属，对服务型领导的回报责任感将进一步鼓励具有高学习目标取向的下属提出更多具有建设性的、创新导向的建议。 基于此，我们提出被调节的中介作用假设。

假设 4：学习目标取向调节了领导—成员交换对服务型领导—建言行为的中介作用，即学习目标导向水平越高，领导—成员交换对服务型领导—建言行为的中介作用越强，反之越弱。

研究的整体模型见图 8-3。

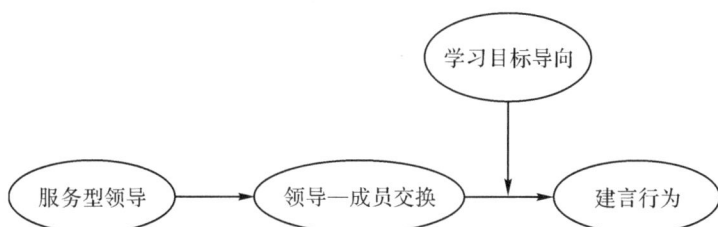

图 8-3　服务型领导与下属建言行为间的关系

二、研究方法

1. 样本和研究过程

本部分问卷采用配对的方式进行发放，研究者亲自将两份独立的纸质问卷分别发送给员工及其直接领导者。 服务型领导、领导—成员交换及学习目标取向由员工自评；员工的建言行为由其直接领导者进行评价。 为了完成配对，研究者事先获取员工名单，对每名员工进行编号；员工领取相应编号的问卷进行填写；领导者则写下自己所要评价的员工的姓名，并填写相应问卷。 员工和领导者将完成的问卷各自放入信封密封，直接交予研究者，以确保问卷的保密性。

我们在浙江省的 6 家企业共发放 300 份问卷，所有员工及其直接领导者中共 215 名员工及其 42 名直接领导者回复了问卷，回收率为 71.7%。删除存在大量缺失值的问卷，最后获得 191 份配对有效问卷。 191 名员工的平均年龄为 26.9 岁，性别以男性为主（53.9%），学历以本科为主（56.5%），在本企业的平均工作年限为 3 年，与领导者相处的平均年限为 1.7 年。

2. 研究工具

针对服务型领导，本部分采用 Ehrhart（2004）的 7 维度问卷进行测量，共 14 题，问卷的 7 个维度分别为与员工建立良好关系、授权、帮助员工发展、遵守道德准则、具有概念化思考能力、将下属利益放在首位，以及为社区创造价值。 每个维度分别用两道题来测量，示例题目为"我的领导把下属员工的个人发展放在优先的位置"。 该问卷采用 7 点量表，1 表示"非常不同意"，7 表示"非常同意"。 以往研究表明，Ehrhart 的问卷与其他领导（如变革型领导、领导—成员交换）问卷之间具有良好的区分效度，是目前使用最为广泛的服务型领导问卷（Mayer et al.，2008）。问卷的内部一致性信度系数为 0.92。

针对领导—成员交换，本部分采用 Liden et al.（1998）的问卷进行测量，共 11 题，示例题目为"与我的领导一起工作非常有意思"。 该问卷采用 7 点量表，1 表示"非常不同意"，7 表示"非常同意"。 问卷的内部一致性信度系数为 0.87。

针对学习目标取向，本部分采用 DeShon et al.（2004）的问卷进行测量，共 6 题，示例题目为"我更喜欢需要学习新技能的任务"。 该问卷采用 5 点量表，1 表示"非常不同意"，5 表示"非常同意"。 问卷的内部一致性信度系数为 0.86。

针对建言行为，本部分采用 Van et al.（1998）的问卷进行测量，共 6 题，示例题目为"该员工对那些能够影响团队的事务提出可行性建议"。该问卷采用 5 点量表，1 表示"非常不同意"，5 表示"非常同意"。 问卷的内部一致性信度系数为 0.90。

针对控制变量，本部分把员工的性别、年龄、教育程度、与领导者相处的年限和在本企业的工作年限等变量作为控制变量，以往研究表明，它们对下属的建言行为存在影响。（Van et al.，1998）

3. 数据处理

由于大部分领导者对多个下属进行评价，本研究数据为部分嵌套数据（Partial nested data）。我们利用分层线性模型来检验中介和调节假设。值得注意的是，服务型领导被视作个体层变量，这是因为：①对服务型领导的评价是基于下属个体感知（Gong et al.，2009）而进行的；②服务型领导的 ICC1 和 ICC2 值较低，不适合加总成为团队层构念。由于不存在团队层变量，我们遵照 Gong et al.（2009）的建议，通过设定随机截距（Random intercept）来分析部分嵌套数据。事实上，我们利用 SPSS16.0 软件对数据进行回归分析，获得了与分层线性模型类似的结果，所有的研究假设都再次得到了验证。此外，本研究参照 Preacher et al.（2007）检验条件间接效应的步骤来检验被调节的中介作用模型。该检验方法整合了被调节的中介和被中介的调节的统计方法，目前被广泛地应用到组织行为学研究领域中。（Kearney et al.，2009）

三、结　果

1. 测量模型

本部分对服务型领导、领导—成员交换、学习目标取向和建言行为这 4 个变量进行测量模型检验，结果呈现在表 8-6 中。从表 8-6 中我们可以看出，假设的四因素模型显示出良好的拟合度（$\chi^2 = 897.43$，df＝563，CFI＝0.92，IFI＝0.92，RMSEA＝0.06）。同时，四因素模型显著优于其他备选模型，证明了这 4 个变量之间的区分效度较好。

表 8-6　测量模型比较

模型	χ^2	df	$\Delta\chi^2$	RMSEA	CFI	IFI
四因素模型	897.43	563		0.05	0.92	0.92
三因素模型:SL 和 LMX	916.46	566	19.03**	0.06	0.91	0.91
两因素模型:SL、LMX 和 LGO	1157.67	568	260.24**	0.07	0.86	0.86
单因素模型:合并所有的研究变量	1762.62	569	865.19**	0.11	0.72	0.72

注:SL 表示服务型领导,LGO 表示学习目标取向;** 表示 $p<0.01$。

2.假设检验

表 8-7 呈现了研究变量的均值、标准差、相关系数和内部一致性系数。结果显示,服务型领导和建言行为之间正相关（$r=0.16$,$p<0.05$）;服务型领导和领导—成员交换之间正相关（$r=0.76$,$p<0.01$）;领导—成员交换和建言行为之间正相关（$r=0.21$,$p<0.01$）。

表 8-7　变量的均值、标准差、相关系数和内部一致性系数

变量	M	SD	1	2	3	4
1.服务型领导	5.47	0.77	(0.92)			
2.LMX	5.39	0.86	0.76**	(0.87)		
3.学习目标取向	4.18	0.58	0.44**	0.51**	(0.86)	
4.建言行为	3.75	0.72	0.16*	0.21**	0.08	(0.90)

注:对角线的括号内数字表示测量的内部一致性系数;** 表示 $p<0.01$,* 表示 $p<0.05$。

我们利用分层线性模型对服务型领导的主效应（假设 1）和领导—成员交换的中介效应（假设 2）进行检验,结果呈现在表 8-8 中。首先,服务型领导对领导—成员交换的回归系数显著（$\gamma=0.86$,$p<0.01$,模型 1）。其次,服务型领导对建言行为（$\gamma=0.11$,$p<0.01$,模型 2）的回归系数显著,该结果支持了假设 1。最后,根据 Baron et al.（1986）的中介效应检验程序,当服务型领导和领导—成员交换同时进入建言行为的回归方程时（模型 3）,领导—成员交换的回归系数显著（$\gamma=0.15$,$p<0.01$）,服务型领导的回归系数不显著（$\gamma=-0.00$,$p>0.10$）,这表明

领导—成员交换在服务型领导与建言行为之间起中介作用，假设 2 被验证。为了进一步验证领导—成员交换的中介效应，我们使用 Sobel 方法来检验服务型领导通过领导—成员交换对建言行为的间接效应（MacKinnon et al.，2002），结果显示，服务型领导通过领导—成员交换对建言行为的间接效应显著（$Z=2.46$，$p<0.05$），该结果再次验证了假设 2。

表 8-8　分层线性模型(HLM)中介效应检验结果

变量	领导—成员交换	建言行为	
	模型 1	模型 2	模型 3
控制变量			
性别	−0.09(0.07)	0.11(0.07)	0.13(0.07)
年龄	−0.02(0.02)	0.02(0.01)	0.03(0.01)
教育程度	−0.00(0.05)	0.11(0.08)	0.12(0.06)
在本企业的工作年限	0.03(0.02)	−0.00(0.02)	−0.01(0.02)
与领导相处年限	−0.00(0.02)	−0.00(0.02)	0.00(0.02)
主效应			
服务型领导	0.86**(0.06)	0.11**(0.04)	−0.00(0.06)
中介效应			
领导—成员交换			0.15**(0.06)
模型偏差(Model deviance)	329.62	348.21	345.51

注:所有回归系数为非标准回归系数,括号内为标准误;** 表示 $p<0.01$,* 表示 $p<0.05$。

我们利用回归线性模型验证学习目标取向的调节效应（假设 3），结果呈现在表 8-9 中，其中包含在交叉项中的变量在回归之前都已进行了中心化处理。结果显示，领导—成员交换与学习目标取向的交叉项对建言行为的回归系数显著（$\gamma=0.11$，$p<0.05$）。为了表示出学习目标取向对领导—成员交换和建言行为之间关系的调节模式，按照 Aiken et al.（1991）的建议，我们在图 8-4 中绘出了在不同学习目标取向水平上，领导—成员交换与建言行为之间的关系。可以看出，对于具有高学习目标取向的个体而言，领导—成员交换与建言行为之间的关系（$k=0.28$，$p<$

0.01）强于具有低学习目标取向的个体（k＝0.04，p＞0.10），假设3得到支持。

表 8-9　分层线性模型(HLM)调节效应检验结果

变量	建言行为	
	模型 4	模型 5
控制变量		
性别	0.13(0.07)	0.13(0.07)
年龄	0.03(0.01)	0.03(0.01)
教育程度	0.12(0.09)	0.12(0.09)
在本企业工作年限	−0.01(0.02)	−0.00(0.02)
与领导所处年限	0.00(0.02)	−0.00(0.02)
主效应		
服务型领导	−0.01(0.06)	−0.01(0.05)
领导—成员交换	0.14*(0.06)	0.13*(0.06)
学习目标取向	0.04(0.09)	0.06(0.10)
调节效应		
领导—成员交换×学习目标取向		0.11*(0.05)
模型偏差(Model deviance)	350.46	349.74

注：所有回归系数为非标准回归系数，括号内为标准误，* 表示 $p < 0.05$。

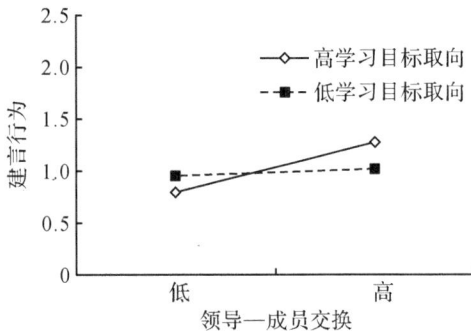

图 8-4　学习目标取向对领导—成员交换和建言行为之间关系的调节作用

同时，我们采用 Preacher et al.（2007）检验条件间接效应的步骤和开发的宏来检验假设4，即被调节的中介作用模型。我们将 Bootstrap 再抽样设定为 5000 次并运行检验条件间接效应的宏，同时，员工的性别、年龄、教育程度、在本企业的工作年限及与领导相处年限仍然作为控制变量加入，结果如表 8-10 所示。 可以看到，当学习目标取向水平高（高于均值 1 个标准差）时，服务型领导经由领导—成员交换与下属建言行为（间接效应系数＝0.28，p＜0.01，95％CI：［0.11，0.47］）之间的间接关系显著；但是当学习目标取向水平低（低于均值 1 个标准差）时，服务型领导经由领导—成员交换与下属建言行为（间接效应＝0.08，p＞0.10，95％CI：［－0.11，0.27］）之间的间接关系不显著。 该结果验证了假设 4，即学习目标取向水平越高，服务型领导通过领导—成员交换与下属的建言行为之间的关系就越强，反之越弱。

表 8-10　在不同调节变量水平上服务型领导通过领导—成员交换对建言行为的间接效应

学习目标取向	建言行为			
	Indirect Effect	SE	Z	Bias-corrected 95％CI
低：M－SD	0.08	0.10	0.78	［－0.11,0.27］
中：M	0.18	0.08	2.10	［0.02,0.35］
高：M＋SD	0.28**	0.10	2.96	［0.11,0.47］

注：Bootstrap＝5000；** 表示 p＜0.01，* 表示 p＜0.05。

四、讨　论

1. 结果讨论

首先，本节研究结果表明，服务型领导对下属的建言行为有着积极的影响。 服务型领导者对下属进行授权，帮助下属成长，满足下属的各种需求（Ehrhart，2004；Liden et al.，2008），当下属感知到领导者所提供的这些"服务"时，他们会遵循互惠的原则，以建言行为的方式对领导者进行回报。 同时，服务型领导还能通过榜样作用激发下属观察和模仿领导者的价值观和行为（Ehrhart，2004）；当下属学会去"服务"

组织和他人时，就会主动地提出一些新的、有利于组织效能提升的想法和建议。

其次，本研究以领导—成员交换为中介变量，直接检验了服务型领导者与下属之间的社会交换过程。具体而言，服务型领导者会与下属进行充分的沟通，使双方尽快明确各自所需的资源和工作角色；会严格遵守道德标准，获得下属的信任；会将他人利益置于自己利益之上，优先满足下属需求。服务型领导者的沟通、道德、利他等行为都有助于领导者和下属之间积极情感和信任的建立，从而获得高质量的领导—成员交换关系。（Van，2010）而当下属处于高质量的领导—成员交换关系中，他们往往会产生回报领导者的责任感，努力成为有责任的"组织公民"，为领导者排忧解难、献计建言。（Van et al.，2008）

最后，通过检验被调节的中介作用模型，本研究还揭示出领导—成员交换对服务型领导—下属建言行为的中介效应随着下属学习目标取向水平的提高而增强。对于具有高学习目标取向的个体而言，他们关注于工作任务中的促进因素，愿意承担不确定性高的挑战性工作，倾向于提出并采取新想法、新思路来处理工作问题。（Gully et al.，2005）因此，当这些下属对服务型领导者的善意和信任产生回报责任感时，他们会倾向于以挑战性的、促进性的角色外行为作为对领导有效的回报。

2. 研究意义

在理论意义方面，首先，本研究成功地将服务型领导与建言行为加以联系，并揭示出服务型领导激励下属为组织献计献策的心理过程。鉴于以往的实证研究大多关注服务型领导与非挑战性角色外行为（如帮助行为）间的关系（Ehrhart，2004；Neubert et al.，2008），因而该研究结果是对以往研究的补充，能够帮助我们进一步拓展对服务型领导效用的理解。其次，通过检验领导—成员交换的中介作用，本研究进一步明确了服务型领导对下属建言行为的影响路径及其作用机理。尽管相关学者早已意识到社会交换理论是研究服务型领导与下属建言行为的重要理论基础（Van et al.，2008；Walumbwa et al.，2010），但较少有实证研究在社会交换的框架下对二者进行整合。领导—成员交换的中介作用结果为服务型领导与下属之间的社会交换过程提供了有力的实证支持，这将有助于我们构建一个更加系统的理论整合模型。最后，通过检验下属学习目标取向的调节作用，本研究强调并支持了建言行为是个体与环境交互作用的结果。（Detert et al.，2011）同时，被调节的中介作用模型还揭示出服务型领导对下属建言行为的机制作用的边界条件，这将有助于服务型领导理论体系的构建及其在实际中的应用。

在管理实践方面，本研究发现，领导者的服务型领导行为对下属建言行为有着积极的影响，这意味着组织可以通过选拔具有服务型领导风格的管理人员，或通过培训使管理人员具有服务型领导风格，从而激发下属提出新观点、新想法。同时，研究发现了领导—成员交换的中介作用，这表明，下属建言的直接原因在于下属具有回报领导者的责任感，以及拥有"组织的事就是我的事"的信念。对此，企业应将"领导—下属的关系建设"作为领导管理技能培训的重要环节，从而激发和鼓励下属向领导者建言。另外，下属学习目标取向的调节作用结果表明，企业不仅要鼓励和培养管理人员成为服务型领导者，还要注重提高下属的学习目标取向水平，只有这样才能最大限度地获得下属的创新性想法和决策信息。以往研究指出，学习目标取向受到个性（如学习目标取向个性）和环境（如薪酬体系、领导风格、组织文化）的影响。（Dragoni，2005；Elliot et al.，2010）基于此，企业可以从这两个角度出发，通过人员招聘选拔、薪酬设计、领导培训和组织文化建设等管理措施，激发下属的学习目标取向动机，并进而让下属实施较多的建言行为。

五、研究总结

本节研究获得如下结论：①服务型领导与下属建言行为之间正相关；②领导—成员交换在服务型领导和下属建言行为之间起中介作用；③下属学习目标取向调节了领导—成员交换与下属建言行为之间的关系，即个体学习目标取向水平越高，领导—成员交换与下属建言行为之间的关系就越强；④下属学习目标取向调节了领导—成员交换对服务型领导—建言行为的中介作用，即学习目标取向水平越高，服务型领导通过领导—成员交换对下属建言行为所产生的作用就越强。

第九章

伦理型领导的实证研究

    近年来，国内外企业道德丑闻时有发生，引发了人们对传统商业经营理论的思考。经济利益最大化的单一经营目标似乎直接导致了企业社会责任的缺失。在此背景下，学术界和企业界纷纷要求企业重塑目标重心，从利益最大化的单一目标转向兼顾员工、顾客、社会等的多元目标，以此获得经济效益和社会价值间的平衡。（王世权等，2009）在这一个过程中，企业领导者对企业道德行为的引导作用越来越凸显，伦理型领导也在此背景下应运而出（Brown et al.，2005）。

    伦理型领导是指管理者在个人行为及人际关系中表现出规范性的、适当的行为，并通过双向沟通、决策制定等管理措施，在员工中促进这种道德行为的一种领导方式。（Brown et al.，2005）Brown et al.（2005）将伦理型领导者进一步分成了两个层次，分别是强调员工内部关系的基层或中层伦理型领导者，以及影响组织整体伦理观和行为的高层领导者。中西方研究表明，伦理型领导能够显著地提高员工的工作绩效（Liu et al.，2013；Walumbwa et al.，2011）、组织公民行为水平（Kacmar et al.，2013；梁建，2014），以及降低员工离职倾向（Ruiz et al.，2011）和反生产行为水平（Mayer et al.，2010）。遗憾的是，这些研究大多关注于基层/中层管理者，忽视了高层领导者对个体员工的影响。有学者指出，作为组织战略政策的制定者，高层领导者的领导行为能够对个体员工产生重要的影响。（Weaver et al.，1999）特别是，相对于基层/中层领导者，高层领导者在被感知模式及影响个体员工的作用机制上存在差异。（Waldman et al.，1999）针对于此，有学者呼吁应更多地对高层伦理型领导与员工工作结果之间的内在作用机制进行探索，以期构建一个更加完整的领导多层作用机制模型。（Brown et al.，2006）与此同时，对高层伦理型领导作用机制的研究，也有利于指导企业自上而下地提升组织整体的伦理价值观及伦理行为水平，顺应当前社会对伦理型商业组织的呼吁和要求。

　　基于上述分析，本章将在中国企业情境下探讨高层伦理型领导对员工工作结果的作用机制。本研究将选取离职倾向和反生产行为作为员工工作结果衡量变量。较低的离职倾向和反生产行为水平能够有效地提高组织运行效率，对两者的探讨将具有重要的实践意义。从理论角度看，以往的研究将离职倾向和反生产行为视作重要的领导有效性评价指标，特别是，两者能够分别从态度和行为的角度反映员工的道德水平，这将有利于我们对高层伦理型领导者领导效用的探讨。（Mayer et al.，2010；Schminke et al.，2005）此外，本研究指出，相对于基层/中层领导者，高层领导者往往能够突破直属员工的范畴，将更多的精力投入与组织整体发展相关的利益分配和伦理制度规范的制定中。（Brown et al.，2005；莫申江等，2010）上述领导行为的特点促使我们从组织整体伦理的视角来思考和探讨高层伦理型领导的作用机制。事实上，对于大部分员工而言，高层领导者所制定的组织整体伦理政策和实践（即组织诚信）构成了他们更为接近的工作环境。（Shin，2012）而当员工感受到较高水平的组织诚信行为时，能够产生积极的组织认同，并与组织建立一种长期的社会交换关系，最终降低其离职倾向和反生产行为出现的可能性。（Chun et al.，2013）基于此，本研究将以组织诚信作为中介变量，从组织整体伦理行为的视角，探讨高层伦理型领导对员工工作结果的作用机制。以往研究指出，组织文化能够影响员工对组织制度、组织实践的感知和解释，并对员工工作态度和行为产生影响。（Garza et al.，2012）鉴于此，我们提出并检验组织集体主义氛围在组织诚信和员工工作结果之间的调节作用。作为最被广泛研究的文化维度，组织集体主义能够反映中国本土组织中的文化因素，有利于实现对西方理论模型在中国企业组织下的情景化探讨。（张志学，2010）我们预计，在高组织集体主义氛围的影响下，员工能够更加认同高诚信的组织（Robert et al.，2002），与该组织建立更为巩固、良好的社会交换关系（刘松博等，2014），从而表现出更低的离职倾向和更少的反生产行为。

第一节　伦理型领导与下属离职倾向、反生产行为

一、伦理型领导

社会学习理论是解释伦理型领导作用机制的基本理论之一。（Brown et al.，2005）根据社会学习理论，个体是通过观察和模仿有吸引力且值得信赖的榜样来指导自己的价值观、态度和行为的。（Bandura，1986）凭借其在组织中的地位和权力，领导者无疑是被下属关注和效仿的主要对象。（Bandura，1986）通过观察领导者的价值理念和行为，下属能够获知在组织中哪些行为是被鼓励的，哪些是不被接受的。而具备伦理型领导行为的领导者往往表现出授权激励、关心他人、公平公正、注重团队等一系列具备较高道德水准的行为。（Brown et al.，2005；Brown et al.，2006）当领导者表现出上述行为及价值观时，能够进一步获得下属的尊重和信任（Brown et al.，2006），促使他们学习和模仿这些道德态度和行为。而作为道德态度和行为的具体表现，下属会对组织表现出更高的忠诚度和更低的离职倾向（Ruiz et al.，2011；Pettijohn et al.，2008），以及更少地做出有损于组织利益的行为（Mayer et al.，2010；Schaubroeck et al.，2012）。值得注意的是，由于职位距离等因素，个体员工可能无法直接观察高层领导者的行为。然而，通过公开演说、故事或以中层领导者为中介

等途径，高层领导者能够在下属面前树立起伦理型领导的形象，作为榜样清晰地传递出组织的道德标准和价值观（Ruiz et al.，2011；Mayer et al.，2010；Weaver et al.，2005）。

此外，社会交换理论也为伦理型领导作用机制提供了相应的理论基础。（Walumbwa et al.，2011；Brown et al.，2006；Hansen et al.，2013）根据社会交换理论，当员工感知到组织的重视和认可时，他们会遵循互惠的原则给予组织相应的回报。（Mastersonm et al.，2000）高层伦理型领导行为可反映为：坚持以人为本，关注所有利益相关者的利益（包括员工、顾客、公众等），公平合理地分配组织资源，努力为企业员工提供更多的服务等。（Trevino et al.，2003）作为组织的代理人，高层领导者的上述决策和行为向下属传递出组织的关怀和重视（Hansen et al.，2013；王震等，2012），使下属对组织产生回报责任感。在回报责任感的驱动下，下属将具有更强的意愿留着组织内，以及表现出较少的反生产行为。基于此，我们提出如下假设。

假设 1a：高层伦理型领导与员工离职倾向之间负相关。

假设 1b：高层伦理型领导与员工反生产行为之间负相关。

二、组织诚信的中介作用

如前所述，由于组织规模、职位距离等因素，大部分组织员工不能直接观察高层领导者的领导行为或与其进行人际互动。（Shamir，1995；Waldman et al.，1999）然而，作为组织的代理人，高层领导者可以通过组织伦理政策和实践向下属传递其道德价值观和行为。（Detert et al.，2010；Trevino et al.，2003）相对于高层领导者的领导行为，组织的伦理制度和实践构成了与员工较为接近的工作环境（Proximal work environment），其能够更加直接地影响员工的工作态度和行为。对此，我们将组织诚信作为中介变量，探讨高层领导者的领导行为与下属离职倾向和反生产行为之间的作用机制。

组织诚信是指员工感知到组织自愿遵守一些社会公认的伦理准则（Chun et al.，2013；陈丽君，2005），这些伦理准则包括诚实合法的经营、遵守公平原则、尊重基本人权、履行承诺等（Maak，2008）。一个具有较高组织诚信的企业往往表现为自觉地承担社会责任和义务，向利益方报送真实的经营状况信息，为员工提供发展机会和福利保障等。有学者指出，组织诚信的建设始于高层领导者的诚信经营理念，并通过组织层面的伦理决策、价值分享和行为指导等，构建组织整体行为。（Pava，2002）企业的高层领导者往往需要处理一系列与企业内部和外部环境相关的事务，包括制定企业战略决策、创建并传递企业愿景目标及建立并维系企业文化等。（House et al.，1997；王辉等，2006）而在这一系列活动中，高层领导者自身的道德价值观和行为起到了关键的导向性作用。（Hambrick et al.，1984；Waldman et al.，2001）在以往的实证研究中，伦理型领导与组织诚信之间的关系虽未得到直接的检验，但间接得到了一定程度的讨论和聚焦。例如，Schaubroeck et al.（2012）研究发现，高层伦理型领导行为能够显著地提升组织伦理氛围，向下属清晰地传递出组织的道德价值和目标。Hood（2003）的研究显示，高层领导者的道德导向价值观能够促使企业进行更多的道德管理实践活动，包括设立较高的组织道德制度和准则。此外，Ormiston et al.（2013）也指出，高道德认同的高层领导者在企业战略制定的过程中，不再仅仅考虑股东的利益，而更多地从所有利益相关者的角度出发，平衡各方关系。基于此，我们认为，作为组织战略、制度、文化的设计者和制定者，高层领导者的伦理型领导特点能够提升组织整体伦理行为水平，进而影响下属对组织诚信的感知。

此外，我们提出，组织诚信能够进一步降低员工离职倾向和反生产行为水平。相对于个体诚信，组织诚信的内涵更加丰富。它不仅要求组织在经营管理上遵守商业伦理道德，同时强调组织的社会责任，确保所有利益相关者的利益，包括组织外部的客户、消费者、社会公众，以及组织内部员工等。（陈丽君，2005；Maak，2008；Paine，1994）事实上，组织对外和对内的诚信行为都能对个体员工的工作态度和行为产生影响。（Chun et al.，2013）具体来说，组织外部的诚信行为，如主动地承担社会责任和义务，兑现对客户相关产品和服务方面的承诺，合法进行经营活动等，都将有利于组织树立良好的组织形象和声誉。（Roberts et al.，2002）根据社会认同理论，当一个组织拥有良好的社会声誉时，员工会因归属于这个组织而感到自豪，拥有较为积极的自我概念，从而提升组织认同感。（魏钧等，2007）而高组织认同的员工会更加珍视其组织成员身份（Membership），对组织拥有较强的归属感和忠诚度，从而表现出较低的离职倾向（Turker，2009）及较少地做出破坏组织利益的反生产行为（Visweswaran et al.，1998）。 对于组织内部，组织诚信则表现为为员工提供发展机会和福利保障，提供安全、良好的工作环境，建立公平、合理的道德标准等。（陈丽君，2004）从社会交互理论的视角出发，上述组织诚信行为能够让员工感受到组织对他们的投资和重视，从而激发员工的回馈责任感；作为回报，员工将具有更强的意愿留在组织内及表现出较低的反生产行为水平。

基于上述讨论，我们认为，高层领导者的伦理型领导行为有助于提高组织整体的伦理行为水平，使员工感受到较高的组织诚信，进而降低员工的离职倾向和反生产行为发生的可能性。 因此，我们提出如下假设。

假设 2：高层伦理型领导与组织诚信之间正相关。

假设 3a：组织诚信在伦理型领导和员工离职倾向之间起中介作用。

假设 3b：组织诚信在伦理型领导和员工反生产行为之间起中介作用。

三、组织集体主义氛围的调节作用

集体主义反映的是以集体为核心的理念，强调个人是集体的一分子及和谐的人际关系。（Triandis，1996）以往对于集体主义的研究主要集中在国家层面和个体层面（Lai et al.，2013），然而越来越多的研究指出，组织能够建立和发展出独特的文化价值导向氛围（Robert et al.，2002），并对员工的个体行为和态度产生显著的影响（Cho et al.，2010；Marcus et al.，2013）。 Marcus et al.（2013）指出，组织集体主义氛围反映了员工对组织价值规范及制度的感知，包括组织强调集体利益高于个人利益，重视与员工之间的和谐关系，以团队集体的形式对员工进行奖励等。更为重要的是，不同水平的组织集体主义氛围有可能影响员工的组织认同过程及员工与组织间的社会交换过程（Jetten et al.，2002；Jackson et al.，2006）。因而，基于社会认同和社会交换理论，我们提出，组织集体主义氛围能够影响组织诚信与员工工作结果之间的关系。

第一，社会认同理论认为，个体自我认知由两部分组成：基于个人特质、偏好的个人认同和基于群体成员身份的社会认同。（Tajfel，1982）在自我概念的构建过程中，对于不同情境下、不同价值取向的个体而言，个人认同和社会认同的重要性存在差异。Markus et al.（1991）指出，集体主义价值导向的个体在构建自我概念时，社会认同是其主要的意识单元，对其心理和行为存在着更大的影响。高集体主义氛围的组织重视组织与员工之间的紧密联系，强调每位员工同舟同济、共享组织荣辱。（Robert et al.，2002）在高组织集体主义氛围的影响下，员工将倾向于以组织身份来获取外界的积极评价及构建积极的自我概念。因此，组织诚信及相应的组织声誉对这类员工而言具有重要的意义。良好的组织声誉能够带给他们积极的社会认同，使其产生强烈的组织荣誉感，更加珍视其组织成员的身份，从而降低做出破坏组织利益的行为的可能性。相反，低集体主义导向的组织则更加重视员工的个人特质和独特潜力，鼓励员工个人发展。（Robert et al.，2002）对处于该情境下的员工而言，社会认同对其自我认知的影响较小；他们较少地从组织声誉中获取积极的自我认知，因而降低了组织诚信对其工作态度和行为的影响程度。

第二，根据社会交换理论，当员工感知到组织对内的诚信行为时，他们会以降低离职倾向和减少反生产行为作为对组织投入和支持的回应。我们认为，高组织集体主义氛围能够增强个体与组织建立良好社会交换关系的意愿，进而增强组织诚信与员工工作结果之间的关系。具体而言，具有高集体主义氛围的组织强调和谐的社会人际关系，强调组织利益和个体利益的一致性，重视企业与员工之间的长期合作与发展关系。（Marcus et al.，2013；Robert et al.，2002；Schaubroeck et al.，2007）以往研究表明，在高组织集体主义氛围下，员工往往表现出更多的合作行为，更多的组织贡献及更低的离职倾向。（Cho et al.，2010；Marcus et al.，2013；Schaubroeck et al.，2007）显然，高组织集体主义氛围所传递的价值导向与长期、合作导向的社会交换关系具有一致性。鉴于此，我们认为，相对于低组织集体主义氛围，高组织集体主义氛围能够进一步强化个体与组织建立良好关系的意愿，鼓励员工付出更多努力和行动来建立和维持该关系。因此，在面对组织投入和支持时，为了维持与组织之间的社会交换关系，员工将具有更强的回馈责任感，表现出更为积极的工作态度和行为。针对于此，我们提出如下假设。

假设 4a：组织集体主义氛围调节了组织诚信与员工离职倾向之间的关系，组织集体主义氛围的水平越高，组织诚信与员工离职倾向之间的关系就越强，反之越弱。

假设 4b：组织集体主义氛围调节了组织诚信与员工反生产行为之间的关系，组织集体主义氛围的水平越高，组织诚信与员工反生产行为之间的关系就越强，反之越弱。

研究整体模型见图 9-1。

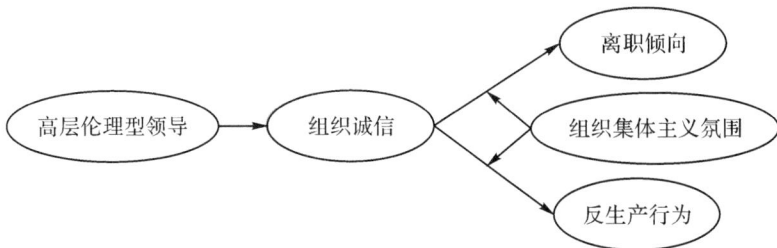

图 9-1　高层伦理型领导、下属离职倾向、反生产行为、组织诚信与组织集体主义氛围间的关系

第二节　伦理型领导研究方法

一、样本和研究过程

我们在杭州、上海的 8 家企业共发放 400 份纸质问卷，企业行业涉及银行、金融及通信。员工对所有研究变量进行评价，同时将完成的问卷放入信封密封，直接交予我们，以确保问卷的保密性。共 286 名员工回复了问卷，回收率为 71.5%。这些员工的平均年龄为 30.74 岁，男性占48.3%，教育程度以大学本科为主（50.3%），平均工作年限为 7.79 年。

二、研究工具

针对伦理型领导，本部分采用 Brown et al.（2005）的问卷，共 10题，员工被要求对公司高层领导者的行为进行评价，其中高层领导者被定义为公司助理总经理以上职务人员。示例题目如"公司高层领导能够做出公平、公正的决策"。该问卷采用 7 点量表，1 表示"完全不同意"，7表示"完全同意"。问卷的内部一致性信度系数为 0.97。

针对组织诚信，本部分采用陈丽君（2004）的问卷，共 11 题，示例题目如"公司为员工提供发展机会和福利保障"。该问卷采用 7 点量表，1表示"完全不同意"，7 表示"完全同意"。问卷的内部一致性信度系数为 0.94。

针对离职倾向，本部分采用 Cammann et al.（1979）和 Chen et al.（1998）的问卷，共 3 题，示例题目如"我经常想要离开本公司"。该问卷采用 7 点量表，1 表示"完全不同意"，7 表示"完全同意"。问卷的内部一致性信度系数为 0.70。

针对反生产行为,本部分采用 Skarlicki(1997)和 Robinson(1995)的问卷,共 17 题,示例题目如"有意说或做一些伤害同事的事情"。 该问卷采用 7 点量表,1 表示"从不",7 表示"很频繁"。 问卷的内部一致性信度系数为 0.96。

针对组织集体主义氛围,本部分采用 Robert et al.(2002)的问卷,共 7 题,示例题目如"组织像对待家庭成员一样对待他们的员工"。 该问卷采用 7 点量表,1 表示"完全不同意",7 表示"完全同意"。 问卷的内部一致性信度系数为 0.93。

第三节 伦理型领导研究结果

一、测量模型

本部分对伦理型领导、组织诚信、组织集体主义氛围、离职倾向和反生产行为这 5 个变量进行测量模型检验,结果呈现在表 9-1 中。 从中可以看出,假设的五因素模型显示出良好的拟合度($\chi^2 = 2390.16$, $df = 1065$, CFI=0.91, IFI=0.91, RMSEA=0.07)。 同时,五因素模型显著优于其他备选模型,证明了这 5 个变量之间的区分效度较好。

表 9-1 测量模型比较

模型	χ^2	df	$\Delta\chi^2$	RMSEA	CFI	IFI
五因素模型	2390.16	1065		0.07	0.91	0.91
四因素模型:合并伦理型领导、组织诚信	4469.35	1069	2079.19**	0.11	0.77	0.77
三因素模型:合并伦理型领导、组织诚信和组织集体主义氛围	5671.24	1072	3281.08**	0.12	0.68	0.68
两因素模型:合并伦理型领导、组织诚信、组织集体主义氛围和离职倾向	5919.72	1074	3529.56**	0.13	0.67	0.67

模型	χ^2	df	$\Delta\chi^2$	RMSEA	CFI	IFI
单因素模型:合并所有的研究变量	8741.80	1075	6351.34**	0.16	0.47	0.47

注:** 表示 $p<0.01$。

二、共同方法偏差检验

由于本研究的所有变量数据都来自个体员工,还存在可能的共同方法偏差问题。 为了检验共同方法偏差,首先,我们对 5 个研究变量(伦理型领导、组织诚信、组织集体主义氛围、离职倾向、反生产行为)进行 Harman 单因素检验,结果显示,单一因子未能解释大部分变异(第一个因子的方差解释率为 24.84%,总的方差解释率为 76.36%)。 其次,对变量间的多重共线性进行检验,结果发现,所有的 VIF 值都小于2,低于以往学者提出的 10 这一标准值(O'Brien,2007)。 最后,上述的测量模型分析结果也揭示出 5 个变量之间良好的区分效度。 综上所述,虽然本研究不能排除共同方法偏差的影响,但是共同方法偏差并不严重。

三、假设检验

表 9-2 呈现了研究变量的均值、标准差、相关系数和内部一致性系数。 结果显示,伦理型领导和组织诚信($r=0.28$, $p<0.01$)、离职倾向($r=-0.26$, $p<0.01$)、反生产行为($r=-0.13$, $p<0.05$)之间显著相关;组织诚信与离职倾向($r=-0.39$, $p<0.01$)、反生产行为($r=-0.47$, $p<0.01$)之间显著负相关。

表 9-2　变量的均值、标准差、相关系数和内部一致性系数

变量	M	SD	1	2	3	4	5
1.伦理型领导	4.43	1.41	(0.97)				
2.组织诚信	5.52	1.02	0.28**	(0.94)			
3.组织集体主义氛围	4.94	1.03	0.47**	0.62**	(0.93)		
4.离职倾向	3.06	1.22	−0.26**	−0.39**	−0.39**	(0.70)	
5.反生产行为	1.89	0.99	−0.13*	−0.47**	−0.27**	0.35**	(0.96)

注：* 表示 $p < 0.05$，** 表示 $p < 0.01$。

　　我们利用分层回归对伦理型领导的主效应（假设 1a、假设 1b、假设2）和组织诚信的中介效应（假设 3a 和假设 3b）进行检验，结果呈现在表9-3 中。 首先，伦理型领导对组织诚信的回归系数显著（ $\beta = 0.30$，$p < 0.01$，模型 1），假设 2 被验证。 其次，伦理型领导对离职倾向（ $\beta = -0.24$，$p < 0.01$，模型 2）和反生产行为（ $\beta = -0.15$，$p < 0.05$，模型4）的回归系数显著，假设 1a、假设 1b 被验证。 最后，根据 Baron et al.（1986）的中介效应检验程序，当伦理型领导和组织诚信同时进入离职倾向的回归方程时（模型 3），组织诚信的回归系数显著（ $\beta = -0.37$，$p < 0.01$），伦理型领导的回归系数仍显著（ $\beta = -0.16$，$p < 0.01$），但显著水平下降，这表明组织诚信在伦理型领导与离职倾向之间起部分中介作用，假设 3a 被验证；当伦理型领导和组织诚信同时进入反生产行为的回归方程时（模型 5），组织诚信的回归系数显著（ $\beta = -0.47$，$p < 0.01$），伦理型领导的回归系数不显著（ $\beta = 0.01$，$p > 0.10$），该结果验证了假设3b，即组织诚信在伦理型领导和反生产行为之间起完全中介作用。 为了进一步验证组织诚信的中介效应，我们遵循 MacKinnon et al.（2004）的建议，使用 Bootstrapping 方法来计算伦理型领导通过组织诚信对离职倾向和反生产行为的间接效应（Preacher et al.，2008）。 结果显示，伦理型领导通过组织诚信对离职倾向的间接效应为 −0.10（$p < 0.01$，95% CI：[−0.14，−0.63]），对反生产行为的间接效应为 −0.10（$p < 0.05$，95% CI：[−0.15，−0.06]），该结果再次验证了假设 3a 和假设 3b。

表 9-3 分层回归对主效应和中介效应的检验

变量	组织诚信	离职倾向		反生产行为	
	模型 1	模型 2	模型 3	模型 4	模型 5
控制变量					
性别	-0.05	-0.30^*	-0.32^*	-0.01	-0.04
年龄	0.13^*	0.01	0.05	-0.05	0.01
教育水平	0.08	0.15^{**}	0.18^{**}	-0.04	-0.00
在本企业工作年限	0.09	0.19	0.22	-0.08	-0.04
主效应变量					
伦理型领导	0.03^{**}	-0.24^{**}	-0.16^{**}	-0.15^*	-0.01
中介效应变量					
组织诚信			-0.37^{**}		-0.47^{**}
R^2	0.10	0.11	0.23	0.03	0.23
ΔR^2			0.12^{**}		0.20^{**}

注：$**$ 表示 $p<0.01$，$*$ 表示 $p<0.05$。

我们利用分层回归模型验证组织集体主义氛围的调节效应（假设 4a 和假设 4b），结果呈现在表 9-4 中，其中包含在交叉项中的变量在回归之前都已进行了中心化假设。结果显示：组织诚信和组织集体主义氛围交叉项对离职倾向（$\beta=-0.15$，$p<0.05$）和反生产行为（$\beta=-0.21$，$p<0.01$）的回归系数显著。为了表示出组织集体主义氛围对组织诚信与离职倾向之间关系的调节模式，按照 Aiken et al.（2003）的建议，我们在图 9-2 中绘出了在不同的组织集体主义氛围水平上，组织诚信与离职倾向之间的关系。可以看出，在高组织集体主义氛围情境下，组织诚信与离职倾向之间的关系（$k=-0.53$，$p<0.01$）强于在低组织集体主义氛围情境下双方之间的关系（$k=-0.25$，$p<0.05$），假设 4a 得到支持。图 9-3 表示在不同的组织集体主义氛围水平上，组织诚信与反生产行为之间的关系。可以看到，在高组织集体主义氛围情境下，组织诚信与反生产行为之间的关系（$k=-0.73$，$p<0.01$）强于在低组织集体主义氛围情境下双方之间的关系（$k=-0.40$，$p<0.01$），假设 4b 同样得到支持。

表 9-4 分层回归对调节作用的检验结果

变量	离职倾向		反生产行为	
	模型 6	模型 7	模型 8	模型 9
控制变量				
性别	−0.32**	−0.33**	−0.03	−0.03
年龄	0.06	0.06	0.00	0.01
教育程度	0.18**	0.18**	−0.00	−0.00
在本企业的工作年限	0.24	0.23	−0.04	−0.06
伦理型领导	−0.09	−0.10	−0.03	−0.04
主效应变量				
组织诚信	−0.26**	−0.33**	−0.49**	−0.58**
组织集体主义氛围	−0.19**	−0.19*	0.04	0.06
调节效应变量				
组织诚信×组织集体主义氛围		−0.15*		−0.21**
R^2	0.25	0.27	0.23	0.26
ΔR^2		0.02*		0.03**

注：** 表示 $p<0.01$，* 表示 $p<0.05$。

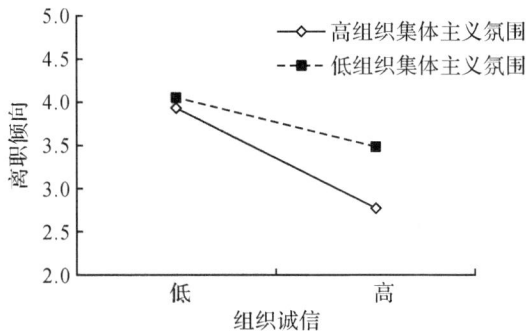

图 9-2 组织集体主义氛围对组织诚信和离职倾向之间关系的调节作用

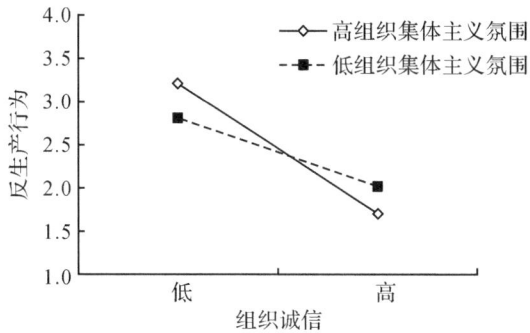

图 9-3　组织集体主义氛围对组织诚信和反生产行为之间关系的调节作用

第四节　伦理型领导研究总结

一、结果讨论

首先，本章研究结果表明，高层伦理型领导能够显著地降低员工的离职倾向和反生产行为水平。该结论与西方情境下的研究结果如 Mayer（2010）的相一致，表明高层伦理型领导对员工工作结果的积极作用在不同文化背景下具有一致性。

其次，研究还发现，组织诚信在高层伦理型领导与员工离职倾向和反生产行为之间起中介作用。作为组织战略、制度、文化的设计者和制定者，高层领导者的伦理价值观和行为起到了关键的导向性作用。通过设立组织伦理制度、执行伦理决策等，高层伦理型领导能够促使企业进行更多的伦理实践活动，从而提高员工对企业诚信的感知。此外，从社会认同和社会交换的角度看，组织诚信能够进一步激发员工的组织认同感及回馈责任感，并最终降低员工的离职倾向和反生产行为发生的可能性。

值得注意的是，本研究发现，组织诚信在高层伦理型领导与员工反生产行为之间起完全中介作用，而对离职倾向则起部分中介作用。事实上，以往有关伦理型领导与反生产行为之间关系的研究大多集中在对伦理相关变量（如伦理氛围、道德认同）的探讨上（Mayer et al. ，2009；Schaubroeck et al. ，2012；王端旭等，2013），组织诚信作为中介变量顺应和验证了该理论研究框架。 然而，相对于反生产行为，以往研究指出，员工离职倾向受到更多类型因素影响（如压力、工作满意度）（Elci et al. ，2012；Mulki et al. ，2008）。 例如，Elci et al. （2012）的研究发现，工作压力在伦理型领导与员工离职倾向之间起中介作用。 因此我们建议在未来进行相关研究时，可以对高层伦理型领导与员工离职倾向之间的其他作用机制进行进一步探讨。

最后，研究还揭示出，组织诚信对员工离职倾向和反生产行为的作用随着组织集体主义氛围水平的提高而增强。 在高组织集体主义氛围的影响下，员工倾向于以组织身份来构建积极的自我概念，因而强化了组织诚信对员工工作态度和行为的影响。 同时，具有高组织集体主义氛围的组织看重组织与员工之间长远发展的社会交换关系；在此影响下，员工将具备更强的社会交换意愿，在面对组织诚信时表现出更低水平的离职倾向和反生产行为。

二、研究意义

在理论意义方面，首先，本研究是对学者 Brown et al. （2006）呼吁开展更多的高层伦理型领导效用机制研究的积极回应，通过对高层伦理型领导影响员工工作结果的中介和调节变量的探讨，研究初步揭示和描绘出高层伦理型领导效用的内在机制。 其次，以往伦理型领导研究大多着眼于领导—下属之间的直接的互动关系，缺乏从组织整体伦理的视角对高层领导者的领导作用机制进行探讨。 而本研究以组织诚信为中介变量，指出高层领导者的伦理型领导与组织整体伦理实践密切相关；伦理型领导行为不仅体现在对组织内部伦理规范、制度的影响方面，同时也体现在企业与外部利益相关者间的作用关系上。 组织诚信的视角强调并验证了高层伦理型领导有别于基层/中层伦理型领导的概念内涵，有助于我们加深对其作用机制的了解，促进伦理型领导理论体系的构建和完善。

在实践意义方面，本研究发现，高层伦理型领导对组织诚信具有积极的影响，这意味着企业可以通过选拔具有伦理型领导风格的高层领导人员，或通过培训高层领导人员，使其具有伦理型领导风格，从而提高组织整体伦理行为水平，以此顺应和满足社会对伦理型商业组织的要求。此外，研究还发现，组织诚信在高层伦理型领导与个体员工离职倾向和反生产行为之间起中介作用。为了能够更好地留住企业员工及降低消极的工作行为发生的可能性，企业应该积极地展现出较高水平的诚信行为，如诚实合法地经营、自觉承担社会责任、为员工提供发展机会和福利等。最后，组织集体主义氛围的调节作用表明，组织不仅仅要鼓励和培养高层伦理型领导，还需重视对组织集体主义氛围的构建，只有这样，才能在最大限度上发挥组织伦理实践对个体员工的影响。

参考文献

［1］陈春花，苏涛，王杏珊，2016. 中国情境下变革型领导与绩效关系的
　　Meta 分析［J］. 管理学报，13（8）：1174-1183.

［2］陈丽君，2004. 个体和组织诚信构思、评价及影响机制研究［D］.
　　杭州：浙江大学.

［3］陈丽君，2005. 组织诚信：超越个体品德的组织伦理和行为［J］.
　　现代哲学（4）：105-112.

［4］陈文晶，时勘，2007. 变革型领导和交易型领导的回顾与展望［J］.
　　管理评论，19（9）：22-29.

［5］陈永霞，贾良定，李超平，等，2006. 变革型领导、心理授权与员工
　　的组织承诺：中国情景下的实证研究［J］. 管理世界，11（1）：
　　96-105.

［6］邓今朝，2010. 团队成员目标取向与建言行为的关系：一个跨层分
　　析［J］.南开管理评论，13（5）：12-21.

［7］邓志华，陈维政，黄丽，等，2012. 服务型领导与家长式领导对员工
　　态度和行为影响的比较研究［J］. 经济与管理研究，7（1）：
　　101-110.

［8］邓志华，陈维政，2012. 服务型领导的研究视角及未来展望［J］.
　　西南石油大学学报（社会科学版），14（4）：31-36.

［9］段锦云，魏秋江，2012. 建言效能感结构及其在员工建言行为发生
　　中的作用［J］. 心理学报，44（7）：972-985.

［10］贺伟，龙立荣，2011.实际收入水平、收入内部比较与员工薪酬满意度的关系——传统性和部门规模的调节作用［J］.管理世界，211（4）：106-118.

［11］郎艺，王辉，2017.基于同事视角的领导—部属交换研究［J］.管理学报，14（1）：33-43.

［12］李超平，孟慧，时勘，2006.变革型领导对组织公民行为的影响［J］.心理科学，29（1）：175-177.

［13］梁建，2014.道德领导与员工建言：一个调节—中介模型的构建与检验［J］.心理学报，46（2）：252-264.

［14］梁明辉，易凌峰，2018.组织政治氛围对员工疏离感的影响：自我决定动机的中介作用［J］.心理科学，41（2）：397-402.

［15］莫申江，王重鸣，2010.国外伦理型领导研究前沿探析［J］.外国经济与管理，32（2），32-37.

［16］邱霈恩，2012.领导学原理［M］.北京：清华大学出版社.

［17］任孝鹏，王辉，2005.领导—部属交换（LMX）的回顾与展望［J］.心理科学进展，13（6）：788-797.

［18］孙健敏，陆欣欣，2017.伦理型领导的概念界定与测量［J］.心理科学进展，25（1）：121-132.

［19］王端旭，赵君，2013.伦理型领导影响员工非伦理行为的中介机制研究［J］.现代管理科学（6）：20-22.

［20］王辉，牛雄鹰，LAW K S.2004.领导—部属交换的多维结构及对工作绩效和情境绩效的影响［J］.心理学报，36（2）：179-185.

［21］王辉，忻榕，徐淑英，等，2006.影响企业绩效：组织文化比所有制更重要［J］.商业评论（7）：32-35.

［22］王辉，张文慧，谢红，2009.领导—部属交换对授权赋能领导行为影响［J］.经济管理，31（4）：99-104.

［23］王世权，李凯，2009.企业社会责任解构：逻辑起点、概念模型与履约要义［J］.外国经济与管理，31（6）：25-31.

［24］王震，孙健敏，张瑞娟，2012.管理者核心自我评价对下属组织公

民行为的影响：道德式领导和集体主义导向的作用［J］. 心理学报，44（9）：1231-1243.

［25］ 王震，许灏颖，杜晨朵，2015. 道德型领导如何减少下属非道德行为：领导组织化身和下属道德效能的作用［J］. 心理科学，38（2）：439-445.

［26］ 魏钧，陈中原，张勉，2007. 组织认同的基础理论、测量及相关变量［J］. 心理科学进展，15（6）：948-955.

［27］ 吴维库，姚迪，2009. 服务型领导与员工满意度的关系研究［J］. 管理学报，6（3）：338-341.

［28］ 徐晓锋，车宏生，林绚晖，等，2005. 组织支持理论及其研究［J］. 心理科学，28（1）：130-132.

［29］ 尹俊，王辉，黄鸣鹏，2012. 授权赋能领导行为对员工内部人身份感知的影响：基于组织的自尊的调节作用［J］. 心理学报，44（10）：1371-1382.

［30］ 张志学，2010. 组织心理学研究的情境化及多层次理论［J］. 心理学报，42（1）：10-21.

［31］ 钟皓，田青，白敬伊，2019. 基于社会认知理论的员工帮助行为对伦理型领导的作用机制研究［J］. 管理学报，16（1）：64-71.

［32］ ABRAMS L C, CROSS R, LESSER E, et al., 2003. Nurturing interpersonal trust in knowledge-sharing networks［J］. Academy of management executive, 17（4）：64-77.

［33］ ACKERMAN P L, KANFER R, GOFF M, 1995. Cognitive and noncognitive determinants and consequences of complex skill acquisition［J］. Journal of experimental psychology: applied, 1（4）：270-304.

［34］ ACKERMAN P, HUMPHREYS L G, 1990. Individual differences theory in industrial and organizational psychology［M］// DUNNETTE M D, HOUGH L M（Eds.），Handbook of industrial and organizational psychology（pp. 223-282），Palo Alto, CA: Consulting

Psychologists Press.

[35] ACKOFF R L, 1998. A systemic view of transformational leadership [J]. Systemic practice and action research, 11 (1): 23-36.

[36] AGUINIS H, DALTON D D, BOSCO F A, et al., 2011. Meta-analytic choices and judgment calls: implications for theory building and testing, obtained effect sizes, and scholarly impact [J]. Journal of management, 37 (5): 5-38.

[37] AHRENS V, BECHER T, NEUBERT M, et al., 2008. Origin of the large perturbative corrections to higgs production at hadron colliders [J]. Physical review, 79 (3): 28-32.

[38] AIKEN L S, WEST S G, 1991. Multiple regression: testing and interpreting interactions [M]. Newbury Park, CA: Sage.

[39] AMABILE T M, SCHATZEL E A, MONETA G B, et al., 2004. Leader behaviors and the work environment for creativity: perceived leader support [J]. Leadership quarterly, 15 (1): 5-32.

[40] AMES C, 1992. Classrooms: goals, structures, and student motivation [J]. Journal of educational psychology, 84 (3): 261-271.

[41] ANCONA D G, GALDWELL D F, 1992. Bridging the boundary: external activity and performance in organizational teams [J]. Administrative science quarterly, 37 (4): 634-665.

[42] ANDERS M C, KACMAR K M, 2001. Impression management by association: construction and validation of a scale [J]. Journal of vocational behavior, 58 (1): 142-161.

[43] ANTONAKIS J, et al., 2011. The nature of leadership [M]. London: Sage.

[44] AQUINO K, FREEMAN D, REED A, et al., 2009. Testing a social-cognitive model of moral behavior: the interactive influence of situations and moral identity centrality [J]. Journal of personality

and social psychology, 97 (1) : 123-141.

[45] AQUINO K, REED A, 2002. The self-importance of moral identity [J]. Journal of personality and social psychology, 83 (6) : 1423-1440.

[46] AREL B, BEAUDOIN C A, CIANCI A M, 2012. The impact of ethical leadership, the internal audit function, and moral intensity on a financial reporting decision [J]. Journal of business ethics, 109 (3) : 351-366.

[47] ARNOLD K A, TURNER N, BARLING J, et al., 2007. Transformational leadership and psychological well-being: the mediating role of meaningful work [J]. Journal of occupational health psychology, 12 (3) : 193-203.

[48] ARYEE S, BUDHWAR P S, CHEN Z X, 2002. Trust as a mediator of the relationship between organizational justice and work outcomes: test of a social exchange model [J]. Journal of organizational behavior, 23 (3) : 267-285.

[49] ARYEE S, CHEN Z X, 2006. Leader-member exchange in a Chinese context: antecedents, the mediating role of psychological empowerment and outcomes [J]. Journal of business research, 59 (7) : 793-801.

[50] ASHFORD S J, BLATT R, WALLE D V, 2003. Reflections on the looking glass: a review of research on feedback-seeking behavior in organizations [J]. Journal of management, 29 (6) : 773-799.

[51] ASHFORD S J, ROTHBARD N P, PIDERIT S K, et al., 1998. Out on a limb: the role of context and impression management in selling gender-equity issues [J]. Administrative science quarterly, 43 (1) : 23-57.

[52] ASHKANASY N M, CHARMINEH E J, HARTEL, et al., 2002. Diversity and emotion: the new frontiers in organizational behavior research [J]. Journal of management, 28 (3) : 307-338.

[53] ASHKANASY N M, WINDSOR C A, TREVIÑO L K, 2006. Bad apples in bad barrels revisited: personal factors and organizational rewards as determinants of managerial ethical decision-making [J]. Business ethics quarterly, 16: 449-474.

[54] AVEY J B, WERNSING T S, PALANSKI M E, 2012. Exploring the process of ethical leadership: the mediating role of employee voice and psychological ownership [J]. Journal of business ethics, 107 (1): 21-34.

[55] AVEY J, PALANSKI M, WALUMBWA F, 2011. When leadership goes unnoticed: the moderating role of follower self-esteem on the relationship between ethical leadership and follower behavior [J]. Journal of business ethics, 98 (4): 573-582.

[56] AVOLIO B J, BASS B M, 1995. Individual consideration viewed at multiple levels of analysis: a multi-level framework for examining the diffusion of transformational leadership [J]. The leadership quarterly, 6 (2): 199-218.

[57] AVOLIO B J, BASS B M, 2002. Manual for the multifactor leadership questionnaire (form 5X) [M]. Redwood City, CA: Sage.

[58] AVOLIO B J, BASS B M, JUNG D I, 1999. Re-examining the components of transformational and transactional leadership using the multifactor leadership [J]. Journal of occupational and organizational Psychology, 72 (4): 441-462.

[59] AVOLIO B J, GARDNER W L, 2005. Authentic leadership development: getting to the root of positive forms of leadership [J]. The leadership quarterly, 16 (3): 315-338.

[60] AVOLIO B J, HOWELL J M, SOSIK J J, 1999. A funny thing happened on the way to the bottom line: humor as a moderator of leadership style effects [J]. Academy of management journal, 42 (2): 219-227.

[61] AVOLIO B J, WALUMBWA F O, WEBER T J, 2009. Leadership: current theories, research, and future directions [J]. Annual review of psychology, 60 (1): 421-449.

[62] AVOLIO B J, YAMMARINO F J, 2002. Introduction to, and overview of, transformational and charismatic leadership [J]. Transformational and charismatic leadership, 45 (2): 235-236.

[63] AVOLIO B J, ZHU W, BHATIA K P, 2004. Transformational leadership and organizational commitment: mediating role of psychological empowerment and moderating role of structural distance [J]. Journal of organizational behavior, 25 (8): 951-968.

[64] AWAMLEH R, GARDNER W L, 1999. Perceptions of leader charisma and effectiveness: the effects of vision content, delivery, and organizational performance [J]. Leadership quarterly, 10 (3): 345-373.

[65] BANDURA A, 1977. Social learning theory [M]. Englewood Cliffs, NJ: Prentice-Hall.

[66] BANDURA A, 1986. Social foundations of thought and action: a social cognitive theory [M]. Englewood Cliffs, NJ: Prentice-Hall.

[67] BARBUTO J E, WHEELER D W, 2006. Scale development and construct clarification of servant leadership [J]. Group & organizational management, 31 (3): 300-326.

[68] BARLING J, CHRISTIE A, HOPTION C. 2011. Leadership [M] // ZEDECK S (Eds.), APA Handbook of Industrial & Organizational Psychology (pp. 183-240), Washington, DC: American Psychological Association.

[69] BARLING, WEBER T, KELLOWAY E K, 1996. Effects of transformational leadership training on attitudinal and financial outcomes: a field experiment [J]. Journal of applied psychology, 81 (6): 827-832.

［70］ BARON R M, KENNY D A, 1986. The moderator-mediator variable distinction in social psychological research: conceptual, strategic, and statistical considerations ［J］. Journal of personality and social psychology, 51（3）: 1173-1182.

［71］ BARTRAM T, CASIMIR G, 2006. The relationship between leadership and follower in-role performance and satisfaction with the leader: the mediating effects of empowerment and trust in the leader ［J］. Leadership and organization development journal, 28 （1）: 4-19.

［72］ BASS B M, 1985. Leadership and performance beyond expectations ［M］. New York: Free Press.

［73］ BASS B M, et al., 1987. Biography and the assessment of transformational leadership at world class level ［J］. Journal of management, 13（1）: 7-19.

［74］ BASS B M, 1990. Bass and Stogdill's handbook of leadership: theory, research, and managerial application ［M］. 3rd ed. New York: Free Press.

［75］ BASS B M, 1995. Theory of transformational leadership redux ［J］. The leadership quarterly, 6（4）: 463-478.

［76］ BASS B M, 1999. Two decades of research and development in transformational leadership ［J］. European journal of work and organizational psychology, 8（1）: 9-32.

［77］ BASS B M, AVOLIO B J, JUNG D I, et al., 2003. Predicting unit performance by assessing transformational and transactional leadership ［J］. Journal of applied psychology, 88（2）: 207-218.

［78］ BASS B M, BASS R, 2008. The Bass handbook of leadership: theory, research, and managerial applications ［M］. 4th ed. New York: Free Press.

［79］ BASS B M, STEIDLMEIER P, 1999. Ethics, character, and authentic transformational leadership behavior [J]. Leadership quarterly, 10 (2): 181-217.

[80] BASS B M, YAMMARINO F J, 1991. Congruence of self and others' leadership ratings of naval officers for understanding successful performance [J]. Applied psychology: an international review, 40 (4): 437-454.

[81] BASS B M, STEIDLMEIER P, 1999. Ethics, character, and authentic transformational leadership [J]. Leadership quarterly, 10: 181-217.

[82] BASS B M, 2000. The future of leadership in the learning organization [J]. Journal of leadership studies, 7 (3): 18-38.

[83] BAUER T N, GREEN S G, 1996. The development of leader-member exchange: a longitudinal test [J]. Academy of management journal, 39 (3): 1538-1567.

[84] BAUM J R, LOCKE E A, KIRKPATRICK S, 1998. A longitudinal study of the relation of vision and vision communication to venture growth in entrepreneurial firms [J]. Journal of applied psychology, 83 (1): 43-54.

[85] BAUMARD P, STARBUCK W H, 2005. Learning from failures: why it may not happen [J]. Long range planning journal, 38 (3): 281-298.

[86] BENNETT R J, ROBINSON S L, 2000. Development of a measure of workplace deviance [J]. Journal of applied psychology, 85 (3): 349-360.

[87] BENNIS W G, 1959. Leadership theory and administrative behavior: the problem of authority [J]. Administrative science quarterly, 4 (3): 259-301.

[88] BENNIS W, NANUS B, 1985. Leaders: the strategies for taking charge [M]. New York: Harper Collins.

[89] BERNERTH J B, ARMENAKIS A A, FEILD H S, et al., 2007. Leader-member social exchange (LMSX): development and validation of a scale [J]. Journal of organizational behavior, 28 (8): 979-1003.

[90] BERSON Y, NEMANICH L A, WALDMAN D A, et al., 2006. Leadership and organizational learning: a multiple levels perspective [J]. Leadership quarterly, 17 (6): 577-594.

[91] BLAU P M, 1964. Exchange and power in social life [M]. New York: Wiley.

[92] BOAL K, WHITEHEAD C J, 1992. A critique and extension of the stratifified systems theory perspective [M] //PHILLIPS R L, HUNT J G (Eds.), Strategic leadership: a multi-organizational perspective (pp. 237-255), Westport, CT: Quorum Books.

[93] BONNER J M, GREENBAUM R L, MAYER D M, 2014. My boss is morally disengaged: the role of ethical leadership in explaining the interactive effect of supervisor and employee moral disengagement on employee behaviors [J]. Journal of business ethics, 6 (6): 1-12.

[94] BONO J E, JUDGE T A, 2004. Personality and transformational and transactional leadership: a meta-analysis [J]. Journal of applied psychology, 89 (5): 901-910.

[95] BOUCKENOOGHE D, ZAFAR A, RAJA U, 2014. How ethical leadership shapes employees' job performance: the mediating roles of goal congruence and psychological capital [J]. Journal of business ethics, 129 (2): 251-264.

[96] BRADFORD D L, GOHEN A R, 1984. Managing for excellence: the guide to developing high performance organizations [M]. New York: John Wiley.

[97] BRAGG J, ANDREWS I R, 1973. Participative decision making: an experimental study in a hospital [J]. Journal of applied behavioral

science, 9: 727-735.

[98] BRASS D J, 1984. Being in the right place: a structural analysis of individual influence in an organization [J]. Administrative science quarterly, 29 (4): 518-539.

[99] BRASS D J, 1984. Men's and women's networks: a study of interaction patterns and influence in an organization [J]. Academy of management journal, 28 (2): 327-343.

[100] BRAUN S, PEUS C, WEISWEILER S, et al., 2013. Transformational leadership, job satisfaction, and team performance: a multilevel mediation model of trust [J]. The leadership quarterly, 24 (1): 270-283.

[101] BREWER N, WILSON G, BECK K, et al., 1994. Supervisory behavior and team performance among police patrol sergeants [J]. Journal of occupational and organizational psychology, 67: 69-78.

[102] BROWER H H, LESTER S W, KORSGAARD M A, et al., 2009. A closer look at trust between managers and subordinates: understanding the effects of both trusting and being trusted on subordinate outcomes [J]. Journal of management official journal of the southern management association, 35 (2): 327-347.

[103] BROWER H, SCHOORMAN F D, Tan H H, 2000. A model of relational leadership: the integration of trust and leader-member exchange [J]. Leadership quarterly, 11 (2): 227-250.

[104] BROWN M E, TREVINO L K, HARRISON D A, 2005. Ethical leadership: a social learning perspective for construct development and testing [J]. Organizational behavior and human decision processes, 97 (2): 117-134.

[105] BROWN M E, TREVINO L K, 2006. Ethical leadership: a review and future directions [J]. The leadership quarterly, 17 (6): 595-616.

[106] BROWN M E, TREVINO L, 2014. Do role models matter? an investigation of role modeling as an antecedent of perceived ethical leadership [J] . Journal of business ethics, 122 (4) : 587-598.

[107] BROWN ME, et al. , 2005. Ethical leadership: a social learning perspective for construct development and testing [J] . Organizational behavior and human decision processes, 97 (2) : 117-134.

[108] BROWN ME, TREVINO LK, 2006. Ethical leadership: a review and future directions [J] . The leadership quarterly, 17 (6) : 595-616.

[109] BRYMAN A, 1986. Leadership and organizations [M] . Oxon: Routledge.

[110] BURNS J M, 1978. Leadership [M] . New York: Harper & Row.

[111] BUTLER J K. 1991. Toward understanding and measuring conditions of trust: evolution of a conditions of trust inventory [J] . Journal of management, 17 (3) : 643-663.

[112] BUTTS C T, 2001. The complexity of social networks: theoretical and empirical findings [J] . Social networks, 23 (1) : 31-72.

[113] CAMMANN C, FICHMAN M, JENKINS D, 1979. The Michigan organizational assessment questionnaire [M] . Ann Arbor: University of Michigan Press.

[114] CAMMANN C, FICHMAN M, JENKINS G D, et al. , 1983. Assessing the attitudes and perceptions of organizational members [J] . Assessing organizational change, 12 (4) : 71-138.

[115] CANNON M D, EDMONDSON A C, 2005. Failing to learn and learning to fail (intelligently) : how great organizations put failure to work to improve and innovate [J] . Long range planning journal, 38 (3) : 299-32.

[116] CARELESS, 1998. Assessing the discriminant validity of transformational leader behavior as measured by the MLQ [J] . Journal of occupational

and organizational psychology, 71 (2) : 353-358.

[117] CARNEY D R, HARRIGAN J A, 2003. It takes one to know one: interpersonal sensitivity is related to accurate assessments of others' interpersonal sensitivity [J]. Emotion, 3 (2) : 194-200.

[118] CAVAZOTTE F, MORENO V, HICKMANN M, 2012. Effects of leader intelligence, personality and emotional intelligence on transformational leadership and managerial performance [J]. The leadership quarterly, 23 (3) : 443-455.

[119] CHANGSUK K O, JIANHONG M A, ROMAN BARTNIK, et al. , 2018. Ethical leadership: an integrative review and future research agenda [J]. Ethics & behavior, 28 (2) : 104-132.

[120] CHARBONNEAU D, BARLING J, KELLOWAY E K, 2006. Transformational leadership and sports performance: the mediating role of intrinsic motivation [J]. Journal of applied social psychology, 31 (7) : 1521-1534.

[121] CHEN G, GULLY S M, WHITEMAN J, et al. , 2000. Examination of relationships among trait-like individual differences, statelike individual differences, and learning performance [J]. Journal of applied psychology, 85: 835-847.

[122] CHEN G, KIRKMA B L, KANFER R, et al. , 2007. A multilevel study of leadership, empowerment, and performance in teams [J]. Journal of applied physiology, 92 (2) : 331-346.

[123] CHEN X P, HUI C, SEGO D J, 1998. The role of organizational citizenship behavior in turnover: conceptualization and preliminary tests of key hypotheses [J]. Journal of applied psychology, 83 (6) : 922-931.

[124] CHO T, FAERMAN S R, 2010. An integrative model of empowerment and individuals' in role and extra-role performance in the Korean public sector: moderating effects of organizational individualism

and collectivism [J] . International public management journal, 13（2）: 130-154.

[125] CHOI S L, GOH C F, ADAM M B, et al. , 2016. Transformational leadership, empowerment, and job satisfaction: the mediating role of employee empowerment [J] . Human resources for health, 14 （1）: 73-86.

[126] CHUANG P J, CHIU S F, 2018. When moral personality and moral ideology meet ethical leadership: a three-way interaction model [J] . Ethics & behavior, 28: 1-25.

[127] CHUGHTAI A, BYRNE M, FLOOD B, 2014. Linking ethical leadership to employee well-being: the role of trust in supervisor [J] . Journal of business ethics, 128（3）: 653-663.

[128] CHUN J S, SHIN Y, CHOI J N, et al. , 2013. How does corporate ethics contribute to firm financial performance? The mediating role of collective organizational commitment and organizational citizenship behavior [J] . Journal of management, 39（4）: 853-877.

[129] CIULLA J B, 1995. Leadership ethics: mapping the territory [J] . Business ethics quarterly, 5（1）: 5-28.

[130] CIULLA J B, 2004. Ethics, the heart of leadership [M] . 2nd Ed. Westport, CT: Praeger）.

[131] COCH L, FRENCH J R P J R, 1948. Overcoming resistance to change [J] . Human Relations, 1: 512-532.

[132] COGLISER C, SCHRIESHEIM C A, 2000. Exploring work unit context and leader-member exchange: a multi-level perspective [J] . Journal of organizational behavior, 21（5）: 487-511.

[133] COLE M S, WALTER F, BRUCH H, 2008. Affective mechanisms linking dysfunctional behavior to performance in work teams: a moderated mediation study [J] . Journal of applied psychology, 93（5）: 945-958.

[134] COLQUITT J A, LEPINE J A, PICCOLO R F, et al., 2012. Explaining the justice-performance relationship: trust as exchange deepener or trust as uncertainty reducer? [J]. Journal of applied psychology, 97 (1): 1-15.

[135] COLQUITT J A, ZAPATA-PHELAN C P, 2007. Trends in theory building and theory testing: a five-decade study of the academy of management journal [J]. Academy of management journal, 50 (6): 1281-1303.

[136] COLQUITT J A, 2001. On the dimensionality of organizational justice: a construct validation of a measure [J]. Journal of applied psychology, 86 (3): 386-400.

[137] CONNELL J, FERRES N, 2003. Engendering trust in manager-subordinate relationships: predictors and outcomes [J]. Personal review, 32 (2): 569-587.

[138] CONNELLY C E, GALLAGHER D G, 2004. Emerging trends in contingent work research [J]. Journal of management, 30 (6): 959-983.

[139] CONNELLY, GILBERT J A, ZACCARO S J, et al., 2000. Cognitive and temperament predictors of organizational leadership [J]. Leadership quarterly, 11: 65-86.

[140] CRANT J M, BATEMAN T S, 2000. Charismatic leadership viewed from above: the impact of proactive personality [J]. Journal of organizational behavior, 21 (1): 63-75.

[141] CROPANZANO R, BYRNE Z. S, BOBOCEL D R, et al., (2001). Moral virtues, fairness heuristics, social entities, and other denizens of organizational justice [J]. Journal of vocational behavior, 58 (2): 164-209.

[142] CROPANZANO R, MITCHELL M S, 2005. Social exchange theory: an interdisciplinary review [J]. Journal of management, 31 (6):

874-900.

[143] CROPANZANO R, PREHAR C A, CHEN P Y, 2002. Using social exchange theory to distinguish procedural from interactional justice [J]. Group & organization management, 27 (3) : 324-351.

[144] CULLEN J B, PARBOTEEAH K P, VICTOR B, 2003. The effects of ethical climates on organizational commitment: a two-study analysis [J]. Journal of business ethics, 46 (2) : 127-141.

[145] DANSEREAU F J R, GRAEN G, HAGA W J, 1975. A vertical dyad linkage approach to leadership within formal organizations—a longitudinal investigation of the role making process [J]. Organizational behavior and human performance, 13 (1) : 46-78.

[146] DANSEREAU FJ R, et al., 1975. A vertical dyad linkage approach to leadership within formal organizations: a longitudinal investigation of the role making process [J]. Organizational behavior and human decision process, 13 (1) : 46-78.

[147] DAVIS W D, GARDNER W L, 2004. Perceptions of politics and organizational cynicism: an attributional and leader-member exchange perspective [J]. Leadership quarterly, 15 (4) : 439-465.

[148] DAY D V, 2000. Leadership development [J]. The leadership quarterly, 11 (4) : 581-613.

[149] CUYPER N, JONG J, WITTE H, et al., 2007, Literature review of theory and research on the psychological impact of temporary employment: towards a conceptual model [J]. International journal of management review, 10 (1) : 1-27.

[150] DEGEEST D, BROWN K G, 2011. The role of goal orientation in leadership development [J]. Human Resource development quarterly, 22 (2) : 157-175.

[151] DEINERT A, HOMAN A C, BOER D, et al., 2015. Transformational leadership sub-dimensions and their link to leaders' personality and

performance [J]. The leadership quarterly, 26 (6): 1095-1120.

[152] DELUGA R J, PERRY J T, 1991. The relationship of subordinate upward influencing behavior, satisfaction and perceived superior effectiveness with leader-member exchanges [J]. Journal of qccupational psychology, 64 (6): 239-252.

[153] DELUGA R J, PERRY J T, 1994. The role of subordinate performance and ingratiation in leader-member exchanges [J]. Group & organization management, 19 (1): 67-86.

[154] DELUGA R J, 1998. Leader-member exchange quality and effectiveness ratings: the role of subordinate-supervisor conscientiousness similarity [J]. Group & organization studies, 23 (2): 189-216.

[155] DELUGA R J, 2001. American presidential machiavellianism: implications for charismatic leadership and rated performance [J]. The leadership quarterly, 12: 339-363.

[156] DEMIRTAS O, AKDOGAN A A, 2014. The effect of ethical leadership behavior on ethical climate, turnover intention, and affective commitment [J]. Journal of business ethics, 130 (1): 1-9.

[157] DEMIRTAS O, 2015. Ethical leadership influence at organizations: evidence from the field [J]. Journal of business ethics, 126 (2): 273-284.

[158] DEN H D N, BELSCHAK F D, 2012. Work engagement and machiavellianism in the ethical leadership process [J]. Journal of business ethics, 107 (1): 35-47.

[159] DEN H D N, et al., 1999. Culturally specific and cross-culturally generalizable implicit leadership theories: are attributes of charismatic/ transformational leadership universally endorsed? [J]. The leadership quarterly, 10 (2): 219-256.

[160] DENNIS R, WINSTON B E, 2003. A factor analysis of page and Wong's servant leadership instrument [J]. Leadership &

qrganization development journal, 24（8）：455-459.

[161] DERUE D S, NAHRGANG J D, WELLMAN N E D, 2011. Trait and behavioral theories of leadership: an integration and meta-analytic test of their relative validity [J]. Personnel psychology, 64（1）：7-52.

[162] DERUE, D S, WELLMAN N, 2009. Developing leaders via experience: the role of developmental challenge, learning orientation, and feedback availability [J]. Journal of applied psychology, 94（4）：859-875.

[163] DETERT J R, BURRIS E R, 2007. Leadership behavior and employee voice: is the door really open? [J]. Academy of management journal, 50（4）：869-884.

[164] DETERT J R, EDMONDSON A C, 2011. Implicit voice theories: Taken-for-granted rules of self-censorship at work [J]. Academy of management journal, 54（3）：461-488.

[165] DETERT J R, TREVINO L K, 2010. Speaking up to higher-ups: how supervisors and skip-level leaders influence employee voice [J]. Organizational science, 21（1）：249-270.

[166] DIENESCH R M, LIDEN R C, 1986. Leader-member exchange model of leadership: a critique and further development [J]. Academy of management review, 11（3）：618-634.

[167] DINH J E, LORD R G, GARDNER W L, et al., 2014. Leadership theory and research in the new millennium: current theoretical trends and changing perspectives [J]. The leadership quarterly, 25（1）：36-62.

[168] DINH J E, LORD R G, 2012. Implications of dispositional and process views of traits for individual difference research in leadership [J]. The leadership quarterly, 23（4）：651-669.

[169] DIRK K T, SKARLICKI D P, 2009. The relationship between

being perceived as trustworthy by coworkers and individual performance [J]. Journal of management, 35（1）: 136-157.

[170] DIRKS K T, FERRIN D L, 2002. Trust in leadership: meta-analytic findings and implications for research and practice [J]. Journal of applied psychology, 87（4）: 611-628.

[171] DIRKS K T, 2000. Trust in leadership and team performance: evidence from NCAA basketball [J]. Journal of applied psychology, 85（6）: 1004-1012.

[172] DOLLINGER M J, 1984. Environmental boundary spanning and information processing effects on organizational performance [J]. Academy of management journal, 27（1）: 351-368.

[173] DRAGONI L, KUENZI M, 2012. Better understanding work unit goal orientation: its emergence and impact under different types of work unit structure [J]. Journal of applied psychology, 97（5）: 1032-1048.

[174] DRAGONI L, 2005. Understanding the emergence of state goal orientation in organizational work groups: the role of leadership and multilevel climate perceptions [J]. Journal of applied psychology, 90（6）: 1084-1095.

[175] DRUSKAT V U, WHEELER J V, 2003. Managing from the boundary: the effective leadership of self-managed work teams [J]. Academy management journal, 46（4）: 435-457.

[176] DUCHON D, GREEN S G, TABER T D, 1986. Vertical dyad linkage: a longitudinal assessment of antecedents, measures, and consequences [J]. Journal of applied psychology, 71（1）: 56-60.

[177] DULEBOHN J H, BOMMER W H, LIDEN R C, et al., 2012. A meta-analysis of antecedents and consequences of leader-member exchange: integrating the past with an eye toward the future [J]. Journal of management, 38（6）: 1715-1759.

[178] DUTTON J E, ASHFORD S J, LAWRENCE K A, et al., 2002. Red light, green light: making sense of the organizational context for issue selling [J]. Organization science, 13 (4): 355-369.

[179] DWECK C S, LEGGETT E L, 1988. A social-cognitive approach to motivation and personality [J]. Psychological review, 95 (2): 256-273.

[180] DWECK C S, 1986. Motivational processes affecting learning [J]. American psychologist, 41 (10): 1040-1048.

[181] EAGLY A H, KARAU S J, MAKHIJANI M G, 1995. Gender and the effectiveness of leaders: a meta-analysis [J]. Psychological bulletin, 117 (1): 125-145.

[182] EDEN D, SHANI A B, 1982. Pygmalion goes to boot camp: expectancy, leadership, and trainee performance [J]. Journal of applied psychology, 67 (3): 194-199.

[183] EDEN D, 1988. Pygmalion, goal setting, and expectancy: compatible ways to boost productivity [J]. Academy of management review, 13 (4): 639.

[184] EDEN D, 1990. Pygmalion in management: productivity as a self-fulfilling prophecy [J]. Academy of management review, 16 (1): 209-227.

[185] EDMONDSON A C, 2003. Speaking up in the operating room: how team leaders promote learning in interdisciplinary action teams [J]. Journal of management studies, 40 (6): 1419-1452.

[186] EDMONDSON A, 1999. Psychological safety and learning behavior in work teams [J]. Administrative science quarterly, 44: 350-383.

[187] EDMONDSON A, 2003a. Framing for learning: lessons in successful technology implementation [J]. California management review, 45 (1): 34-54.

[188] EDMONDSON A, 2003b. Speaking up in the operating room [J]. Journal of management studies, 40: 1419-1452.

[189] EHRHART M G, 2004. Leadership and procedural justice climate as antecedents of unit-level organizational citizenship behavior [J]. Personnel psychology, 57 (1): 61-94.

[190] EISENBEISS S A, KNIPPENBERG D, 2015. On ethical leadership impact: the role of follower mindfulness and moral emotions [J]. Journal of organizational behavior, 36 (2): 182-195.

[191] EISENBERGER R, STINGLHAMBER F, 1986. Perceived organizational support [J]. Journal of applied psychology, 71 (3): 500-507.

[192] EISENHARDT K M, 1989. Making fast strategic decisions in high-velocity environments [J]. Academy of management journal, 32 (3): 543-576.

[193] ELCI M, SENER I, AKSOY S, et al., 2012. The impact of ethical leadership and leadership effectiveness on employees' turnover intention: the mediating role of work related stress [J]. Procedia-Social and behavioral science, 58 (12): 289-297.

[194] ELDER G H, 1974. Children of the great depression [M]. Chicago: University of Chicago Press.

[195] ELENKOV, JUDGE W, WRIGHT P, 2005. Strategic leadership and executive innovation influence: an international multi-cluster comparative study [J]. Strategic management journal, 26 (7): 665-682.

[196] ELLIOT A J, 1999. Approach and avoidance motivation and achievement goals [J]. Educational psychologist, 34 (3): 169-189.

[197] ELLIOT A J, MCGREGOR H A, 2001. A 2 × 2 achievement goal framework [J]. Journal of persaonlity and social psychology, 80 (3): 501-519.

[198] ELLIOT A J, THRASH T M, 2010. Approach and avoidance temperament as basic dimensions of personality [J]. Journal of personality, 78 (3): 865-906.

[199] ELLIS S, MENDEL R, NIR M. 2006. Learning from successful and failed experience: the moderating role of kind of after-event review [J]. Journal of applied psychology, 9 (3): 669-680.

[200] EMERSON R, 1962. Power-dependence relations [J]. American sociological review, 27 (1) 31-41.

[201] EMRICH C G, BROWER H H, FELDMAN J M, et al., 2001. Images in words: presidential rhetoric, charisma, and greatness [J]. Administrative science quarterly, 46: 527-557.

[202] ERDOGAN B, BAUER T N, 2010. Differentiated leader-member exchanges: the buffering role of justice climate [J]. Journal of applied psychology, 95 (3): 1104-1120.

[203] FARH J, PODSAKOFF P M, ORGAN D W, 1990. Accounting for organizational citizenship behavior: leader fairness and task scope versus satisfaction [J]. Journal of management, 16 (4): 705-722.

[204] FARMER S M, AGUINIS H, 2005. Accounting for subordinate perceptions of supervisor power: an identity-dependence model [J]. Journal of applied psychology, 90 (6): 1069-1083.

[205] FENG-I F, 2011. A study on school leaders' ethical orientations in Taiwan [J]. Ethics & behavior, 21 (4): 317-331.

[206] FERRIN D L, DIRKS K T, SHAH P P, 2006. Direct and indirect effects of third-party relationships on interpersonal trust [J]. Journal of applied psychology, 91 (4): 870-83.

[207] FERRIS G R, PERREWE P L, DOUGLAS C, 2002. Social effectiveness in organizations: construct validity and research directions [J]. Journal of leadership & organizational studies, 9 (1): 30-55.

［208］FIEDLER F E, GARCIA J E, 1987. New approaches to effective leadership: cognitive resources and organizational performance ［M］. New York: Wiley.

［209］FIEDLER F E, 1967. A theory of leadership effectiveness ［M］. New York: McGraw-Hill.

［210］FINKELSTEIN S, 2003. Why smart executives fail ［M］. New York: Portfolio.

［211］FLANNERY B L, MAY D R, 2000. Environmental ethical decision-making in the U. S. metal-finishing industry ［J］. Academy of management journal, 43: 642-662.

［212］FLEISHMAN E A, HARRIS E F, 1962. Patterns of leadership behavior related to employee grievances and turnover ［J］. Personnel psychology, 15 (1): 43-56.

［213］FOLGER R, 1986. Rethinking equity theory: a referent cognitions model ［J］. Justice in social relations, 12 (1): 145-162.

［214］FOLGER R, 1998. Fairness as a moral virtue ［M］//M Schminke (Eds.), Managerial ethics: moral management of people and processes. Mahwah (pp. 13-34), NJ: Erlbaum.

［215］FRESE M, TENG E, WIJNEN C J D, 1999. Helping to improve suggestion systems: predictors of making suggestions in companies ［J］. Journal of organizational behavior, 20 (7): 1139-1155.

［216］FRY L W, VITUCCI S, CEDILLO M, 2005. Spiritual leadership and army transformation: theory, measurement, and establishing a baseline ［J］. The leadership quarterly, 16: 835-862.

［217］FRY L W, 2003. Toward a theory of spiritual leadership ［J］. The leadership quarterly, 14: 693-727.

［218］FULLER J B, MARLER L E, HESTER K, 2006. Promoting felt responsibility for constructive change and proactive behavior: exploring aspects of an elaborated model of work design ［J］.

Journal of organizational behavior, 27（8）: 1089-1120.

[219] FUNDER D C, 2001. The personality puzzle [M]. 2nd ed. New York: Norton.

[220] GAMPBELL J P, DUNNETTE M D, ARVEY R D, et al., 1973. The development and evaluation of behaviorally based rating scales [J]. Journal of applied psychology, 57（1）: 15-22.

[221] GARDNER W L, AVOLIO B J, LUTHANS F, et al., 2005. "Can you see the real me? " a self-based model of authentic leader and follower development [J]. The leadership quarterly, 16（3）: 343-372.

[222] GARZA A S, MORGESON F P, 2012. Exploring the link between organizational values and human resource certification [J]. Human resource management review, 22（4）: 271-278.

[223] GERSTER C R, DAY D V, 1997. Meta-analytic review of leader-member Exchange theory: correlates and construct issues [J]. Journal of applied psychology, 82（2）: 827-844.

[224] GHISELLI E E, 1963. Intelligence and managerial success [J]. Psychological reports, 12: 898-898.

[225] GIBB C A, 1954. Leadership [M] //G Lindzey（Eds.）, Handbook of social psychology. Cambridge, MA: Addison-Wesley.

[226] GOLEMAN D, 1995. Emotional intelligence [M]. New York: Bantam Books.

[227] GOMEZ C, ROSEN B, 2001. The leader-member exchange as a link between managerial trust and employee empowerment [J]. Group & organization management, 26（1）: 53-69.

[228] GONG Y, HUANG J C, FARH J L, 2009. Employee learning orientation, transformational leadership, and employee creativity: the mediating role of employee creative self-efficacy [J]. Academy of management journal, 52（4）: 765-778.

[229] GONG Y, WANG M, HUANG J C, et al. , 2014 Toward a goal orientation-based feedback-seeking typology: implications for employee performance outcomes [J]. Journal of management, 43 (4): 1234-1260.

[230] GOULDNER A W, 1960. The norm of reciprocity: a preliminary statement [J]. American sociological review, 25 (2): 161-178.

[231] GRAEN G B, CASHMAN J, 1975. A role-making model of leadership in formal organization: a development approach [J]. Leadership frontiers, 17 (2): 143-165.

[232] GRAEN G B, UHL-BIEN M, 1995. Relationship-based approach to leadership: development of leader-member exchange (LMX) theory of leadership over 25 years: applying a multi-level multi-domain perspective [J]. The leadership quarterly, 6 (2): 219-247.

[233] GRAEN G B, 1976. Role making process within complex organizations [J]. Handbook of industrial organizational psychology, 15 (2): 1201-1245.

[234] GRAHAM J W, 1991. Servant leadership in organizations: inspirational and moral [J]. Leadership quarterly, 2 (2): 105-119.

[235] GRAHAM J W, 1995. Leadership, moral development, and citizenship behavior [J]. Business ethics quarterly, 5 (1): 43-54.

[236] GRANE G B, LIDEN R C, HOEL W, 1982. Role of leadership in the employee withdrawal process [J]. Journal of applied psychology, 67 (1): 868-872.

[237] GRANE G B, SCANDURA T A, 1987. Toward a psychology of dyadic organizing [J]. Research in organizational behavior, 9 (2): 175-208.

[238] GRANE G B, UHL-BIEN M, 1995. Relationship-based approach to leadership: development of leader-member exchange (LMX) theory of leadership over 25 years: applying a multi-level multi-domain

perspective [J]. Leadership quarterly, 6 (2): 219-247.

[239] GRANOVETTER M, 1983. The strength of weak ties: a network theory revisited [J]. Sociological theory, 1 (6): 201-233.

[240] GRANT A M, SUMANTH J J, 2009. Mission possible? The performance of prosocially motivated employees depends on manager trustworthiness [J]. Journal of applied psychology, 94 (4): 927-944.

[241] GRANT A M, GINO F, HOFMANN D A, 2011. Reversing the extraverted leadership advantage: the role of employee proactivity [J]. Academy of management journal, 54 (3): 528-550.

[242] GRANT A M, MAYER D M, 2009. Good soldiers and good actors: prosocial and impression management motives as interactive predictors of affiliative citizenship behaviors [J]. Journal of applied psychology, 94 (4): 900-912.

[243] GRANT A M, WRZESNIEWSKI A, 2010. I won't let you down or will I? Core self-evaluations, other-orientation, anticipated guilt and gratitude, and job performance [J]. Journal of applied psychology, 95 (1): 108-121.

[244] GRANT A M, 2007. Relational job design and the motivation to make a prosocial difference [J]. Academy of management review, 32 (2): 393-417.

[245] GRANT A M, 2008. Does intrinsic motivation fuel the prosocial fire? Motivational synergy in predicting persistence, performance, and productivity [J]. Journal of applied psychology, 93 (1): 48-58.

[246] GRANT A M, BERRY J W, 2011. The necessity of others is the mother of invention: Intrinsic and prosocial motivations, perspective taking, and creativity [J]. Academy of management journal, 54 (1): 73-96.

[247] GRAZIANO W G, HABASHI M M, SHEESE B E, et al.,
2007. Agreeableness, empathy, and helping: a person situation
perspective [J]. Journal of personality and social psychology, 93
(4): 583-599.

[248] GREEN M T, ODOM L, 2003. Law and the ethics of transformational
leadership [J]. Leadership and organization development journal, 24
(1-2): 62-69.

[249] GREENBERG J, 1990. Employee theft as a response to
underemployment inequity: the hidden costs of pay cuts [J].
Journal of applied psychology, 75: 561-568.

[250] GREENLEAF R K, 1977. Servant leadership: a journey into the
nature of legitimate power and greatness [M]. New York:
Paulist Press.

[251] GREENLEAF R K, 1977. Servant leadership [M]. Mahwah,
NJ: Paulist Press.

[252] GU Q, TANG T L-P, JIANG W, 2015. Does moral leadership
enhance employee creativity? employee identification with leader
and leader-member exchange (LMX) in the Chinese context [J].
Journal of business ethics, 126 (3): 513-529.

[253] GULLY S M, PHILLIPS J M, 2005. A multilevel application of
learning and performance orientations to individual, group, and
organizational outcomes [J]. Research in personnel and human
resources management, 24 (5): 1-51.

[254] HAMBRICK D C, MASON P A, 1984. Upper echelons: the
organization as a reflection of its top managers [J]. Academy of
management review, 9 (2): 193-206.

[255] HANSEN D S, ALGE B J, BROWN M E, et al., 2013. Ethical
leadership: assessing the value of a multifoci social exchange perspective
[J]. Journal of business ethics, 115 (3): 435-449.

[256] HARRIS M, SCHAUBROEK J, 2010. A meta-analysis of self-supervisor, self-peer, and peer-supervisor ratings [J]. Personnel psychology, 41 (1): 43-62.

[257] HEGARTY W H, SIMS JR H P, 1978. Some determinants of unethical decision behavior: an experiment [J]. Journal of applied psychology, 63 (4): 451-547.

[258] HELGESEN S, 1990. The female advantage: women's ways of leadership [M]. New York: Doubleday Currency.

[259] HERSEY P, BLANCHARD K H, 1969. Management of organizational behavior [M]. Englewood Cliffs, NJ: Prentice-Hall.

[260] HERSEY P, BLANCHARD K H, 1974. So you want to know your leadership style? [J]. Training and development journal, 28 (2): 22.

[261] HIEDER J, 1985. The tao of leadership [M]. Atlanta, GA: Humanics Limited.

[262] HOFFMAN B J, WOEHR D J, MALDAGEN-YOUNGJOHN R, et al., 2011. Great man or great myth? a quantitative review of the relationship between individual differences and leader effectiveness [J]. Journal of occupational and organizational psychology, 84 (2): 347-381.

[263] HOLLANDER E P, 1978. Leadership dynamics: a practical guide to effective relationship [M]. New York: Free Press.

[264] HOOD J N, 2003. The relationship of leadership style and CEO values to ethical practices in organizations [J]. Journal of business ethics, 43 (4): 263-273.

[265] HOUSE R J, ADITYA R N, 1997. The social scientific study of leadership: Quo Vadis? [J]. Journal of management, 23 (3): 409-473.

[266] HOUSE R J, SHAMIR B, 1993. Toward the integration of

transformational, charismatic, and visionary theories [M]. Leadership Theory & Research Perspectives & Directions.

[267] HOUSE R J, 1977. A theory of charismatic leadership [M] //J G Hunt & L L Larson (Eds), Leadership: The cutting edge. Carbondale, IL: South Illinois University Press.

[268] HOUSE R J, 1988. Power and personality in organizations [J]. Research in organizational behavior, 10: 305-357.

[269] HOUSE R J, 1971. A path-goal theory of leader effectiveness [J]. Administrative Science Quarterly, 16 (3): 321-338.

[270] HOWELL J M, AVOLIO B J, 1993. Transformational leadership, transactional leadership, locus of control, and support for innovation: key predictors of consolidated business unit performance [J]. Journal of applied psychology, 78 (6): 891-902.

[271] HOWELL J M, HALL-MERENDA K E, 1999. The ties that bind: the impact of leader-member exchange, transformational leadership and transactional leadership, and distance on predicting follower performance [J]. Journal of applied psychology, 84 (5): 680-694.

[272] HUANG L, KRASIKOVA D V, LIU D, 2016. I can do it, so can you: the role of leader creative self-efficacy in facilitating follower creativity [J]. Organizational behavior and human decision processes, 132: 49-62.

[273] HUBER N S, 2002. Approaching leadership education in the new millennium [J]. Journal of leadership education, 1 (2): 25-34.

[274] HUI C, LAM S S K, LAW K K S, 2000. Instrumental values of organizational citizenship behavior for promotion: a field quasi-experiment [J]. Journal of applied psychology, 85 (5): 822-828.

[275] HUNTER E M, NEUBERT M J, PERRY S J, et al., 2013. Servant leaders inspire servant followers: antecedents and outcomes for

employees and the organization [J]. The leadership quarterly, 24 (2): 316-321.

[276] HUNTER L, 2013. The mediating role of entrepreneurial leadership: an investigation of the competitiveness of SMEs in the UK South-West food and drink manufacturing [J]. University of plymouth, 16 (4): 81-104.

[277] HUTTERMANN H, BOERNER S, 2011. Fostering innovation in functionally diverse teams: the two faces of transformational leadership [J]. European journal of work & organizational psychology, 20 (6): 833-854.

[278] IBARRA H, HUNTER M, 2007. How leaders create and use networks [J]. Harvard business review, 85 (1): 40-47.

[279] IBARRA H, 1993. Network centrality, power, and innovation involvement: determinants of technical and administrative roles [J]. Academy of management journal, 36 (3): 471-501.

[280] ILIES R, MORGESON F P, NAHRGANG J D, 2005. Authentic leadership and eudaemonic well-being: understanding leader-follower outcomes [J]. The leadership quarterly, 16 (3): 373-394.

[281] JACKSON C L, COLQUITT J A, WESSON M J, et al., 2006. Psychological collectivism: a measurement validation and linkage to group member performance [J]. Journal of applied psychology, 91 (4): 884-899.

[282] JAMES L R, MULAIK S A, BRETT J M, 2006. A tale of two methods [J]. Organizational research methods, 9 (3): 233-244.

[283] JAMES L R, MAZEROLLE M D, 2002. Personality in work organizations [M]. Thousand, Oaks, CA: Sage.

[284] JANSSEN O, DE VRIES T, COZIJNSEN A J, 1998. Voicing by adapting and innovating employees: an empirical study on how personality and environment interact to affect voice behavior [J].

Human relations, 51（7）: 945-967.

[285] JANSSEN O, GAO L, 2013. Supervisory responsiveness and employee self-perceived status and voice behavior [J]. Journal of management, 41（7）: 1854-1872.

[286] JETTEN J, POSTMES T, MCAULIFFE B J, 2002. "We're all individuals": group norms of individualism and collectivism, levels of identification and identity threat [J]. European journal of social psychology, 32（2）: 189-207.

[287] JOHNSON J W, 2003. Toward a better understanding of the relationship between personality and individual job performance [J]. Personality and work, 13（2）: 83-120.

[288] JOSEPH E E, WINSTON B E, 2005. A correlation of servant leadership, leader trust, and organizational trust [J]. Leadership & organization development journal, 26（1）: 6-22.

[289] JUDGE T A, BONO J E, ILIES R, et al., 2002. Personality and leadership: a qualitative and quantitative review [J]. Journal of applied psychology, 87（4）: 765-780.

[290] JUDGE T A, BONO J E, 2000. Five-factor model of personality and transformational leadership [J]. Journal of applied psychology, 85（5）: 751-765.

[291] JUDGE T A, CABLE D M, 2004. The effect of physical height on workplace success and income: preliminary test of a theoretical model [J]. Journal of applied psychology, 89（3）: 428-441.

[292] JUDGE T A, COLBERT A E, LLIES R, 2004. Intelligence and leadership: a quantitative review and test of theoretical propositions [J]. Journal of applied psychology, 89（3）: 542-552.

[293] JUDGE T A, HELLER D, MOUNT M K, 2002. Five factor model of personality and job satisfaction: a meta-analysis [J]. Journal of applied psychology, 87（3）: 530-541.

[294] JUDGE T A, PICCOLO R F, KOSALKA T, 2009. The bright and dark sides of leader traits: a review and theoretical extension of the leader trait paradigm [J]. The leadership quarterly, 20 (6): 855-875.

[295] JUDGE T A, PICCOLO R F, 2004. Transformational and transactional leadership: a meta-analytic test of their relative validity [J]. Journal of applied psychology, 89 (2): 755-768.

[296] JUDGE T A, COLBERT A E, ILIES R, 2004. Intelligence and leadership: a quantitative review and test of theoretical propositions [J]. Journal of applied psychology, 89 (3): 542-552.

[297] JUNG D I, AVOLIO B J, 2000. Opening the black box: an experimental investigation of the mediating effects of trust and value congruence on transformational and transactional leadership [J]. Journal of organizational behavior, 21 (8): 949-964.

[298] JUNG D I, SOSIK J J, 1999. Effects of group characteristics on work group performance: a longitudinal investigation [J]. Group dynamics theory research, practice, 3 (4): 279-290.

[299] JUNG D, YAMMARINO F J, LEE J K, 2009. Moderating role of subordinates' attitudes on transformational leadership and effectiveness: a multi-cultural and multi-level perspective [J]. The leadership quarterly, 20 (4): 586-603.

[300] KACMAR K M, ANDREWS M C, HARRIS K J, et al., 2013. Ethical leadership and subordinate outcomes: the mediating role of organizational politics and the moderating role of political skill [J]. Journal of business ethics, 115 (1): 33-44.

[301] KANTER R M, 1983. The change masters [M]. New York: Simon & Schuster.

[302] KANUNGO RN, MENDONCA M, 1996. Ethical dimensions of leadership [M]. Thousand Oaks, CA: Sage.

[303] KAPLAN R E, 1984. Trade routes: the manager's network of relationships [J]. Organizational dynamics, 12: 37-52.

[304] KARK R, SHAMIR B, CHEN G, 2003. The two faces of transformational leadership: empowerment and dependency [J]. Journal of applied psychology, 88 (2): 246-255.

[305] KATZ R, TUSHMAN M L, 1983. A longitudinal study of the effects of boundary spanning supervision on turnover and promotion in research and development [J]. Academy of management journal, 26 (3): 437-456.

[306] KATZ R, ALLEN T J, 1985. Project performance and the locus of influence in the R&D matrix [J]. Academy of management journal, 28 (1): 67-87.

[307] KEARNEY E, GEBERT D, 2009. Managing diversity and enhancing team outcomes: the promise of transformational leadership [J]. Journal of applied psychology, 94 (1): 77-89.

[308] KELLER R T, 2006. Transformational leadership, initiating structure, and substitutes for leadership: a longitudinal study of research and development project team performance [J]. Journal of applied psychology, 91 (1): 202-210.

[309] KELLER T, 1999. Images of the familiar: individual differences and implicit leadership theories [J]. Leadership quarterly, 10 (4): 589-607.

[310] KELLERL T, 1995. Leadership and empowerment: a social exchange perspective [J]. Human relations, 48 (2): 127-146.

[311] KELLERMAN B, 1984. Leadership: multidisciplinary perspectives [J]. Journal of politics, 56 (2): 312-314.

[312] KENNY D A., ZACCARO S J, 1983. An estimate of variance due to traits in leadership [J]. Journal of applied psychology, 68 (4): 678-685.

[313] KERR S, JERMIER J M, 1978. Substitutes for leadership [J]. Organizational behavior and human performance, 22: 375-403.

[314] KERR, SCHREISHEIM C A, MURPLLY C J, et al. , 1974. Toward a contingency theory of leadership based upon the consideration and initiating structure literature [J]. Organizational behavior and human performance, 12 (1) : 62-82.

[315] KHOO H S, BURCH G S J, 2008. The "dark side" of leadership personality and transformational leadership: an exploratory study [J]. Personality & individual differences, 44 (1) : 86-97.

[316] KIEREIN N M, GOLD M A, 2000. Pygmalion in work organizations: a meta-analysis [J]. Journal of organizational behavior, 21 (8) : 913-928.

[317] KILDUFF M, KRACKHARDT D, 1994. Bringing the individual back in: a structural analysis of the internal market for reputation in organizations [J]. Academy of management journal, 37 (1) : 87-108.

[318] KIM H, YUKL G, 1995. Relationships of managerial effectiveness and advancement to self-reported and subordinate-reported leadership behaviors from the multiple-linkage mode [J]. The leadership quarterly, 6 (3) : 361-377.

[319] KIM H, YUKL G, 1995. Relationships of self-reported and subordinate-reported leadership behaviors to managerial effectiveness and advancement [J]. Leadership quarterly, 6: 361-377.

[320] KIRKMAN B. L, CHEN G, FARH J, et al. , 2009. Individual power distance orientation and follower reactions to transformational leaders: a cross-level, cross-cultural examination [J]. Academy of management journal, 52 (4) : 744-764.

[321] KIRKPATRICK S A, LOCKE E A, 1991. Leadership: do traits matter? [J]. Academy of management executive, 5 (2) : 48-60.

[322] KIRKPATRICK S A, LOCKE E A, 1996. Direct and indirect effects of three core charismatic leadership components on performance and attitudes [J]. Journal of applied psychology, 81: 36-51.

[323] KIRKPATRICK S A, LOCKE E A, 1991. Leadership: do traits matter? [J]. Academy of management executive, 5 (2): 48-60.

[324] KOMAKI J L, 1986. Toward effective supervision: an opérant analysis and comparison of managers at work [J]. Journal of applied psychology, 71 (2): 270-279.

[325] KONOVSKY M A, PUGH S D, 1994. Citizenship behavior and social exchange [J]. Academy of management journal, 37 (3): 656-669.

[326] KORSGAARD M A, MEGLINO B M, LESTER S M, et al., 2010. Paying you back or paying me forward: understanding rewarded and unrewarded organizational citizenship behavior [J]. Journal of applied psychology, 95 (2): 277-290.

[327] KORSGAARD M A, SCHWEIGER D M, SAPIENZA H J, 1995. Building commitment, attachment, and trust in strategic decision-making teams: the role of procedural justice [J]. Academy of management journal, 38 (1): 60-84.

[328] KOTTER J P, 1982. The general managers [M]. New York: Free Press.

[329] KOTTER J P, 1996. Leading change [M]. Boston: Harvard Business School Press.

[330] KOUZES J M, POSNER B Z, 1987. The leadership challenge: how to get extraordinary things done in organizations [M]. San Francisco: Jossey-Bass.

[331] KRACKHARDT D, KILDUFF M, 1999. Whether close or far: social distance effects on perceived balance in friendship networks [J]. Journal of personality & social psychology, 76 (5): 770-782.

[332] KRAMER R M, 1996. Divergent realities and convergent disappointments in the hierarchic relation: trust and the intuitive auditor at work [J]. Trust in organizations, 13 (2) : 216-245.

[333] KRISHNAN V R, 2005. Leader-member exchange, transformational leadership, and value system [J]. Electronic journal of business ethics and organization studies, 10 (2) : 14-21.

[334] KROLL M D, 1988. Motivational orientations, views about the purpose of education, and intellectual styles [J]. Psychology in the schools, 25 (3) : 338-343.

[335] KUHNERT K W, LEWIS P, 1987. Transactional and transformational leadership: a constructive/developmental analysis [J]. Academy of management review, 12 (4) : 648-657.

[336] LAI J Y M, LAM L W, LAM S S K, 2013. Organizational citizenship behavior in work groups: a team cultural perspective [J]. Journal of organizational behavior, 34 (7) : 1039-1056.

[337] LAM W, HANANG X, SNAPE E, 2007. Feedback-seeking behavior and leader-member exchange: do supervisor-attributed motives matter? [J]. Academy of management journal, 50 (2) : 348-363.

[338] LARSON J R, CALLAHAN C, 1990. Performance monitoring: how it affects work productivity [J]. Journal of applied psychology, 75: 530-538.

[339] LATHAM G P, BALDES J J, 1975. The "practical significance" of Locke's theory of goal setting [J]. Journal of applied psychology, 60: 122-124.

[340] LATHAM G P, YUKL A, 1976. Effects of assigned and participative goal setting on performance and satisfaction [J]. Journal of applied psychology, 61 (2) : 166-171.

[341] LEANA C R, 1986. Predictors and consequences of delegation

[J]. Academy of management journal, 29: 754-774.

[342] LEBEL R D, 2016. Overcoming the fear factor: how perceptions of supervisor openness lead employees to speak up when fearing external threat [J]. Organizational behavior and juman decision processes, 135: 10-21.

[343] LEE D, CHOI Y, YOUN S, et al., 2015. Ethical leadership and employee moral voice: the mediating role of moral efficacy and the moderating role of leader-follower value congruence [J]. Journal of business ethics, 141 (1): 47-57.

[344] LEITHWOOD K, 1992. The move toward transformational leadership [J]. Educational leadership, 49 (5): 8-12.

[345] LEWIN K, et al., 1939. Pattern of aggressive behaveor in experimentally created social climate [J]. Journal of social psychology, 10 (2): 271-299.

[346] LI C, WU K, JOHNSON D E, et al., 2015. Going against the grain works: an attributional perspective of perceived ethical leadership [J]. Journal of business ethics, 141 (1): 87-120.

[347] LIANG J, FARH C I C, FARH J L, 2012. Psychological antecedents of promotive and prohibitive voice: a two-wave examination [J]. Academy of management journal, 55 (1): 71-92.

[348] LIAO Y, LIU X-Y, KWAN H K, et al., 2014. Work-family effects of ethical leadership [J]. Journal of business ethics, 128 (3): 535-545.

[349] LIBERMAN N, TROPE Y, STEPHAN E, 2007. Psychological distance [M]//A W Kruglanski, E T Higgins (Eds.), Social psychology: Handbook of basic principles (pp. 353-383), New York: Guilford Press.

[350] LIDEN R C, GRAEN G, 1980. Generalizability of the vertical dyad linkage model of leadership [J]. Academy of management

journal, 23（3）：451-465.

［351］ LIDEN R C, MASLYN J M, 1998. Multidimensionafity of leader-member exchange: an empirical assessment through scale development［J］. Journal of management, 24（1）：43-72.

［352］ LIDEN R C, MASLYN J M, 1998. Multidimensionality of leader-member exchange: an empirical assessment through scale development ［J］. Journal of management, 24（2）：43-50.

［353］ LIDEN R C, SPARROWE R T, WAYNE S J, 1997. Leader-member exchange theory: the past and potential for the future ［J］. Research in personnel and human pesource management, 15（1）：47-119.

［354］ LIDEN R C, WAYNE S J, STILLWELL D, 1993. A longitudinal study on the early development of leader-member exchanges ［J］. Journal of applied psychology, 78（4）：662-674.

［355］ LIDEN R C, WAYNE S J, ZHAO H, et al., 2008. Servant leadership: development of a multidimensional measure and multi-level assessment ［J］. The leadership quarterly, 19（2）：161-177.

［356］ LIM B C, PLOYHART R E, 2004. Transformational leadership: relations to the five-factor model and team performance in typical and maximum contexts ［J］. Journal of applied psychology, 89（4）：610-621.

［357］ LIU J, KWAN H K, FU P P, et al., 2013. Ethical leadership and job performance in china: the roles of workplace friendships and traditionality ［J］. Journal of occupational and organizational psychology, 86（4）：564-584.

［358］ LIU J, SUI O, SHI K, 2010. Transformational leadership and employee well-being: the mediating role of trust in the leader and self-efficacy ［J］. Applied psychology, 59（2）：454-479.

［359］ LORD R G, BROWN D J, FREIBERG S J, 1999. Understanding the dynamics of leadership: the role of follower self-concepts in the leader/follower relationship [J]. Organizational behavior and human decision processes, 75 (3): 167-203.

[360] LORD R G, DE V C L, ALLIGER G M, 1986. A meta-analysis of the relation between personality traits and leadership perceptions: an application of validity generalization procedures [J]. Journal of applied psychology, 71: 402-410.

[361] LORD R G, 1985. An information processing approach to social perceptions, leadership and behavioral measurement in organizations [J]. Research in organizational behavior, 7 (2): 87-128.

[362] LORD R G, et al., 1986. A meta-analysis of the relation between personality traits and leadership preceptions: an application of validity generalisation procedures [J]. Journal of applied psychology, 71: 402-410.

[363] LU C-S, LIN-C-C, 2014. The effects of ethical leadership and ethical climate on employee ethical behavior in the international port context [J]. Journal of business ethics, 124 (2): 209-223.

[364] LU K M, PAN S Y, CHENG J W, 2011. Examination of a perceived cost model of employees' negative feedback-seeking behavior [J]. The journal of psychol, 145 (6): 573-594.

[365] LUTHANS F, ROSENKRANTZ S A, HENNESSEY H W, 1985. What do successful managers really do? an observational study of managerial activities [J]. Journal of applied behavioral science, 21 (3): 255-270.

[366] LUTHANS F, 1988. Successful vs. effective real managers [J]. Academy of management executive, 2 (2): 27-132.

[367] MAAK T, 2008. Undivided corporate responsibility: towards a theory of corporate integrity [J]. Journal of business ethics, 82 (2): 353-368.

[368] MACKENZIE S B, PODSAKOFF P M, RICH G A, 2001. Transformational and transactional leadership and salesperson performance [J]. Journal of the academy of marketing science, 29 (2): 115-134.

[369] MACKINNON D P, FRITZ M S, WILLIAMS J, et al., 2007. Distribution of the product confidence limits for the indirect effect: program PRODCLIN [J]. Behavior research methods, 39 (3): 384-389.

[370] MACKINNON D P, LOCKWOOD C M, HOFFMAN, J M, et al., 2002. A comparison of methods to test mediation and other intervening variable effects [J]. Psychological methods, 7 (1): 83-104.

[371] MACKINNON D P, LOCKWOOD C M, WILLIAMS J, 2004. Confidence limits for the indirect effect: distribution of the product and resampling methods [J]. Multivariate behavioral research, 39 (1): 99-128.

[372] MANN R D, 1959. A review of the relationship between personality and perforation in small groups [J]. Psychological bulletin, 56: 241-270.

[373] MARCUS B, SCHULER H, 2004. Antecedents of counterproductive behavior at work: a general perspective [J]. Journal of applied psychology, 89 (4): 647-660.

[374] MARCUS J, LE H, 2013. Interactive effects of levels of inividualims-collectivism on cooperation: a meta-analysis [J]. Journal of organizational behavio, 34: 813-834.

[375] MARKS M A, ZACCARO S J, MATHIEU J E, 2000. Performance implications of leader briefings and team-interaction training for team adaptation to novel environments [J]. Journal of applied psychology, 85 (6): 971-986.

[376] MARKUS H R, KITAYAMA S, 1991. Culture and the self: implications for cognition, emotion, and motivation [J]. Psychological review, 98 (2), 224-253.

[377] MASLYN J, UHL-BIEN M, 2001. Leader-member exchange and its dimensions: effects of self-effort and other's effort on relationship quality [J]. Journal of applied psychology, 86 (4): 697-708.

[378] MASTERSON S S, LEWIS K, GOLDMAN B M, 2000. Integrating justice and social exchange: the differing effects of fair procedures and treatment on work relationships [J]. Academy of management journal, 43 (4): 728-748.

[379] MAYER D M, AQUINO K, GREENBAUM R L, et al., 2012. Who displays ethical leadership, and why does itmatter? an examination of antecedents and consequences of ethical leadership [J]. Academy of management journal, 55 (1): 151-171.

[380] MAYER D M, BARDES M, PICCOLO R F, 2008. Do servant leaders help satisfy follower needs? an organizational justice perspective [J]. European journal of work and organizational psychology, 17 (2): 180-197.

[381] MAYER D M, KUENZI M, GREENBAUM R L, et al., 2009. How low does ethical leadership flow? test of a trickle-down model [J]. Organizational behavior and human resource management, 108 (1): 1-13.

[382] MAYER D M, KUENZI M, GREENBAUM R L, 2010. Examining the link between ethical leadership and employee misconduct: the mediating role of ethical climate [J]. Journal of business ethics, 95 (1): 7-16.

[383] MAYER D M, NURMOHAMED S, TREVIÑO L K, et al., 2013. Encouraging employees to report unethical conduct internally: it takes a village [J]. Organizational behavior and human decision

processes, 121 (1): 89-103.

[384] MAYER J D, CARUSO D R, SOLOVEY P, 1999. Emotional intelligence meets traditional standard for an intelligence [J]. Intelligence, 27 (4): 267-298.

[385] MAYER J D, SALOVEY P, 1997. What is emotional intelligence [M] //SALOVEY P, SLUYTER D (Eds.), Emotional development and emotional intelligence: educational implications (pp. 3-31), New York: Basic Books.

[386] MAYER R C, DAVIS J H, SCHOORMAN F D, 1995. An integrative model of organizational trust [J]. Academy of management review, 20 (1): 709-734.

[387] MAYER R C, DAVIS J H, 1999. The effect of the performance appraisal system on trust for management: a field quasi-experiment [J]. Journal of applied psychology, 84 (2): 123-136.

[388] MAYER R C, GAVIN M B, 2005. Trust in management and performance: who minds the shop while the employees watch the boss [J]. Academy of management journal, 48 (5): 874-888.

[389] MAYNES T D, PODSAKOFF P M, 2014. Speaking more broadly: an examination of the nature, antecedents, and consequences of an expanded set of employee voice behaviors [J]. Journal of applied psychology, 99 (1): 87-112.

[390] MCALLISTER D J, 1995. Affect- and cognition-based trust as foundations for interpersonal cooperation in organizations [J]. Academy of management journal, 38 (1): 24-59.

[391] MCCLELLAND D C, BOYATZIS R E, 1982. Leadership motivation pattern and long term success in management [J]. Journal of applied psychology, 67 (6): 737-743.

[392] MCCLELLAND D C, BURNHAM D H, 1976. Power is the great motivator [J]. Harvard business review, 54 (2):

100-111.

[393] MCCLELLAND, LIANG X, BARKER V L, 2009. CEO commitment to the status quo: replication and extension using content analysis [J]. Journal of management, 36 (5): 1251-1277.

[394] MCCRAE R R, COSTA P T, 1987. Validation of the five-factor model of personality across instruments and observers [J]. Journal of personality and social psychology, 52: 81-90.

[395] MCDONOUGH E F, BARCZAK G, 1991. Speeding up new product development: the effects of leadership style and source of technology [J]. Journal of product innovation management, 8 (3): 203-211.

[396] MEGLINO B M, KORSGAARD M A, 2004. Considering rational self-interest as a disposition: organizational implications of other orientation [J]. Journal of applied psychology, 89 (6): 946-959.

[397] MEGLINO B M, KORSGAARD M A, 2006. Considering situational and dispositional approaches to rational self-interest: an extension and response to De Dreu [J]. Journal of applied psychology, 91 (6): 1253-1259.

[398] MEGLINO B M, KORSGAARD, M A, 2004. Considering rational self-interest as a disposition: organizational implications of other orientation [J]. Journal of applied psychology, 89 (6): 946-959.

[399] METCALFE J, MISCHEL W, 1999. A hot/cool-system analysis of delay of gratification: dynamics of willpower [J]. Psychological review, 106 (1): 3-19.

[400] MIAO P, NEWMAN A, SCHWARZ G, et al., 2013. Participative leadership and the organizational commitment of civil servants in China: the mediating effects of trust in supervisor [J]. British journal of management, 24 (1): 76-92.

[401] MIELE D B, WIGFIELD A, 2014. Quantitative and qualitative

relations between motivation and critical-analytic thinking [J]. Educational psychology review, 26 (4): 519-541.

[402] MILLER K I, MONGE P R, 1986. Participation, satisfaction, and productivity: a meta-analytic review [J]. Academy of management journal, 29: 727-753.

[403] MILLIKEN F J, MORRISON E W, HEWLIN P F, 2003. An exploratory study of employee silence: issues that employees don't communicate upward and why [J]. Journal of management studies, 40 (6): 1453-1476.

[404] MITCHELL M S, AMBROSE M L, 2007. Abusive supervision and workplace deviance and the moderating effects of negative reciprocity beliefs [J]. Journal of applied psychology, 92 (4): 159-1168.

[405] MOLM L D, SCHAEFER D R, COLLETT J L, 2007. The value of reciprocity [J]. Social psychology quarterly, 70 (2): 199-217.

[406] MOLM L D, 1990. Structure, action, and outcomes: the dynamics of power in social exchange [J]. American sociological review, 55 (3): 427-734.

[407] MORGESON F P, 2005. The external leadership of self-managed teams: intervening in the context of novel and disruptive events [J]. Journal of applied psychology, 90 (3): 497-508.

[408] MORRISON E W, 2011. Employee voice behavior: integration and directions for future research [J]. The academy of management annals, 5 (1): 373-412.

[409] MORRISON E W, 2014. Employee voice and silence [J]. Annual review of organizational psychology and organizational behavior, 1 (1): 173-197.

[410] MORRISONE W, WHEELER-SMITH S L, KAMDAR D, 2011.

Speaking up in groups: a cross-level study of group voice climate and voice [J]. Journal of applied psychology, 96 (1) : 183-191.

[411] MORSE J J, WAGNER F R, 1978. Measuring the process of managerial effectiveness [J]. Academy of management journal, 21 (1) : 23-35.

[412] MOSS M, 2002. Spreading the ethical word: multinational companies are learning that profits and corporate ethics go hand in hand [J]. Information management journal, 36 (4) : 42-46.

[413] MOWDAY R T, PORTER L W, STEERS R M, 1982. Employee-organization linkages: the psychology of commitment, absenteeism, and turnover [M]. New York: Academic Press.

[414] MULKI J P, JARAMILLO J F, LOCANDER W B, 2008. Effect of ethical climate on turnover intention: linking attitudinal-and stress theory [J]. Journal of business ethics, 78 (4) : 559-574.

[415] MUMFORD M D, MARKS M A, CONNELLY M S, et al., 2000. Development of leadership skills: experience and timing [J]. The leadership quarterly, 11 (1) : 87-114.

[416] MUMFORD, SCOTT G M, GADDIS B, et al., 2002. Leading creative people: orchestrating expertise and relationships [J]. The leadership quarterly, 13 (6) : 705-750.

[417] MUMFORD, ZACCARO S J, HARDING F D, et al., 2000. Leadership skills for a changing world: solving complex social problems [J]. The leadership quarterly, 11 (1) : 11-35.

[418] MUMFORD M D, ZACCARO S J, JOHNSON J R, et al., 2000. Patterns of leader characteristics: implications for performance and development [J]. The leadership quarterly, 11 (1) : 115-133.

[419] NADLER D A, SHAW R B, WALTON A E, et al., 1995. Discontinuous change: leading organizational transformation [M].

San Francisco: Jossey-Bass.

[420] NEUBERT M J, CARLSON D S, KACMAR K M, et al.,
2009. The virtuous influence of ethical leadership behavior: evidence
from the field [J]. Journal of business ethics, 90 (2) : 157-170.

[421] NEUBERT M J, KACMAR K M, CARLSON D S, et al.,
2008. Regulatory focus as a mediator of the influence of initiating
structure and servant leadership on employee behavior [J]. Journal of
applied psychology, 93 (6) : 1220-1233.

[422] NEUBERT M J, WU C, ROBERTS J A, 2013. The influence of
ethical leadership and regulatory focus on employee outcomes [J].
Business ethics quarterly, 23 (2) : 269-296.

[423] NEVES P, STORY J, 2015. Ethical leadership and reputation:
combined indirect effects on organizational deviance [J]. Journal
of business ethics, 127 (1) : 165-176.

[424] NEWMAN A, KIAZAD K, MIAO Q, et al., 2014. Examining
the cognitive and affective trust-based mechanisms underlying the
relationship between ethical leadership and organisational citizenship: a
case of the head leading the heart? [J]. Journal of business ethics,
123 (1) : 113-123.

[425] NOHE C, HERTEL G, 2017. Transformational leadership and
organizational citizenship behavior: a meta-analytic test of underlying
mechanisms [J]. Frontiers in psychology, 8: 1364-1376.

[426] OFORI G, 2009. Ethical leadership: examining the relationships
with full range leadership model, employee outcomes, and organizational
culture [J]. Journal of business ethics, 90 (4) : 533-547.

[427] OGUNFOWORA B, 2014. The impact of ethical leadership within
the recruitment context: the roles of organizational reputation,
applicant personality, and value congruence [J]. The leadership
quarterly, 25 (3) : 528-543.

［428］ OLIVER P H, GOTTFRIED A W, GUERIN D W, et al.,
2011. Adolescent family environmental antecedents to transformational
leadership potential: a longitudinal mediational analysis [J]. The
leadership quarterly, 22 (3): 535-544.

［429］ ORGAN D W, 1990. The motivational basis of organizational
citizenship behavior [J]. Research in organizational behavior, 1
(2): 43-72.

［430］ ORMISTON M E, WONG E M, 2013. License to ill: the effects
of corporate social responsibility and CEO moral identity on corporate
social irresponsibility [J]. Personnel psychology, 66 (4):
861-893.

［431］ PAINE L S, 1994. Managing for organizational integrity [J].
Harvard business review, 72 (2): 106-117.

［432］ PALANSKI M, AVEY J B, JIRAPORN N, 2014. The effects
of ethical leadership and abusive supervision on job search behaviors in
the turnover process [J]. Journal of business ethics, 121 (1):
135-146.

［433］ PARKER S K, COLLINS C G, 2008. Taking stock: integrating
and differentiating multiple proactive behaviors [J]. Journal of
management, 36 (3): 633-662.

［434］ PAVA M, 2002. The path of moral growth [J]. Journal of business
ethics, 38 (1/2): 43-54.

［435］ PAYNE S C, YOUNGCOURT S S, BEAUBIEN, 2007. A
meta-analytic examination of the goal orientation nomological net
[J]. Journal of applied psychology, 92 (1): 128-150.

［436］ PETERS T J, AUSTIN N, 1985. A passion fen-excellence: the
leadership difference [M]. New York: Random House.

［437］ PETERS T J, WATERMAN R H, 1982. In search of excellence:
lessons from America's best-run companies [M]. New York:

Harper & Row.

[438] PETERSON R S, SMITH D B, MARTORANA P V, et al., 2003. The impact of chief executive personality in top management team dynamics: one mechanism by which leadership affects organizational performance [J]. Journal of applied psychology, 88 (5): 795-808.

[439] PETTIJOHN C, PETTIJOHN L, TAYLOR A J, 2008. Salesperson perceptions of ethical behaviors: their influence on job satisfaction and turnover intentions [J]. Journal of business ethics, 78 (4): 547-557.

[440] PICCOLO R F, COLQUITT J A, 2006. Transformational leadership and job behavior: the mediating role of core job characteristics [J]. Academy of management journal, 49 (2): 327-340.

[441] PICCOLO R F, GREENBAUM R, HARTOG D N D, et al., 2010. The relationship between ethical leadership and core job characteristics [J]. Journal of organizational behavior, 31 (2-3): 259-278.

[442] PILLAI R, SCHRIESHEIM C A, WILLIAMS E S, 1999. Fairness perceptions and trust as mediators for transformational and transactional leadership: a two-sample Study [J]. Journal of management, 25 (6): 897-933.

[443] PODSAKOFF P M, AHEARNE M, MACKENZIE S B, 1997. Organizational citizenship behavior and quantity and quality of work group performance [J]. Journal of applied psychology, 82 (2): 262-270.

[444] PODSAKOFF P M, MACKENZIE S B, BOMMER W H, 1996. Transformational leader behaviors and substitutes for leadership as determinants of employee satisfaction, commitment, trust, and organizational citizenship behaviors [J]. Journal of management, 22

（2）: 259-298.

[445] PODSAKOFF P M, MACKENZIE S B, MOORMAN R H, et al., 1990. Transformational leader behaviors and their effects on followers trust in leader, satisfaction, and organizational citizenship behaviors [J]. The leadership quarterly, 1 (2): 107-142.

[446] PODSAKOFF P M, MACKENZIE S B, PAINE J B, et al., 2000. Organizational citizenship behaviors: a critical review of the theoretical and empirical literature and suggestions for future research [J]. Journal of management, 26 (3): 513-563.

[447] PODSAKOFF P M, MACKENZIE S B, PODSAKOFF N P, 2012. Sources of method bias in social science research and recommendations on how to control it [J]. Annual review of psychology, 63 (3): 539-569.

[448] POPPER M, LIPSHITZ R, 1998. Organizational learning mechanisms: a structural and cultural approach to organizational learning [J]. Journal of applied behavioral science, 34 (1): 161-179.

[449] POPPER M, MAYSELESS O, CASTELNOVO O, 2000. Transformational leadership and attachment [J]. The leadership quarterly, 11 (2): 267-289.

[450] PORATH C L, BATEMAN T S, 2006. Self-regulation: from goal orientation to job performance [J]. Journal of applied psychology, 91 (1): 185-192.

[451] PREACHER K J, HAYES A F, 2008. A symptotic and resampling strategies for assessing and comparing indirect effects in multiple mediator models [J]. Behavior research methods, 40 (3): 879-891.

[452] PREACHER K J, RUCKER D D, HAYES A F, 2007. Addressing moderated mediation hypotheses: theory, methods, and prescriptions

[J]. Multivariate behavioral research, 42 (1) : 185-227.

[453] PREENEN P, VAN V A, DE PATER I, 2014. Challenging tasks: the role of employees' and supervisors' goal orientations [J]. European journal of work and organizational psychology, 23 (1) : 48-61.

[454] PUCIC J, 2015. Do as i say (and do) : ethical leadership through the eyes of lower ranks [J]. Journal of business ethics, 129 (3) : 655-671.

[455] RAFFO D M, CLARK L A. 2018. Using definitions to provoke deep explorations into the nature of leadership [J]. Journal of leadership education, 17 (4) : 208-218.

[456] RAYKOV T, MARCOULIDES G A, 1999. On desirability of parsimony in structural equation model selection [J]. Structural equation modeling, 6 (3) : 292-300.

[457] REAVE L, 2005. Spiritual values and practices related to leadership effectiveness [J]. The leadership quarterly, 16 (5) : 655-687.

[458] REDMOND, MUMFORD M D, TEACH R J, 1993. Putting creativity to work: leader influences on subordinate creativity [J]. Organizational behavior and human decision processes, 55 (1) : 120-151.

[459] RICH G A, 1997. The sales manager as a role model: effects on trust, job satisfaction, and performance of salespeople [J]. Journal of the academy of marketing science, 25 (4) : 319-328.

[460] ROBERT C, WASTI S A, 2002. Organizational individualism and collectivism: theoretical development and an empirical test of a measure [J]. Journal of management, 28 (4) : 544-566.

[461] ROBERTS P W, GRAHAME R D, 2002. Corporate reputation and sustained superior financial performance [J]. Strategic management journal, 23 (12) : 1077-1093.

[462] ROBINSON S L, BENNETT R J, 1995. A typology of deviant

workplace behaviors: a multidimensional scaling study [J]. Academy of management journal, 38 (2): 555-572.

[463] ROCH S G, SHANOCK L R, 2006. Organizational justice in an exchange framework: clarifying organizational justice distinctions [J]. Journal of management, 32 (3): 299-322.

[464] ROSS JR W T, ROBERTSON D C, 2000. Lying: the impact of decision context [J]. Business ethics quarterly, 10 (2): 409-440.

[465] ROST J, 1991. Leadership for the twenty-first century [M]. New York: Praeger.

[466] ROUCHE J E, et al., 1989. Shared vision: transformational leadership in American community colleges [M]. Washington DC: Community College Press.

[467] RUBIN R S, MUNZ D C, BOMMER W H, 2005. Leading from within: the effects of emotion and personality on transformational leadership behavior [J]. Academy of management journal, 48 (5): 845-858.

[468] RUIZ P, RUIZ C, MARTÍNEZ R, 2011. Improving the "leader-follower" relationship: top manager or supervisor? The ethical leadership trickle-down effect on follower job response [J]. Journal of business ethics, 99 (4): 587-608.

[469] RYAN R M, DECI E L, 2000. Self-determination theory and the facilitation of intrinsic motivation, social development, and well-being [J]. American Psychologist, 55 (1): 68-78.

[470] SAAL F E, KNIGHT P A, 1988. Industrial/organizational psychology: science and practice [M]. Pacific Grove, CA: Brooks/Cole Publishing Co.

[471] SANCHEZ-BURKS J, AND LEE F, 2007. Cultural psychology of workdays [J]. Handbook of cultural psychology, 23 (3): 346-369.

［472］SCHAUBROECK J M, HANNAH S T, AVOLIO B J, et al.,
2012. Embedding ethical leadership within and across organization
levels ［J］. Academy of management journal, 55（5）: 1053-1078.

［473］SCHAUBROECK J, LAM S S K, CHA S E, 2007. Embracing
transformational leadership: team values and the impact of leader
behavior on team performance ［J］. Journal of applied psychology, 92
（4）: 1020-1030.

［474］SCHAUBROECK J, LAM S S K, PENG A C, 2011. Cognition-
based and affect-based trust as mediators of leader behavior influences
on team performance ［J］. Journal of applied psychology, 96
（4）: 863-871.

［475］SCHAUBROECK J, PENG A C, HANNAH S T, 2013. Developing
trust with peers and leaders: impacts on organizational identification
and performance during entry ［J］. Academy of management journal,
56（2）: 1148-1168.

［476］SCHMINKE M., AMBROSE M L, NEUBAUM D O, 2005.
The effect of leader moral development on ethical climate and employee
attitudes ［J］. Organizational behavior and human decision processes,
97（2）: 135-151.

［477］SCHOORMAN F D, MAYER R C, DAVIS J H, 2007. An
integrative model of organizational trust: past, present, and future
［J］. Academy of management review, 32（3）: 344-354.

［478］SCHRIESHEIM C A, NEIDER L L, SCANDURA T A, 1998.
Delegation and leader-member exchange: main effects, moderators,
and measurement issues ［J］. Academy of management journal,
41（3）: 298-318.

［479］SCOTT B A, COLQUITT J A, ZAPATA-PHELAN C P, 2007.
Justice as a dependent variables: Subordinate charisma as a predictor of
interpersonal and informational justice perceptions ［J］. Journal

of applied psychology, 92 (6) : 1597-1609.

[480] SEIBERT S E, SILVER S R, RANDOLPH W A, 2004. Taking empowerment to the next level: a multiple-level model of empowerment, performance, and satisfaction [J]. Academy of management journal, 47 (3) : 332-349.

[481] SENDJAYA S, SARROS J C, SANTORA J C, 2008. Defining and measuring servant leadership behaviour in organizations [J]. Journal of management studies, 45 (2) : 402-424.

[482] SERGIOVANNI T J, 1990. Value-added leadership: how to get extraordinary performance in schools [M]. New York: Harcourt Brace Jovanovich.

[483] SHAMIR B, EILAM G, 2005. "What's your story? " a life-stories approach to authentic leadership development [J]. Leadership quarterly, 16 (3) : 395-417.

[484] SHAMIR B, ZAKAY E, BREININ E, et al., 1998. Correlates of charismatic leader behavior in military units: subordinates' attitudes, unit characteristics, and superiors' appraisals of leader performance [J]. Academy of management journal, 41 (4) : 387-409.

[485] SHAMIR B, 1995. Social distance and charisma: theoretical notes and an exploratory study [J]. The leadership quarterly, 6 (1) : 19-47.

[486] SHIN S J, ZHOU J, 2003. Transformational leadership, conservation, and creativity: evidence from korea [J]. The academy of management journal, 46 (6) : 703-714.

[487] SHIN S J, ZHOU J, 2007. When is educational specialization heterogeneity related to creativity in research and development teams? transformational leadership as a moderator [J]. Journal of applied psychology, 92 (6) : 1709-1721.

［488］SHIN Y, SUNG S Y, CHOI J N, et al. 2015. Top management ethical leadership and firm performance: mediating role of ethical and procedural justice climate［J］. Journal of business ethics, 129（1）: 43-57.

［489］SHIN Y, 2012. Ceoethical leadership, ethical climate, climate strength, and collective organizational citizenship behavior［J］. Journal of business ethics, 108（3）: 299-312.

［490］SHIPPER F, 1991. Mastery and frequency of managerial behaviors relative to submit effectiveness［J］. Human relations, 44: 371-388.

［491］SHIPPER F, DILLARD J E, 2000. A study of impending derailment and recovery of middle managers across career stages［J］. Human resource management, 39（4）: 331-345.

［492］SHROUT P E, OLGER N, 2002. Mediation in experimental and nonexperimental studies: new procedures and recommendations ［J］. Psychological methods, 7（4）: 422-445.

［493］SIJBOM R B L, JANSSEN O, VAN Y N W, 2015a. How to get radical creative ideas into a leader's mind? Leader's achievement goals and subordinates' voice of creative ideas［J］. European journal of work and organizational psychology, 24（2）: 279-296.

［494］SIJBOM R B L, JANSSEN O, VAN Y N W, 2015b. Leaders' receptivity to subordinates' creative input: the role of achievement goals and composition of creative input［J］. European journal of work and organizational psychology, 24（3）: 462-478.

［495］SIMON H A, 1990. A mechanism for social selection and successful altruism［J］. Science, 250: 1665-1668.

［496］SIMON H A, 1993. Altruism and economics［J］. American economic review, 83（2）: 156-161.

［497］SIN H P, NAHRGAN J D, MORGESON F P, 2009. Understanding why they don't see eye to eye: an examination of leader-member exchange (LMX) agreement [J]. Journal of applied psychology, 94 (4): 1048-57.

[498] SKARLICKI D P, FOLGER R, 1997. Retaliation in the workplace: the roles of distributive, procedural, and interactional justice [J]. Journal of applied psychology, 82 (3): 416-425.

[499] SMITH J A, FOTI R J, 1998. A pattern approach to the study of leader emergence [J]. Leadership quarterly, 9 (2): 147-160.

[500] SOBEL M E, 1982. Asymptotic intervals for indirect effects in structural equations models [J]. Sociological methodology, 45 (2): 290-312.

[501] SONG F, CADSBY B C, BI Y, 2012. Trust, reciprocity, and guanxi in China: an experimental investigation [J]. Management and organization review, 8 (2): 397-421.

[502] SOSIK J J, AVOLIO B J, JUNG D I, 2002. Beneath the mask: examining the relationship of self-presentation attributes and impression management to charismatic leadership [J]. The leadership quarterly, 13 (3): 217-242.

[503] SOSIK J J, MEGERIAN L E, 1999. Understanding leader emotional intelligence and performance: the role of self-other agreement on transformational leadership perceptions [J]. Group & organization management, 24 (3): 367-390.

[504] SPARROWE R T, LIDEN R C, 1997. Process and structure in leader-member exchange [J]. Academy of management review, 22 (2): 522-552.

[505] SPARROWE R T, LIDEN R C, 2005. Two routes to influence: integrating leader-member exchange and social network perspectives [J]. Administrative science quarterly, 50 (4): 505-535.

[506] SPARROWE R T, LIDEN R C, KRAIMER W, 2001. Social

networks and the performance of individuals and groups [J]. The academy of management journal, 44 (2) : 316-325.

[507] SPEARS L C, 1995. Reflections on leadership: how robert k. greenleaf's theory of servant-leadership influenced today's top management thinkers [M]. New York: John Wiley.

[508] SPECTOR P E, 1986. Perceived control by employees: a meta-analysis of studies concerning autonomy and participation at work [J]. Human relations, 39 (1) : 1005-1016.

[509] SPREITZER G M, MISHRA A K, 2002. To stay or to go: voluntary survivor turnover following an organizational downsizing [J]. Journal of organizational behavior, 23 (6) : 707-729.

[510] SPREITZER G M, 1995. Psychological empowerment in the workplace: dimensions, measurement, and validation [J]. Academy of management journal, 38 (5) : 1442-1465.

[511] SRIVASTAVA A, BARTOL K M, LOCKE E A, 2006. Empowering leadership in management teams: effects on knowledge sharing, efficacy, and performance [J]. Academy of management journal, 49 (6) : 1239-1251.

[512] STEINBAUER R, RENN R W, TAYLOR R R, et al. , 2014. Ethical leadership and followers' moral judgment: the role of followers' perceived accountability and self-leadership [J]. Journal of business ethics, 120 (3) : 381-392.

[513] STERNBERG R J, VROOM V, 2002. The person versus the situation in leadership [J]. The leadership quarterly, 13 (3) : 301-323.

[514] STOGDILL R M, 1948. Personal factors associated with leadership: a survey of the literature [J]. Journal of psychology, 25: 35-71.

[515] STONE A G, RUSSELL R F, PATTERSON K, 2004. Transformational versus servant leadership: A difference in leader

focus [J]. Leadership & organizational development journal, 25
(4): 349-361.

[516] STOUTEN J, BAILLIEN E, VAN D B A, et al., 2010.
Discouraging bullying: the role of ethical leadership and its effects
on the work environment [J]. Journal of business ethics, 95
(1): 17-27.

[517] TAJFEL H, 1982. Social psychology of inter-group relations [J].
Annual review of psychology, 33 (1): 1-39.

[518] TANGIRALA S, RAMANUJAM R, 2008. Exploring nonlinearity in
employee voice: the effects of personal control and organizational
identification [J]. Academy of management journal, 51 (6):
1189-1203.

[519] TANGIRALA S, RAMANUJAM R, 2012. Ask and you shall
hear (but not always): examining the relationship between manager
consultation and employee voice [J]. Personnel psychology, 65
(2): 251-282.

[520] TAYLOR S G, PATTIE M W, 2014. When does ethical leadership
affect workplace incivility? the moderating role of follower personality
[J]. Business ethics quarterly, 24 (4): 595-616.

[521] TENBRUNSEL A E, 1998. Misrepresentation and expectations
of misrepresentation in an ethical dilemma: the role of incentives
and temptation [J]. Academy of management journal, 41 (3):
330-339.

[522] TENBRUNSEL A E, SMITH-CROWE K, UMPHRESS E, 2003.
Building houses on rocks: the role of the ethical infrastructure in
organizations [J]. Social justice research, 16: 285-307.

[523] TEPPER B J, 2000. Consequences of abusive supervision [J].
Academy of management journal, 43 (1): 178-190.

[524] TERMAN L M, 1904. A preliminary of study of the psychology

and pedagogy of leadership [J]. Pedagogical seminary, 11 (4):
413-451.

[525] TETT R P, GUTERMAN H A, 2000. Situation trait relevance,
trait expression, and cross-situational consistency: testing a principle
of trait activation [J]. Journal of research in personality, 34
(4): 397-423.

[526] THOMAS G F, ZOLIN R, HARTMAN J L, 2009. The central
role of communication in developing trust and its effect on employee
involvement [J]. Journal of business communication, 46 (3):
287-310.

[527] THOMAS K W, VELTHOUSE B A, 1990. Cognitive elements
of empowerment: an "Interpretive" model of intrinsic task motivation
[J]. Academy of management review, 15 (4): 666-681.

[528] THOMPSON K, THACH E, MORELLI M, 2010. Implementing
ethical leadership: current challenges and solutions [J]. Insights
to a changing world journal, 2010 (4): 107-130.

[529] THORNTON L, 2009. Leadership ethics training: why is it so
hard to get it right? [J]. Training development, 63 (9): 58-61.

[530] TICHY N M, DEVANNA M A, 1986. The transformational
leader [M]. New York: John Wiley.

[531] TREVINO L K, BROWN M, HARTMAN L P, 2003. A qualitative
investigation of perceived executive ethical leadership: perceptions
from inside and outside the executive suite [J]. Human relations, 56
(1): 5-37.

[532] TREVINO L K, BUTTERFIELD K D, MCABE D M, 1998.
The ethical context in organizations: influences on employee attitudes
and behaviors [J]. Business ethics quarterly, 8: 447-476.

[533] TREVINO L K, HARTMAN L P, BROWN M, 2000. Moral
person and moral manager: how executives develop a reputation

for ethical leadership [J]. California management review, 42 (4): 128-142.

[534] TREVINO L K, NELSON K A, 2007. Managing business ethics: straight talk about how to do it right [M]. New York: Wiley.

[535] TREVINO L K, WEAVER G R, GIBSON D G, et al., 1999. Managing ethics and legal compliance: what hurts and what works [J]. California management review, 41 (2): 131-151.

[536] TREVINO L K, 1986. Ethical decision making in organizations: a person-situation interactionist model [J]. Academy of management review, 11: 601-617.

[537] TREVINO L K, 1990. A cultural perspective on changing organizational ethics [M]//WOODMANR, Passmore (Eds.), Research in organizational change and development (pp. 195-230), Greenwich, CT: JAI Press.

[538] TREVINO L K, BROWN M, HARTMAN L P, 2003. A qualitative investigation of perceived executive ethical leadership: perceptions from inside and outside the executive suite [J]. Human relations, 56 (1): 5-37.

[539] TREVINO L K, HARTMAN L P, BROWN M, 2000. Moral person and moral manager: how executives develop a reputaion for ethical leadership [J]. California management review, 42 (4): 128-142.

[540] TRIANDIS H C, 1996. The psychological measurement of cultural syndromes [J]. American psychologist, 51 (4): 407-415.

[541] TRÖSTER C, VAN K D. 2012. Leader openness, nationality dissimilarity, and voice in multinational management teams [J]. Journal of international business studies, 43 (6): 591-613.

[542] TU Y, LU X, 2014. Do ethical leaders give followers the confidence to go the extra mile? the moderating role of intrinsic motivation

[J]. Journal of business ethics, 1-16.

[543] TUMASJAN A, STROBEL M, WELPE I, 2011. Ethical leadership evaluations after moral transgression: social distance makes the difference [J]. Journal of business ethics, 99 (4): 609-622.

[544] TURKER D, 2009. Measuring corporate social responsibility: a scale development study [J]. Journal of business ethics, 85 (4): 411-427.

[545] TUSHMAN M L, KATZ R, 1980. External communication and project performance: an investigation into the role of gatekeepers [J]. Management science, 26: 1071-1085.

[546] UHL-BIEN M, 2006. Relational leadership theory: exploring the social processes of leadership and organizing [J]. Leadership quarterly, 17 (6): 654-676.

[547] VAN D D, 2011. Servant leadership: a review and synthesis [J]. Journal of management, 37 (4): 1228-1261.

[548] VAN DYNE L, KAMDAR D, JOIREMAN J, 2008. In-role perceptions buffer the negative impact of low LMX on helping and enhance the positive impact of high LMX on voice [J]. Journal of applied psychology, 93 (6): 1195-1207.

[549] VAN DYNE L, LEPINE J A, 1998. Helping and voice extra-role behaviors: evidence of construct and predictive validity [J]. Academy of management journal, 41 (1): 108-119.

[550] VAN F D D, YUKL G, 1986. Military leadership: an organizational perspective [M]. Greenwich, CT: JAI Press.

[551] VAN K D, DE CREMER D, VAN K B, 2007. Leadership and fairness: the state of the art [J]. European journal of work and organizational psychology, 16 (2): 113-140.

[552] VAN D D, 1997. Development and validation of a work domain goal orientation instrument [J]. Educational and psychological

measurement, 57（6）: 995-1015.

[553] VANDEWALLE D, CRON W. L, SLOCUM J W J R, 2001. The role of goal orientation following performance feedback [J]. Journal of applied psychology, 86（4）: 629-640.

[554] VANDEWALLE D, GANESAN S, CHALLAGALLA G N, et al., 2000. An integrated model of feedback-seeking behavior: disposition, context, and cognition [J]. Journal of applied psychology, 85（6）: 996-1003.

[555] VICTOR B, CULLEN J B, 1987. A theory and measure of ethical climate in organizations [M]//W C Frederick（Eds.）, Research in corporate social performance and policy（pp. 51-71）, Greenwich, CT: JAI Press.

[556] VICTOR B, CULLEN J B, 1988. The organizational bases of ethical work climates [J]. Administrative science quarterly, 33: 101-125.

[557] VISWESVARAN C, DESHPANDE S P, MILMAN C, 1998. The effect of corporate social responsibility on employee counterproductive behavior [J]. Cross cultural management: an international journal, 5（4）: 5-12.

[558] VROOM V H, YETTON P W, 1973. Leadership and decision making [M]. Pittsburgh, PA: University of Pittsburgh Press.

[559] WAGNER J A, GOODING R Z, 1987. Shared influence and organizational behavior: a meta-analysis of situational variables expected to moderate participation-outcome relationships [J]. Academy of management journal, 30（3）: 524-541.

[560] WALDMAN D A, RAMIREZ G G, HOUSE R J, et al., 2001. Does leadership matter? CEO leadership attributes and profitability under conditions of perceived environmental uncertainty [J]. Academy of management journal, 44（1）: 134-143.

[561] WALDMAN D A, YAMMARINO F J, 1999. CEO charismatic leadership: levels-of-management and levels-of-analysis effects [J]. Academy of management review, 24 (2): 266-285.

[562] WALUMBWA F O, AVOLIO B J, GADNER W L, et al., 2008. Authentic leadership: development and validation of a theory-based measure? [J]. Journal of management, 34 (1): 89-126.

[563] WALUMBWA F O, HARTNELL C A, OKE A, 2010. Servant leadership, procedural justice climate, service climate, employee attitudes, and organizational citizenship behavior: a cross-level investigation [J]. Journal of applied psychology, 95 (3): 517-529.

[564] WALUMBWA F O, LAWLER J J, 2003. Building effective organizations: transformational leadership, collectivist orientation, work-related attitudes and withdrawal behaviours in three emerging economies [J]. International journal of human resource management, 14 (7): 1083-1101.

[565] WALUMBWA F O, MAYER D M, WANG P, et al., 2011. Linking ethical leadership to employee performance: the roles of leader-member exchange, self-efficacy, and organizational identification [J]. Organizational behavior and human decision processes, 115 (2): 204-213.

[566] WALUMBWA F O, MORRISON E W, CHRISTENSEN A L, 2012. Ethical leadership and group in-role performance: the mediating roles of group conscientiousness and group voice [J]. The leadership quarterly, 23 (5): 953-964.

[567] WALUMBWA F O, SCHAUBROECK J, 2009. Leader personality traits and employee voice behavior: mediating roles of ethical leadership and work group psychological safety [J]. Journal of applied psychology, 94 (5): 1275-1286.

[568] WALUMBWA F, CROPANZANO R, HARTNELL C, 2009.

Organizational justice, voluntary learning behavior, and job performance: a test of the mediating effects of identification and leader-member exchange [J]. Journal of organizational behavior, 30 (2): 1103-1126.

[569] WALUMBWA F, ORWA B, WANG P, et al., 2005. Transformational leadership, organizational commitment, and job satisfaction: a comparative study of Kenyan and U. S. financial firms [J]. Human resource development quarterly, 16 (2): 235-256.

[570] WANG G, OH I S, COURTRIGHT S H, et al., 2011. Transformational leadership and performance across criteria and levels: a meta-analytic review of 25 years of research [J]. Group & organization management, 36 (2): 223-270.

[571] WANG H, LAW K S, HACKETT R D, et al., 2005. Leader-member exchange as a mediator of the relationship between transformational leadership and followers' performance and organizational citizenship behavior [J]. Academy of management journal, 48 (2): 420-432.

[572] WANG H, LAW K S, HACKETT R D, et al., 2005. Leader-member exchange as a mediator of the relationship between transformational leadership and followers' performance and organizational citizenship behavior [J]. The academy of management journal, 45 (3): 420-432.

[573] WANG H, TSUI A H, XIN K R, et al., 2011. GEO leadership behaviors, organizational performance, and employee attitudes [J]. Leadership quarterly, 22: 92-105.

[574] WANG Y-D, SUNG W-C, 2014. Predictors of organizational citizenship behavior: ethical leadership and workplace jealousy [J]. Journal of business ethics, 135 (1): 1-12.

[575] WASHINGTON R R, SUTTON C D, FIELD H S, 2006. Individual differences in servant leadership: The roles of values and personality [J]. Leadership & organization development journal, 27 (8): 700-716.

[576] WASTI S A, TAN H H, 2010. Antecedents of supervisor trust in collectivist cultures: evidence from Turkey and China [J]. Management & organization review, 7 (2): 311-335.

[577] WEAVER G R, TREVINO L K, COCHRAN P L, 1999. Integrated and decoupled corporate social performance: management commitments, external pressures, and corporate ethics practices [J]. Academy of management journal, 42 (5): 539-552.

[578] WEINSTEIN N, RYAN R M, 2010. When helping helps: autonomous motivation for prosocial behavior and its influence on well-being for the helper and recipient [J]. Journal of personality and social psychology, 98 (2): 222-244.

[579] WEISS H M, 2002. Deconstructing job satisfaction separating evaluations, beliefs and affective experiences [J]. Human resource management review, 12 (2): 173-194.

[580] WERBEL J D, LOPES H, et al., 2009. Different views of trust and relational leadership: supervisor and subordinate perspectives [J]. Journal of managerial psychology, 24 (8): 780-796.

[581] WHITENER E M, BRODT S E, et al., 1998. Managers as initiators of trust: an exchange relationship framework for understanding managerial trustworthy behavior [J]. Academy of management review, 23 (2): 513-530.

[582] WIKOFF M, ANDERSON D G, GROWELL G R, 1983. Behavior management in a factory setting: increasing work efficiency [J]. Journal of organizational behavior management, 4: 97-128.

[583] WILLIAM M L, MCDANIEL M, et al., 2006. A meta-analysis

of the antecedents and consequences of pay level satisfaction [J].
Journal of applied psychology, 91 (2): 392-413.

[584] WILLIAMS L J, ANDERSON S E, 1991. Job satisfaction and
organizational commitment as predictors of organizational citizenship
and in-role behaviors [J]. Journal of management, 17 (3): 601-
617.

[585] WOOD R, BANDURA A, 1989. Social cognitive theory of
organizational management [J]. Academy of management review, 14
(3): 361-384.

[586] WU L-Z, KWAN H K, YIM F H-K, et al., 2014. CEO ethical
leadership and corporate social responsibility: a moderated mediation
model [J]. Journal of business ethics, 130 (4): 1-13.

[587] XU A J, LOI R, NGO H-Y, 2014. Ethical leadership behavior
and employee justice perceptions: the mediating role of trust in
organization [J]. Journal of business ethics, 134 (3): 1-12.

[588] YANG C, 2014. Does ethical leadership lead to happy workers?
a study on the impact of ethical leadership, subjective well-being, and
life happiness in the Chinese culture [J]. Journal of business
ethics, 123 (3): 513-525.

[589] YANG J, MOSSHOLDER K W, 2010. Examining the effects of
trust in leaders: a bases-and-foci approach [J]. The leadership
quarterly, 21 (1): 50-63.

[590] YANG J, MOSSHOLDER K W, PENG T K, 2009. Supervisory
procedural justice effects: the mediating roles of cognitive and
affective trust [J]. The leadership quarterly, 20 (2): 143-154.

[591] YUKL G A, VAN F D D, 1992. Theory and research on leadership
in organizations [M]//DUNNETTE M, HOUGH L (Eds.),
Handbook of industrial and organizational psychology (pp. 142-
197), Palo Alto, CA: Consulting Psychologists Press.

［592］YUKL G A, 2006. Leadership in organizations［M］. 6th ed. Upper Saddle River, NJ: Pearson Prentice Hall.

［593］YUKL G A, 2010. Leadership in organizations［M］. Upper Saddle River, NJ: Prentice Hall.

［594］YUKL G A, KANUK L, 1979. Leadership behavior and effectiveness of beauty salon managers［J］. Personnel psychology, 32（4）: 663-675.

［595］YUKL G A, VAN F D. 1982. Cross-situational, multimethod research on military leader effectiveness［J］. Organizational behavior and human performance, 30（1）: 87-91.

［596］YUKL G A, 2002. Leadership in organizations［M］. Upper Saddle River, NJ: Prentice Hall.

［597］ZACCARO S J, BANKS D, 2004. Leader visioning and adaptability: bridging the gap between research and practice on developing the ability to manage change［J］. Human resource management journal, 43（4）: 367-380.

［598］ZACCARO S J, FOTI R J, KENNY D A, 1991. Self-monitoring and trait-based variance in leadership: an investigation of leader flexibility across multiple group situations［J］. Journal of applied psychology, 76（2）: 308-315.

［599］ZACCARO S J, 2001. The nature of executive leadership: a conceptual and empirical analysis of success［M］. Washington, DC: American Psychological Association.

［600］ZACCARO S J, 2007. Trait-based perspectives of leadership［J］. American psychologist, 62（1）: 6-16.

［601］ZACCARO S J, FOTI R J, KENNY D A, 1991. Self-monitoring and trait-based variance in leadership: an investigation of leader flexibility across multiple group situations［J］. Journal of applied psychology, 76（2）: 308-315.

[602] ZAND D E, 1972. Trust and managerial problem solving [J]. Administrative science quarterly, 17 (2) : 229-239.

[603] ZELLARS K L, TEPPER B J, DUFFY M K, 2002. Abusive supervision and subordinates' organizational citizenship behavior [J]. Journal of applied psychology, 87 (6) : 1068-1076.

[604] ZHANG H, KWONG K H, EVERETT A M, et al., 2012. Servant leadership, organizational identification, and work-to-family enrichment: the moderating role of work climate for sharing family concerns [J]. Human resource management, 51 (5) : 747-767.

[605] ZHENG D, WITT L, WAITE E, et al., 2015. Effects of ethical leadership on emotional exhaustion in high moral intensity situations [J]. The leadership quarterly, 26 (5) : 732-748.

[606] ZHU W, HE H, TREVIÑO L K, et al., 2015. Ethical leadership and follower voice and performance: the role of follower identifications and entity morality beliefs [J]. The leadership quarterly, 26 (5) : 702-718.

[607] ZHU W, NEWMAN A, MIAO Q, et al., 2013. Revisiting the mediating role of trust in transformational leadership effects: do different types of trust make a difference? [J]. The leadership quarterly, 24 (1) : 94-105.

[608] ZHU Y, AKHTAR S, 2014. How transformational leadership influences follower helping behavior: the role of trust and pro-social motivation [J]. Journal of organizational behavior, 35 (3) : 373-392.

[609] ZOGHBI-MANRIQUE-DE-LARA P, SUÁREZ-ACOSTA M, 2014. Employees' reactions to peers' unfair treatment by supervisors: the role of ethical leadership [J]. Journal of business ethics, 122 (4) : 537-549.

致　谢

　　自 2012 年以来，我们对领导力相关文献进行了梳理，在中国企业背景下开展了一系列实证研究，以期构建更具理论和实践意义的中国企业领导力模型。 相关研究得到了国家自然科学基金、教育部人文社科基金及浙江省自然科学基金的支持。 本书是我们以往相关研究成果的总结，从理论角度对领导力的研究历史、研究学派、研究理论进行了回顾，从实证角度对中国文化和中国企业背景下的领导力问题进行了探讨。 在撰写本书的过程中，我们获得了很多人的帮助，其中学生施荣荣、徐婷婷、王璐瑶、林振星、闻海伟、胡美娜等参与了部分写作和相关课题研究工作，为本书的出版做出了贡献，在此一并表示感谢。